생리용품의 사회사

生理用品の社会史

생리용품의 사회사

生理用品の社会史

다나카 히카루 田中ひかる | 류영진 옮김

일러두기

1. 이 책은 田中ひかる의『生理用品の社会史』(KADOKAWA, 2019)를 완역한 것이다.

2. 저자의 주석은 미주로 실었다. 본문이나 미주 중 [ ]에 들어간 내용은 저자의 부연 설명 또는 옮긴이가 첨가한 내용으로, 옮긴이가 단 것에는 표시를 하였다.

3. 단행본, 정기 간행물은『』로, 논문, 작품명, 기사 제목 등은「」로 구분했다.

4. 인명, 지명 등의 표기는 일본어 발음을 기본으로 하여 외래어 표기를 따르고 있으나 일부는 관용적 표현을 따르고 있다.

5. 본문에 인물 및 작품 등이 처음 언급될 때 일본어를 병기하였다. 미주에 인물 및 작품을 표기할 때는 일본어를 생략하였으며, 참고문헌에서 그 원어를 확인할 수 있다.

머리말

오늘날 일본의 유경 여성[월경을 하는 여성]은 모두 '생리대 세대'이다. 초경初潮[첫 월경]이 시작되었을 때 이미 일회용 생리대가 점포에 진열되어 있었다. '날개형', '심야용' 등 생리대는 매일 진화하고, 어떤 상품을 고를지 고민할 일은 있어도 생리혈을 어떻게 처치해야 할 것인지 걱정할 일은 없다. 일본 어느 곳을 가더라도 슈퍼마켓, 편의점, 드럭스토어 진열대에는 반드시 생리대가 있으며, 만약 어느 날 갑자기 생리대를 구할 수 없게 될 때면 그 고마움을 통감한다. 지진이나 수해 등 재해를 당한 지역에서는 우선 물이나 식료품, 이불 등과 같이 생명에 직결되는 물품들이 필요하고, 다음으로 화장지, 일회용 기저귀, 생리용품 등이 요구된다. 동일본 대지진이 일어났을 때 재해지로 보내기 위해서였는지 혹은 단순히 물품 부족이었는지 재해지 이외의 점포에서도 일시적으로 생리용품이 그 모습을 감추었다.

일상 속에서 너무도 당연한 듯 가까이 있어서 평소에는 그다지 유심히 생각해보지 않는 존재이면서, 여성의 인생을 오랜 세월에 걸쳐 떠받쳐온 필요 불가결한 것. 그것이 생리용품이다.

일본은 세계에서도 최고 수준의 생리용품 선진국이라 할 수 있다. 그러나 오늘날과 같은 일회용 생리대가 등장하기 이전, 그 얼마 전까지만 해도 여성들은 불편하고 또 불쾌한 생리혈 처치법을 행하여야만 하였다.

왜 일본에서는 오랜 기간 동안 생리용품이 진화하지 않았던 것일까? 그리고 왜 단기간에 생리용품 선진국으로 발돋움할 수 있었던 것일까? 또한 일본에서는 구미와 비교하여 탐폰의 보급률이 낮은데 여기에도 일본 특유의 이유가 있다.

실은 2011년 11월 11일은 일회용 생리대 탄생으로부터 정확히 50년째가 되는 기념할 만한 날이었다. 그럼에도 불구하고 이날 어느 미디어도 전혀 이 부분을 다루지 않았고 나는 조금 씁쓸한 기분이었다. 왜냐하면 생리용품을 다루지 않고서 여성의 역사를 말할 수는 없다고 생각하기 때문이다. 예를 들어 일회용 생리대가 탄생하지 않았다면 고도경제 성장기의 여성의 사회 진출은 훨씬 더 늦어졌을 것이고, 생리 휴가가 유명무실해진 배경에는 생리용품의 진화가 있었다.

이렇게나 중요한 것의 역사에 대하여 우리들은 너무도 모르고 있는 것이 아닐까? 때문에 정리를 시도한 것이 이 책이다.

제1장에서는 고대부터 1945년 전쟁이 끝날 때까지의 생리혈 처치 방법에 대하여, 제2장에서는 생리용품의 진화를 늦춰온 '월경 부정시不淨視'에 대해서, 제3장에서는 약 60년 전 일본의 한 주부가 탄생시킨 일회용 생리대의 원조 '안네 냅킨'의 데뷔와 은퇴에 대해서 정리하였다. 안네 냅킨의 데뷔는 일본의 생리용품의 일대 전환기라고 말할 수 있기에 기존의 서적들을 인용하면서 특히 지면을 많이 할애하였다. 제4장에서는 오늘날 일회용 생리대의 성능과 일회용이기에 가지는 문제점을 다루고, 애용자들이 늘어가고 있는 '천 생리대'에 대해서도 주목하였다. 구미에서 출발한 '렌털 생리대', '월경 흡인법' 등 익숙지 않은 생리혈 처치에 대해서도 다루고 있다.

일본의 생리용품이 걸어온 여정에 대해서 여성은 물론 남성들도 알 수 있게 된다면 정말 행복할 것이다.

제1장 생리대가 없었던 시대의 생리혈 처치 - 식물에서 탈지면까지

제2장 생리용품의 진화를 막은 월경 부정시不淨視 - '더러운 피'의 역사

제3장 생리용품이 바꾼 월경관 - 안네 냅킨의 등장

제1장
생리대가 없었던 시대의 생리혈 처치
식물에서 탈지면까지

제1장
생리대가 없었던 시대의 생리혈 처치
식물에서 탈지면까지

‘생리대[일본에서는 냅킨]’라는 용어가 생리용품을 지칭하게 된 것은 전쟁이 끝난 뒤의 일이지만 독일어로 ‘면으로 만든 마개綿球’, ‘지혈전止血栓’이라는 뜻인 ‘탐폰’이라는 말은 그보다도 훨씬 이전에 서양 의학과 함께 일본에 들어왔다.

그렇지만 그것은 어디까지나 용어가 언제 전래되었느냐의 이야기이고 여성은 태곳적 그 옛날부터 지금의 생리대처럼 가져다 대거나, 탐폰처럼 집어넣어 막는 형식으로 생리혈을 처리하여 왔다.

기성 제품으로서 생리용품이 등장한 것은 인류사에 있어서도 매우 최근의 일로 [지금도 기성 제품 생리대가 없는 국가나 지역은 얼마든지 있다] 오랜 기간 여성들은 수제 생리용품에 의지하여 왔다.

이 장에서는 일본에 생리대가 등장하기까지 여성들이 어떤 식으로 생리혈을 처리하여 왔는지 시대순으로 보고자 한다.

태고는 식물, 귀족은 비단

인류가 언제부터 어떤 이유로 생리혈을 처리하려고 생각하게 되었는지는 정확히 알 수 없다. 나체 생활로부터 의복 생활로 바뀌게 되자 생리혈이 의복에 묻는 것을 피하기 위하여 처리를 시작한 것인지, 혹은 혈액이 감염증의 원인이 된다는 것을 경험적으로 알아 그것을 피고하자 한 것인지. 지역에 따라서 시기도 이유도 달랐을 것이다. 천이나 종이가 발명되기 이전에는 식물의 잎이나 섬유질을 생리혈 처치에 사용하였을 것으로 생각된다.

일본에서는 죠몬 시대縄文時代 유적에서 삼베가 출토되었고 『위지魏志』 왜인전倭人伝에도 삼베의 사용에 대한 기록이 있다.[1]

그 후 율령제도하에서는 삼베나 갈포 등이 조세와 조공의 대상이 되고, 의복의 원료로서 일반에 보급되었기에 그 자투리 조각 따위는 손에 넣기 쉬웠으리라 생각할 수 있다. 따라서 전국 시대에 대륙으로부터 목면이 이입되어 에도 시대江戸時代에 보급되기까지는 삼베나 갈포의 자투리 조각이 생리혈 처치에 사용되지 않았을까?

비단도 대륙으로부터 전해져 생산하게 되었다. 헤이안 시대平安時代의 귀족은 비단을 주머니 모양으로 꿰매 그 속에 풀솜을 넣은 것을 생리대처럼 가져다 대어 사용하였다고 한다.[2] 또한 헤이안 시대에 쓰인 현존하는 일본의 가장 오래된 의술서 『의심방医心方』(984년)에는 '케가레노누노月帯[한자로는 월대라고 쓰지만 일본어로 케가레는 더러움, 부정함이라는 의미도 있다-옮긴이]'라고 하는 천으로 만든 생리혈 처치용품이 소개되어 있다.[3] 붙여진 이름으로 보건대 소위 '월경대月経帯'의 이전 형태라고 말할 수 있을 것이다.

월경대란 생리혈 처치에 사용된 가늘고 긴 천으로 몸에 장착하기 쉽도록 훈도시褌[남성의 음부를 가리기 위한 폭이 좁고 긴 천, 들보-옮긴이]처럼 꿰매어 만든 형태가 일반적이었다. 한문 '정丁'자의 형태로 만들었기에 '정자대丁字帯'라고도 불리었다. 근대[메이지 시대 이후]에 들어 천을 이용하여 손으로 직접 만든 것을 '정자대', 고무로 만들었거나 천으로 만든 기성 제품들을 '월경대'라고 구분하여 부르는 경향이 나타났다.

'케가레누노'를 '케가레'라고 부르고 있는 것은 제2장에서 설명하겠지만 월경이 '더러움'으로 취급되었기 때문으로 월경은 '달의 더러움' 등으로 불리었다. 활자로 남아 있는 월경의 오래된 다른 이름에는 '달의 것', '월수月水', '월화月華' 등이 있다. 모두 '달'에 빗대고 있는 것은 표준적인 월경 주기가 달의 변화와 같은 28일간이기 때문이다.

천에 더하여 종이가 생리혈 처치에 사용되게 된 것은 에도 시대부터였다고 생각할 수 있다.

제지법이 일본에 전해진 것은 610년으로 알려져 있지만 당초는 생산량이 적었고 일부 귀족들의 필사나 호적 장부용으로 사용되었을 뿐이었다. 중세 이후 생산량이 늘어나고 에도 시대가 되면서 일반에 보급되었다.[4]

에도 시대에는 헌 종이를 녹여서 다시 떠 만든 조악한 종이나 풀솜을 질에 밀어 넣거나 또는 덧대거나 한 다음에 목면으로 만든 정자대를 위에 입어 고정하였다. 정자대는 말에 거는 복대와도 닮아 '오우마お馬'라 불리거나 또는 남성의 훈도시의 다른 이름이었던 '타즈나手綱' 등으로 불리었다.[5]

한편으로 정자대를 사용하지 않고 종이나 풀솜을 질에 밀어 넣어 막아 두는 것만으로 때우는 여성들도 많았다. 메이지 시대明治時代에 들어서도 단순히 적당한 것들로 막아 두기만 하는 여성들이 많았다.

메이지 시대부터 다이쇼 시대大正時代에 걸쳐 발행되었던 『부인위생잡지婦人衛生雑誌』(1888~1926년)에는 「세상 일반의 부인은 종이를 넣어 출혈을 막는 관습이 있습니다」[6] 혹은「속간에는 종이 또는 풀솜을 질 내 깊이 삽입한다」[7]라는 기사가 게재되어 있다.

『부인위생잡지婦人衛生雜誌』는 왜 월경을 중시하였는가?

에도 시대까지는 생리혈 처치에 관한 기록이 많지 않지만 메이지 시대에 들어와서는 여성 독자를 대상으로 하는 소위 '부인 잡지'가 참고가 되고, 다이쇼 시대에 들어서는 여성들 자신의 구술 기록도 남아 있다.

우선은 생리혈 처치에 대한 기사가 다수 게재되어 있는『부인위생잡지』를 참고로 하여 메이지 시대 여성들이 어떤 식으로 생리혈을 처치하였는지 살펴보자. 그 전에 왜『부인위생잡지』에는 월경에 대한 기사가 다수 게재되어 있었는지 시대 배경에 대하여 간단히 설명해 두고자 한다.

『부인위생잡지』는 여성에 대한 위생 교육을 목적으로 1888년에 설립된 대일본부인위생회大日本婦人衛生会[이하 부인위생회]의 기관지이다. 단체 설립의 중심은 근대 일본 최초의 여성 의사 오기노 긴코荻野吟子를 대표로 하는 의료 관계자들과 관료의 부인들이었고 회원은 상류 계급의 여성과 간호부看護婦[간호사의 당시 호칭]가 많았다.

부인위생회는 서양 의학을 배운 의사들을 초청하여 강연회를 열고, 그 강연 내용을『부인위생잡지』에 게재하여 여성에 대한 위생 교육, 단적으로 말하자면 '건강한 모체'를 육성하는 데 힘을 쏟았다. 당시의 국가 목표였던 '부국강병'을 달성하기 위해서는 강건한 병사나 노동자를 낳을 모체의 개선이 불가결하였기 때문이다.

따라서『부인위생잡지』에는 가정생활의 지혜[위생적인 생활, 영양 있는 요리, 어린이 간병 등]나 임신, 출산에 대한 것은 물론 「월경 시의 섭생」, 「월경 이상에 대하여」, 「월경 이야기」라는 월경에 관한 기사가 몇 번이고 게재되었다.

"월경이란 여성에게는 반드시 있는 것으로 그 목적은 신체를 건강하게 하고 더하여 아기를 가지기 위한 예비"[8] 또는 "월경은 임신의 근본이다. (중략) 임신이라는 것은 종족 번식에 있어 없어서는 안 되는 것으로 그것이 없었다면 인구의 번식도 불가능하고, 국가의 부강을 유지할 수도 없다"[9]와 같이, 월경은 '부국강병'을 실현하기 위한 중요한 생리 현상으로 간주되었다.

부인위생회에서 강연을 한 의사들은 "어느 나라에 가더라도, 야만국이든 문명국이든 부인이 월경에 대해서 이야기하는 것은 역시 부끄러운 것이라는 분위기가 있습니다"[10]라든가 "그 강연 중에 혹여 귀에 거슬리는 학술 용어도 쓰지 않으면 안 되는 경우가 있을지도 모른다"[11]라든가 "귀부인 아가씨들 앞에서 이야기하는 것은 심히 꺼려지는 점이 있습니다만"[12]이라고 말하면서도, 건강한 모체를 육성하는 사명으로부터 월경의 의학적 관리의 필요성을 설파하고 있었다.

『부인위생잡지』는 메이지 12년1879년부터 다이쇼 말년까지 발행되었다. 같은 시기 다른 '부인 잡지'에는 건강상담란 등에서 월경통이나 생리혈 처치법에 대한 기사들이 일부 다루어지고는 있었지만 월경 자체를 테마로 하는 기사는 거의 찾아볼 수 없었다.

금지된 자전거, 댄스, 커피, 독서

『부인위생잡지』 지면을 통하여 월경을 국가의 부강을 유지하기 위한 중요한 생리 현상이라고 설파하면서 이를 의학적으로 관리하고자 노력하였던 의사들은 표준적인 초경 연령이나 월경 주기, 생리혈의 양 등을 다양한 강연과 기사들을 통하여 제시하였다.

더하여 월경 시의 '섭생', 즉 금지사항을 설파하며 그것을 지키지 않으면 "생식기 질환의 원인이 될 뿐만 아니라 심할 경우에는 평생의 난치 질환을 일으켜 일생 불쾌한 생활"[13]을 보내게 될 것이라고 설명하고 있다.

여러 명의 의사들이 자전거, 승마, 체조, 무용, 베틀질, 미싱, 장시간 직립, 장시간 보행, 험로를 걷는 행위, 기차나 마차, 인력거 등을 장시간 타는 것, 몸을 숙인 채 하는 일, 무거운 물건을 드는 일 등을 금지사항으로 들며 정좌하여 앉는 것도 하복부의 혈액 순환을 악화시킨다는 이유로 금지하고 있다.

무용, 즉 댄스를 금지하는 이유에 대해서 어떤 의사는 "오늘날 일본 부인 사교계에 유행하고 있는 댄스는 월경 시에는 생식기에 충혈을 일으켜 성욕 항진의 원인이 되고 부인병을 일으킬 경우가 많기" 때문이라고 설명하고 있다.[14]

그 외에도 '알콜성 음료, 커피 등'[15], '전신욕, 반신욕, 냉수욕, 해수욕'[16] 등을 금지사항으로 들고 있고 이들에 대해서는 의사에 따라 의견이 갈리고 있다. "[월경 시는] 가능한 자극이 적은 것을 고르고 출혈 양이 많을 때에는 커피, 반차番茶 등을 마시고, 적다면 강장제를 섭취하도록"[17]이라고 권하는 의사가 있는가 하면, '좌욕'으로 청결을 유지하라는 의사도 있었다.

또한 월경 시에는 "정신면에서도 심히 흥분하는 것을 피하고 평안 무사함을 유지하고자 하는 마음가짐이 중요합니다. 그리하여 갑자기 놀라거나 노여움을 피하고 편안하게 지내도록 해야 합니다"[18]며 정신면에서의 섭생도 요구되었기에 길흉의 자리에 참석하는 것, 사교적인 장소에 가는 것, 연극이나 공연을 보는 것, 소설을 읽는 것 등도 금지되었다.

여성은 초경이 시작됨과 동시에 신경이 과민해지고 이후 월경 때마다 정신 질환을 일으키기 쉬운 상태가 된다고 생각하였던 것이다. 나의 또 다른 저서인『월경과 범죄-여성 범죄론의 진위를 묻다月経と犯罪－女性犯罪論の真偽を問う』[절판되어 2019년 개정된 제목『월경과 범죄-'생리'는 어떻게 이야기되어 왔는가』로 재출간되었다. 이 책에서는 절판된 책을 인용하고 있으므로 이전 제목을 그대로 두었다-옮긴이]에서 상세히 설명하였지만 여성의 자살이나 절도는 우선 월경과의 관련이 의심되어 왔다. 사법 정신 감정에서는 반드시 월경과의 원인 관계가 확인 대상이었고 관계가 인정되면 무죄가 되는 경우도 적지 않았다.

의사가 추천하는 위생적 처치

월경 시에 심신 양면의 다양한 섭생을 요구한 의사들은 당연하게도 생리혈의 처치법에 대해서도 의견을 냈다.『부인위생잡지』에 게재된 생리혈 처치법 관련 기사들을 오래된 순서로 살펴보자.

1888년메이지 21년 제1호에 게재된「월경 시 섭생법」이라는 기사에는 생리혈 처치법에 대해서 다음과 같이 설명하고 있다.

> 월경 시의 '시타쿠[속칭 '온마 ヲンマ'라고 한다]'에 사용하는 천 조각은 반드

시 신선 청결한 것을 활용해야만 한다. 만일 낡은 조각을 사용한다면 반드시 한 번 세탁한 것을 써야만 한다. 그리고 여기에 사용하는 종이도 새로운 것을 쓰고 자주 교환하여 불결한 종이를 써서는 안 된다. 또한 하등사계下等社界[일반 서민사회를 지칭-옮긴이]에 있어서는 '시타쿠'를 따로 만들지 않고 곧바로 질 내에 종이를 둥글게 만들어 송입送入하는 경우가 있는데 이는 유해하며 특히 '재생지' 일명 아사쿠사가미浅草紙[당시 서민사회에서 사용되던 질 낮은 재생지-옮긴이]라고 불리는 것을 송입하는 경우도 있는데 대단히 유해한 것으로 이로 인하여 치료하기 어려운 자궁 질환이 발생하는 경우도 많이 있으므로 주의하여야만 한다.[19]

여기서 '시타쿠'라고 함은 월경 시의 '채비支度[일본어로 준비를 의미하며 해당 한자의 발음이 시타쿠이다-옮긴이]'라는 의미일 것이다. '온마'란 앞 절에서 다룬 '오우마'를 지칭하는 것으로 정자로 꿰매어 만든 목면이 말의 복대와 닮았다 하여 그렇게 불리고 있었다.

이렇듯 메이지 시대에 들어와서도 에도 시대와 다르지 않은 목면제 정자대가 사용되고 있었지만 그것을 만드는 천이나 함께 일회용으로 사용되던 종이는 청결해야만 한다고 설명하고 있다.

어떤 의사들이건 같은 내용을 강조하고 있기 때문에 당시는 비위생적인 천이나 종이를 사용하는 여성이 많았을 것으로 생각된다. 정자대를 사용하지 않고 직접 질 내에 일명 아사쿠사가미라고 불리는 재생지를 삽입하는 것은 '자궁 질환'의 원인이 되기 때문에 해서는 안 된다고 설명하고 있다.

노우비濃尾 대지진과 탈지면의 보급

『부인위생잡지』 지면상에 등장하는 여러 명의 의사들은 질 내에 종이나 천을 채워 넣는 소위 탐폰식의 처치법이 적절치 않다며 입을 모으고 있었다. 하지만 드물게 탐폰식을 인정하는 기사도 있다.

> 출혈을 멈추기 위하여 많이 쓰이는 방식으로 종이류를 이용하는 것은 위험하다. 청결한 백지를 이용하는 부인은 어느 정도 용인한다고 하더라도 오래된 종이, 아사쿠사가미, 또는 모토유이즈키元結漉[머리카락을 묶을 때에 쓰는 종이]나 넝마를 사용하는 이들의 경우는 매우 경계해야만 하는 일이다. 이 또한 역시 질환을 불러오는 하나의 원인이 된다. 모든 공중에 존재하는 물체는 공기로 둘러싸여 있다는 점을 알아야만 한다. 그리고 공기는 여러 가지 먼지 및 병을 일으키는 유기물 등을 함유하고 있기에 월경을 할 때 지혈에 이용하는 오래된 종이 등에 이들 유기물이 부착되어 있다는 것을 모른 채 사용하면 쉬이 질환을 일으키게 된다. 그런고로 가능한 한 청결한 물질로 대체하는 것이 좋다. 그 물질[즉 탈지면]은 약방에 있다. 이것을 적당히 잘라 거즈라고 불리는 얇은 천에 말아 둥글게 만들어, 한 번에 서너 개를 가지고 질 안에 집어넣어 자주 교환한다면 가장 안전하다고 할 수 있다.[20]

생리혈 처치에 종이는 적절하지 않지만 청결한 재질의 것이라면 괜찮다고 하며 가장 적절한 물질로 탈지면이나 거즈를 권하고 있다.

탈지면은 1886년메이지19년에 『일본약국방日本薬局方』[일본의 약품 및 약물 규격에 대한 법령집으로 1886년에 초판이 발행되었다-옮긴이]에 지정되었고,

1891년메이지24년에 일어난 노우비 대지진[전파가옥 14만여 호, 사망자 7,200여 명]을 계기로 일반에 보급되었으며, 서서히 종이나 천을 대체하여 생리혈 처치에도 사용되었다.[21] 이 기사가 게재된 것은 1897년이지만 '그 물질[즉 탈지면]은 약방에 있다'고 일부러 설명하고 있는 것을 보면 시판은 되고 있었지만 아직 일상적인 존재이지는 않았던 듯하다.

기노시타木下 박사의 '위생대'

탈지면을 권하는 기사가 게재되고 4년 후인 1901년에 게재된 다음의 강연 기사에는 '일반 일본의 부인들은 종이를 넣어 출혈을 막는 습관'이 이어지고 있었지만, '탈지면 등을 사용하고 있는' 여성도 늘어났다고 되어 있다.

> 최근 여러분이 소독이라고 하는 것을 점점 알아가게 되고 있음으로 인해서, 월경 시에 출혈을 밖으로 새지 않게 하기 위한 대비를 하실 때에 탈지면 등을 사용하고 있다는 것을 들었습니다. 그러나 대부분은 질 내에 삽입하고 있습니다. 그에 대해서 우리 의사들이 번번이 손을 대는 일이 생길 수밖에 없는 것은, 왜인가 하면 질 내에 넣을 때는 넣었지만 시간이 흘러 빼내는 것이 불가능해져서고, 좋든 싫든 의사에게 부탁하지 않으면 꺼낼 수가 없거나 또는 산파의 손을 빌려 꺼내지 않으면 안 될 때가 있기 때문입니다. 쑥 안쪽 깊이 넣어버려 어떻게 해도 꺼낼 수 없는 경우가 생깁니다. 그렇지만 집어넣었다는 것을 알고 있을 때는 아직 그다지 큰 해는 없지만, 잊어버린 채로 지내 2~3일이 지나 하복부가 아프

고 기분이 좋지 않으며, 상당량의 하혈이 있는 분을 보게 되면 다른 부분은 전혀 문제가 없습니다. 솜을 넣거나 종이를 넣어서 질환을 일으켜 찾아옵니다. (중략) 일반 일본의 부인들은 종이를 넣어 출혈을 막는 습관이 있지만 그것이 안쪽에서 자궁을 누르기 때문에 자궁 내에 충혈이 발생하여 병이 되기 쉽습니다. 그래서 대부분의 일생을 의사와 보내도 나을 수 없을 정도로 심각하고 질긴 병을 일으키는 경우가 있습니다. 참으로 매우 무서운 일입니다.[22]

청결한 탈지면을 이용하는 여성이 늘어나고 있었지만 '대부분은 질 내에 삽입'하고 있었기 때문에 꺼내지 못하는 경우가 생겨 자궁의 질환을 불러오고 경우에 따라서는 '일생을 의사와 보내도 나을 수 없을 정도로 심각하고 질긴 병'을 일으킨다는 이유로 이 의사는 '질 내에 삽입하지 말고 외음부에 그것[탈지면]을 대어 두는' 방법을 권장하고 있다.

즉 탐폰식이 아닌 현재의 냅킨식 생리대와 같은 방식을 권장하고 있는 것이다.

더하여 이 의사는 강연 중에 "이것은 서양 부인들이 사용하는 월경대라는 것입니다"라며 실물의 월경대를 보여 주며 "마치 일본의 남성이 늘 이용하는 시타오비下帯[훈도시의 다른 말-옮긴이]와 닮은 것으로 이러한 천으로 만들어 이용하면 일반적으로 괜찮습니다. 그리고 자주 교환하는 것이 좋습니다. 그것이 허리 주변을 둘러 감듯이 되어 있는데 이 고무가 있는 부분이 외음부에 닿도록 되어 있습니다. 그리하여 그 안쪽에 사용하는 솜뭉치는 이런 식으로 솜이 들어간 거즈 주머니와 같은 것입니다. 즉 이것을 외음부에 가져다 대어 두면 이 솜이 매우 성능 좋게 흡수하여 주기 때문에 이것으로 조금도 스며 나올 일은 없습니다"라며 구체적인 설명을 하고 있다.

이 의사는 서양의 월경대 외에 지인으로부터 빌려 왔다고 하는 월경대를 보여 주며 "이 형태를 흉내 내서 만들어 발매하고자 합니다"라고 말하고 있다.

그가 제품화한 월경대는 강연을 하였던 같은 해에 발매되었다. 그로부터 3년 후(1904년), 또 다른 의사가 『부인위생잡지』 지면상에서 탈지면을 천으로 만든 정자대로 눌러 고정하는 처치법을 추천하면서 "이와 같은 목적으로 제작된 월경대라고 불리는 것이 있다. 이 월경대는 구미에 있어서 여러 종류가 있다. 일본에 있어서는 기노시타 박사의 위생대라고 하는 것이 있다"[23]라며 소개하였다. '기노시타 박사'가 바로 앞서 강연을 하였던 기노시타 세이츄木下正中이다.

일하는 여성들의 생리혈 처치

기노시타 세이츄가 제품화한 '위생대'를 추천한 의사는 "가령 소독한 탈지면 등을 사용하는 사람들이라도 그것을 질 내 깊숙이 삽입하는 행위는 엄금해야만 하고 불결한 무명지 등을 삽입하는 것은 엄히 금해야만 한다. (중략) 그것이 행여 정도가 심할 때에는 완고 불치의 질환을 일으키는 원인이 되니 어찌 무섭지 않으리오"[24]라고 설명하고 있다.

청결한 탈지면을 사용하는 여성이 이전에 비하여 늘어나긴 했지만 여전히 질 내에 삽입하는 형식의 방법을 취하는 여성들이 많았음을 알 수 있다. 그로 인하여 삽입한 것을 다시 끄집어내지 못하게 되어 생리혈의 배출이 막혀 병으로 이어지는 것을 염려한 의사들은 탐폰식 처치에 반대하고 냅킨식[생리대식]을 추천하였다. 하지만 「처녀의 위생」이라는 기사에서는 또 다른 이유에서 냅킨식을 추천하고 있다.

> 이 질강膣腔에 탈지면 또는 그에 상당하는 것을 채워 넣어 혈액의 유출을 막는 방식은 반드시 그만두어 주었으면 한다. (중략) 국부에 직접 탈지면을 일정한 크기로 잘라 그것을 두 장 정도 가져다 대고 그 위에 남자의 시타오비와 같은 것을 둘러 탈지면의 위에 입어 고정한다. 그리하면 혈액이 나오더라도 가장 아래쪽에 대어진 것만을 교환하면 조금도 직접 만질 필요 없이 처리할 수 있다. 그리고 그러한 것을 하복부에 입고 있으면 자연 운동을 하지 않게 된다. 그 때문에 이는 일거양득의 방법이 아닌가 생각된다.[25]

탈지면을 질 내에 넣는 것이 아니라 가져다 대는 것만으로 '자연 운동을 하지 않게 된다'라는 이유로 월경 시의 섭생법으로 적절하고 '일거양득'이라고 주장하고 있는 것이다. 즉, 움직이기 어렵다는 것이다.

실제로 『부녀신문婦女新聞』[1900년에 창간된 부인 잡지]의 '위생문답'이라는 코너에 실린 일하는 여성들로부터의 생리혈 처치에 대한 상담들을 살펴보면, 답변자는 종일 움직여야 하는 노동하는 여성들에게 탈지면을 대어 두는 방식을 추천하지 않는다.

> <u>질문</u> 나는 연중 줄곧 선 채로 업무를 보는 사람입니다만 월경 기간은 정말 곤란함을 느낍니다. 신문 광고에서 볼 수 있는 '야마토이やまと

衣'나 '시큐사쿠子宮サック'라는 상품을 사용하면 어떨까 하는데 이는 위생적으로도 적합한가요?

답변 조밀한 해면海綿[스펀지]을 뜨거운 물에 소독하여 사용해야만 합니다.[26]

'야마토이'도 '시큐사쿠'도 전부 콘돔의 상품명이다. 더하여 당시의 콘돔은 피임보다도 성병 예방을 목적으로 하고 있었다.[27]

'연중 줄곧 선 채로 업무를 보는' 상담자가 본래 어떠한 처치법을 행하였기에 '곤람함을 느끼는지'에 대해서는 불분명하지만, 답변자는 정자대를 언급하지 않고 단순히 해면을 질 내에 채워 넣어 막는 방법을 추천하고 있는 듯하다.

다음의 사례도 『부녀신문』의 '위생문답'에 실린 일하는 여성으로부터의 상담이다.

질문 월경이 다른 사람들보다 심하고 특히 서서 일하는 직업을 가진 경우 어찌 준비를 하는 것이 좋겠습니까?

답변 탐폰식 이외에 좋은 방법은 없습니다. 최근 간다아와지쵸神田淡路町 후운테風雲堂에서 발매한 위생대는 어떤 사람이든 시험해 볼 필요가 있습니다.[28]

당시의 탐폰은 단순히 탈지면 뭉치였다. 답변자는 기노시타 세이츄가 개발한 '위생대'도 시도해 보는 것이 어떤가 하고 추천하고 있지만, 기노시타가 월경 시에 가장 중요시하며 강조하였던 것이 '안정'이었던 만큼 이것이 업무 중의 격한 움직임에 버틸 수 있었을지는 의문이다. 또한 기노시타는 강연 중에 판매 예정 가격에 대해서 30전에서 50전 정도라고 밝혔는데, 당시는 단팥빵 하나가 1전, 일일 근로자의 일당이 40전이었으니[29] 결코 싼 가격이 아니었다. 탈지면조차도 천이나 종이에 비하면 고가의 물품이었다.

우수한 모체라고 간주된 것은?

부인위생회에서 강연을 한 의사들은 월경 시에 불섭생-장시간 직립, 몸을 숙여서 하는 일, 무거운 짐을 드는 것 등-을 금지하였는데 당시의 유경 여성 중에서 과연 몇 퍼센트가 이러한 금지사항을 지킬 수 있는 상황에 있었을까?

예를 들어 출산을 하는 당일까지도 농작업을 해야만 하였던 농가의 며느리가 월경 때마다 쉴 수 있을 리가 없었다[월경 중인 여성을 오두막에 격리시켜 두었던 지역도 있다]. 여공女工[30]이나 교원도 쉴 수 없었다. 생리 휴가가 가능해진 것은 훨씬 더 이후의 일이다.

즉, 부인위생회가 교육의 대상으로 하였던 이들은 상류 계급의 여성들이었고 그렇기에 월경 시 금지사항으로서 승마, 무용, 연극이나 무대 관람, 사교적인 장소에 가는 것 등이 포함되었던 것이다. 다음 기사에서도 『부인위생잡지』의 독자가 상류 계급의 여성이었음을 알 수 있다.

> 노동 사회의 부인들 중에는 월경 시에도 여전히 평소처럼 노역을 해도 조금도 지장을 느끼지 못하는 사람들도 있지만, 독자 여러분 중에는 체

력과 건강이 노동 사회의 부인들에 비하여서는 떨어지는 사람들이 많고, 따라서 몸을 처신함에 있어서 안정하지 않으면 안 되는 이들이 많을 것입니다.[31]

월경 시에 안정이 필요하다면 '노동 사회의 부인'들이 월경에 의한 불편함이 더 있을 터이지만 그들의 월경 시의 섭생은 그다지 중시되지 않았다.

『생리 휴가의 탄생生理休暇の誕生』의 저자 다구치 아사田口亜紗가 지적하였듯이 당시는 "상류 계급/하류 계급=우종/열종이라는 관점에서 상류 계급 여성만을 건전하고 우수한 아이를 낳는 모체로 간주하는 계급 의식"[32]이 강하였고, 여공이나 빈곤한 농가의 여식들은 '우수한 모체'로서 인정받지 못하였다.

모체 선별의 중요성이 엳어지며 '낳아라 번식하라'라는 구호가 퍼져나가기 시작한 것은 쇼와 시대昭和時代 전쟁에 돌입한 이후였으며, 그 이전에는 "자식은 삼계의 족쇄[자식은 평생의 애물단지라는 의미-옮긴이]라는 진리를 이해하고, 조제남조粗製濫造의 폐단에 빠지지 않는 것"[33]이 요구되었다.

부인위생회 주최의 강연회에서 '종족 위생과 부인의 각오'라는 테마로 강의를 한 의사는 "함부로 생식 활동을 하여 종족을 열등하게 만드는 것은 크게 삼가야 할 것으로, 소위 빈곤자 집의 다자녀라는 것의 결과는 첫 아이의 사망률 증가, 저능아, 불능력자를 증가시키고, 허약한 국민의 번식을 초래하여 국가는 항상 그들을 구제하기 위한 수고와 비용에 쫓기어 그것을 헤아릴 수 없는 지경에 이르게 될 것이다"라며 다자녀를 경계하고 있다.

또한 '체질이 우수한 여성'이라는 강연에서는 생식 능력을 크게 발휘할 것을 장려하면서도 허약한 여성에 대해서는 "그 체질 유전을 고려하지 않고 결혼을 하고자 하는 경우에 국가가 그것에 대하여 어떠한 제재를 가하는 것은 매우 시의적절하다"[34]라고까지 말하고 있다.

상류 계급의 체질이 우수한 여성만이 모체의 후보로서 간주되었기 때문에 부인위생회가 교육의 대상으로 보고 있는 이들도 상류 계급의 여성들이었다. 따라서 일하는 여성들의 월경 상태나 생리혈 처치에 대해서는 등한시되었던 것이다.

일하는 여성들은 『부인위생잡지』처럼 독자층이 제한적인 부인 잡지를 접할 기회가 없었을 것이고, 가령 그들이 『부인위생잡지』가 추천하는 월경 시의 섭생법이나 생리혈 처치법을 알았다고 한들 그것을 실천할 수 있을 노동 환경이나 경제 상황이 아니었다.

『여공애사女工哀史』 속에서 볼 수 있는 생리혈 처치

여공은 부인위생회의 교육 대상이 아니었지만 『부인위생잡지』에서 월경 시의 섭생을 설명하면서 여공들에 대해서도 언급한 의사는 있었다.

> 월경 시의 신체를 심하게 움직이고 또한 노력을 요하는 일을 지속하다 보니 생식기 질환을 일으키는 경우가 있습니다. 즉 질염, 자궁염 등이 나타납니다. 그런고로 공장 등의 장소에서 업무를 하는 부인들은 월경 시라고 하더라도 쉴 수가 없기 때문에 생식기 관련 여타 질환이 발생하는

경우가 많습니다.[35]

이 기사가 실린 것은 1910년으로 그 이듬해에 공장법이 공포되는 것으로 보건대, 이 시기 이미 여공들의 열악한 노동 환경, 노동 조건이 문제시되고 있었음을 알 수 있다. 그러나 여공들의 실태가 문제시되긴 하였지만 급속한 산업화 속에서 노동 환경이나 노동 조건은 점점 더 악화될 뿐이었고, 법 공포로부터 5년이 지난 뒤 본격적으로 시행되기 시작한 공장법도 유보 조건이 많은 불완전한 것이었다.

이러한 시대 속에서 사회주의자들이 여공들의 실태를 고발하는 르포르타주를 속속 발표하였다. 베스트셀러가 된 호소이 와키조細井和喜蔵의 『여공애사女工哀史』도 그중 하나이다. 『여공애사』는 다이쇼 말기에 발표된 작품인데 거기에는 여공들의 생리혈 처치 등이 전혀 고려되지 않았던 당시의 노동 환경이 묘사되어 있다.

> 공장 기숙사에는 부모에게 효도하라든가 분발하여 일하는 것은 국가를 위한 것이라든가 소위 정신 수양에는 상당한 무게를 두고 있었고 위생에 대해서도 까다롭게 설교하고 있었지만, 이 위생이라는 것에 대해서는 식사 전에 손 소독을 강제하는 정도가 고작으로, 부녀자 특유의 생리, 위생 등은 조금도 주의를 기울이고 있지 않았다. 그래서 어린 시절부터 어머니 슬하를 떠나와 그러한 부분을 챙겨 줄 이 없는 그녀들은 월경 시의 처치법을 몰랐다는 이유 등으로 스스로 발병의 원인을 만든다.[36]

여공들은 업무 시간 중 소변을 보러 가는 횟수도 엄격히 제한되어 있었기 때문에 질에 넣어 둔 탈지면을 교환하는 것조차도 여의치 않았다.

『부인위생잡지』는 1926년다이쇼 말년에 폐간되지만 혹시 이후에도 계속되었다면 독자 대상이 여공들까지 넓혀졌을지도 모른다. 그도 그럴 것이 그 후의 전시 체제하에서는 모체의 선별보다도 '다산'을 중시한 정부가 여성들에게 노동과 출산을 동시에 요구하였기 때문이다. 그리고 이 흐름 속에서 노동자의 '모성 보호'를 요구하는 생리 휴가 획득 운동이 시작된다.

이야기가 다이쇼 시대까지 나가버렸지만 메이지 시대로 다시 돌아오자.

여공으로서 일하였던 1909년메이지 42년에 17세의 나이로 초경을 맞이한 여성의 구술 기록이 남아 있다. 이 여성은 월경 시에 천을 둥글게 말아 심지처럼 만들어 탈지면으로 감싸서 질 가장 안쪽 바로 앞 위치에 2개 정도를 넣어 막아 두었다. 그런 식으로 하는 것이 자기뿐이라고 생각하였지만 어느 날 목욕탕에 가 보니 배수망에 같은 형태의 탈지면 뭉치들이 여러 개 굴러다니고 있었다고 한다.[37]

『부인위생잡지』에서는 월경 시의 입욕을 금지하는 의견도 있었지만 여공들은 목욕을 통하여 노동으로 인한 땀을 씻어내고 청결을 유지하고 있었다.

이 여성은 때때로 질에 넣어 둔 탈지면을 꺼내는 것을 잊어버려 고열에 시달리거나 질에서 고름이 나오는 일이 있었지만 선배 여공의 조언에 따라 질 깊은 곳까지 물로 씻어내자 자연히 치유되었다고 한다. 의사들의 말처럼 질에 탈지면을 넣는 방법은 질환을 초래하기도 하였지만 한편으론 자신들만의 방식으로 회복하는 여성들도 있었다.

탐폰식에 대한 편견

의사들이 종이나 탈지면을 질에 집어넣어 막는 형태의 방법에 반대한 이유에는 다른 것들도 있었다. 다음에 제시된 기사는 부인 잡지에 실린 '고무 재질 반바지형 월경대'의 광고문이다. 캐치프레이즈는 '부인들은 가랑이의 미를 어떻게 유지하는가?'

> 귀부인, 양갓집 규수, 여학생 여러분들은 말할 필요도 없고, 하녀들에 이르기까지 위생상 하루도 빠뜨릴 수 없는 도구. 부인들이 가장 두려워해야만 하는 자궁 질환, 생식기 질환 등의 발병 원인은 월경 시의 불섭생에 있다. 본 제품의 특색은 이것을 미연에 방지하면서 사춘기 시기의 처녀들에게 있어서도 우려해야만 하는 자위를 막기 때문에 그 결과 화류병

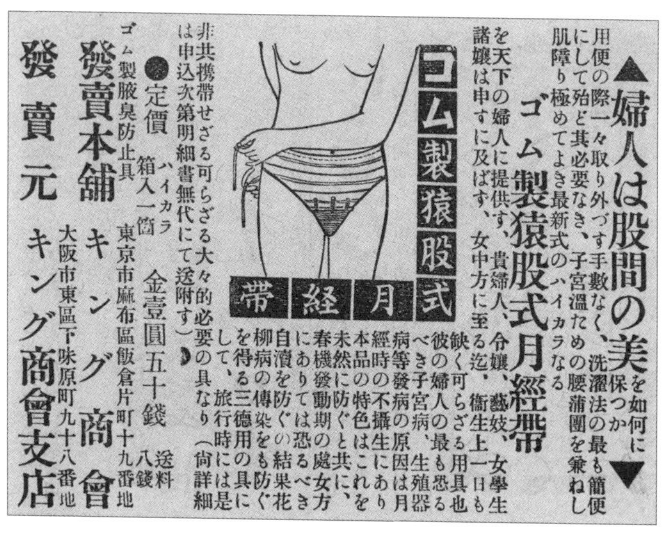

'고무 재질 반바지형 월경대'의 광고

의 전염도 막을 수 있는 세 가지 용도의 도구이기에 여행 시에는 꼭 휴대해야만 하는 필요성이 큰 도구이다.[38]

이 월경대는 병을 예방하는 것 이외에도 '자위를 막는다'라고 되어 있다. 즉, 질에 종이나 천을 집어넣는 방법이 '자위'를 초래한다고 생각하였던 것이다.

당시로써는 흔치 않았던 산부인과 병원을 설립하였고 그 후 오사카부 의사회의 초대회장을 지냈던 오가타 마사키요緒方正清가 저술한 『부인가정위생학婦人家庭衛生学』(마루젠, 1916년)에는 탐폰식의 처치와 수음手淫과의 관련이 똑똑히 적혀 있다.

> 여자는 월경이라고 하는 생식기에 충혈을 일으키는 시기가 있기 있으므로, 이 시기 전후에는 생식기의 흥분성이 높아지고 수음을 행하는 이가 있기 때문에, 월경 시의 일본풍 탐폰, 즉 소위 일본인들의 시노비와타 또는 시노비가미[질에 집어넣던 솜이나 종이뭉치를 지칭하는 말-옮긴이]라는 것, 또는 서양인의 월경대라고 불리는 것들은 주의해야만 할 것들이다.[39]

오가타는 탐폰식의 처치법 이외에 월경대의 사용에도 주의할 것을 강조하고 있다. 월경대 쪽이 정자대보다도 몸에 더 밀착되기 때문에 훨씬 더 생식기를 자극한다는 이미지를 가지기 쉬웠을 터이다.

탐폰식의 처치에 대한 이러한 오해는 이 시대만의 이야기는 아니다. 가령 1978년에 출판된 『성적비행-여자 중고생의 비행을 따라서性的非行-女子中·高生の飛行を追って』에는 당시 사회적 문제가 되었던 소녀 매춘의 원

인이 탐폰 사용에 있다고 쓰여 있다.

저자인 센다 가코우千田夏光는 지인이었던 산부인과 의사로부터 탐폰의 폐해를 세상에 꼭 알릴 것을 부탁받았다고 한다. 이 산부인과 의사는 "이 방식의 생리용품은 소녀들이 사용하면 성기에 대한 필요 이상의 관심을 품도록 만듭니다. 사용할 때마다 더듬으면서 삽입하기 때문에 미경험의 소녀가 사용하는 것이니까 당연히 처녀막 손괴와 같은 결과로 이어지겠지요", "꽤나 자위를 익히게 되는 것뿐만 아니라 성 충동에 사로잡힐 확률이 극히 높아지는 것도 필연적이라고 생각됩니다"라고 의견을 제시하고 있다.

이 의견에 대해서 센다는 "일본 여성의 생리 기간은 평균 5일 아니면 6일 정도라고 한다. 따라서 1일 3회 교환을 한다고 하면 월에 15회에서 18회 이물질을 넣었다가 뺐다가 하는 것이니 확률이 높아진다"라고 첨언하고 있다.

『성적비행』이 출판된 이듬해 출판된 『현대성교육연구現代性教育研究』에는 "어떤 조사에 의하면 탐폰의 사용에 거부감을 가진 교사는 탐폰을 사용하고 있는 학생들을 '일탈자'로 보고 있는 듯하다"라는 구절을 볼 수 있다. 성교육을 행하는 교사들에게서조차도 탐폰 사용에 대한 편견이 있었음을 엿볼 수 있다.

고급 월경대 '빅토리아'

자위도 막는다며 선전을 한 '고무 재질 반바지형 월경대'의 광고가 게재된 것은 1909년메이지 42년의 일이다. 여기에서는 메이지, 다이쇼 시대에 제품화된 생리혈 처치용품에 대해서 정리해 두고자 한다.

가장 빠른 시기에 제품화된 월경대는 앞서 다룬 기노시타 세이츄에 의한 '위생대'이다. 1901년에 행해진 부인위생회 강연회에 있어서 제품화될 것이 선전되었고, 『여성신문』의 '위생문답'에서 볼 수 있었듯이 같은 해에 '간다아와지쵸 후운테'에서 판매되었다. 그러나 어느 정도 보급되었는지는 정확히 알려진 바가 없다.

1908년메이지 41년의 『여학세계女学世界』에는 '도쿄 지케이의원 졸업 산파 야마다 이츠코山田逸子[광고에 따라서는 야마다 이츠라고도 되어 있다]'가 "멀리 구미의 사례에 준하여 다년간의 실험과 전문가의 지도에 따라 창제하였다"라고 소개하는 '츠키노오비月の帯[달의 허리띠라는 의미-옮긴이]'의 광고가 게재되어 있다. 고무와 이탈리아제 플란넬로 이루어져 있고 핀으로 고정하는 방식이었다. 광고문에는 "귀부인, 양갓집 규수, 여학생 여러분들

'츠키노오비'의 광고

은 말할 필요도 없고, 하녀들에 이르기까지 위생상 하루도 빠뜨릴 수 없는 도구"라고 되어 있다. 가격은 특제가 1엔 25전, 갑형이 85전, 을형이 55전.[40] 당시 야마노테선山の手線[도쿄의 전차 순환선 이름-옮긴이]의 초창기 운임이 50전, 일용직 노동자의 일당이 53전이었다.[41]

또한 1909년의 『부인세계婦人世界』에는 '츠키코로모月衣'의 광고가 실려 있다. "사용법은 간단하여 솜만 교환하면 몇 년이라도 사용할 수 있다." 가격은 60전. "우편세 8전, 청나라, 조선, 사할린, 대만 30전"[42]이다. 부인 잡지에 광고가 게재되어 있는 상품은 대부분이 우편배달로 받아볼 수 있었다.

메이지 말기인 1910년 즈음에 미국에서 만들어진 월경대 '빅토리야'가 수입 판매되었고 부인 잡지에 광고가 실리게 되었다. 다음의 기사는 판매처였던 히라노큐지로상점平野久次郎商店의 광고문이다.

> 이 빅토리야 안전대는 미국에 있어서 전매특허를 받은 이상적이고 완전무결한 상품으로 여름철 점점 의복이 얇아지는 시기, 가장 고생스러운 시기에 사용하면 그 편안함은 말할 필요도 없으며 아무리 격렬한 운동을 하더라도 파손과 더러워짐에 대한 우려가 없고, 더하여 전체 양이 겨우 7할 정도에 지나지 않으면 약간의 방해도 느낄 수 없는 진정으로 여름철 부인들이 챙겨야만 하는 신수입품, 반드시 시험해 보시길.[43]

함께 미국산 '빅토리야'를 수입 판매하였던 오오타니쿄다이상점大谷兄弟商店의 광고에는 "월경기에 탈지면 등을 끼워 넣어 출혈을 막는 것 따위를 하면 몸은 머지않아 전율할 수밖에 없는 병아病痾를 얻게 될 우려가 있다"[44]라고 되어 있다.

빅토리야는 고무를 사용하여 생리혈이 새어 나오는 것을 막는다는 점이 세일즈 포인트였지만 물품 자체도 달리는 상황이었는 데다 1엔 50전이라는 높은 가격이었기 때문에 그다지 보급되지 못하였다. 당시 일용직 노동자의 일당이 56전이었으니,[45] 약 3배의 가격인 셈이다. 게다가 고무 부분이 찢어지기 쉬워 내구성에도 문제가 있었다.[46]

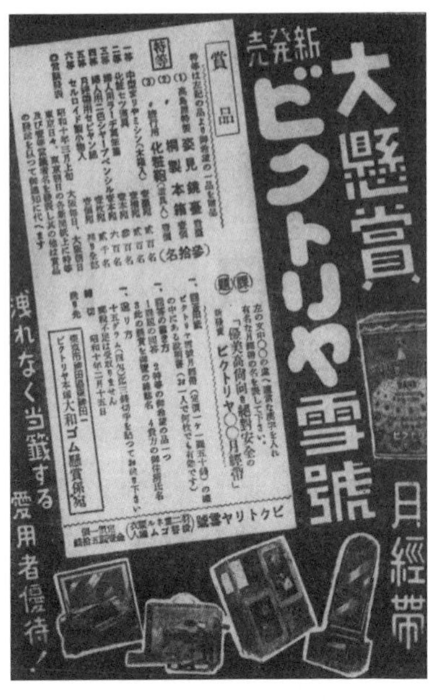

'빅토리야 월경대'의 광고

1913년다이쇼 2년에는 콘돔을 중심으로 하는 고무 제품을 제조하였던 야마토 신타로大和真太郎가 '빅토리야'의 제조 발매를 개시하였다.[47] 가격은 70전으로 미국 제품에 비하여 절반 이하로 값쌌지만 그럼에도 여전히 고급 제품인 것에는 다름이 없었다. 4년 후 광고에는 특제 캔 포장, 특제 가방 포장이 70전이고 그 이외에 보통제 가방 포장 55전이라는 가격대의 상품도 더해졌다. 수요에 맞춘 대응이었다.

다이쇼 시기에는 '빅토리아' 이외에 '안전대', '프로텍터', '부인 보호대', '로얄 월경대', '파인더 복권부 월경대', '카츄샤 밴드', '엔젤 월경대', '부인 사루마타'라는 월경대를 약국, 방물가게, 또는 통신 판매에서 팔았다.[48] 허리에 두른 벨트에 흡수대를 달아매는 '벨트식'이 주류였다. '밴드식' 이라고 부를 수도 있는데, 시대가 지나 '○○밴드'라는 상품명으로 쇼츠 [여성용 짧은 속바지를 부르는 일본식 용어-옮긴이]형 월경대도 등장하였기 때문에 구별을 위해서 '벨트식'이라고 부르겠다.

다른 월경대들보다도 선구적으로 메이지 시기부터 발매되었던 '안전대'의 캐치프레이즈는 '월경대의 대왕'. 광고에는 특제와 장년 여성들을 대상으로 하는 보통제의 일러스트가 그려져 있다.[49]

또한 안전대의 다른 광고의 표제는 "월경에 탈지면은 큰 해가 있다

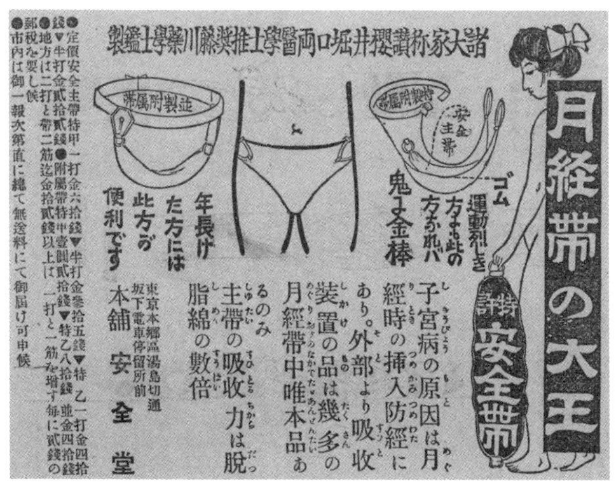

'안전대'의 광고

[모 의학박사의 말]". 탈지면은 채워 넣으면 생리혈이 고이고, 섬유가 잔류하여 "자궁 질환이나 히스테리 등에 걸리는 일이 왕왕 있습니다"라고 설명하고 있다.[50]

안전대는 월경대와 흡수대로 이루어져 있고, 월경대를 '부속대', 흡수대를 '안전주대'라고 불렀다. 당시의 상황을 보면 '흡수력은 탈지면의 수배'라고 강조하며 안전주대 쪽을 팔고 싶었던 것 같다. 가격은 시기에 따라 다소 차이가 있지만 부속대가 40전[보통제]부터 1엔 20전[특제 갑], 안전주대는 한 타(一打, 12개 세트)가 40전[특제 을]에서 60전[특제 갑]. 부속대는 4~5년 사용 가능하고, 흡수대인 '안전주대'는 월경 1회당 반 타(半打, 6개)로 충분하다는 설명이 있다.[51] 소모품인 안전주대 쪽이 매상에 공헌했을 것으로 생각된다.

'로얄 월경대'의 광고문에는 "일본에서의 첫 제품. 교환품이 딸려 있고, 매우 편리하고 청결하여 기분 좋게 영구히 사용할 수 있습니다"라고 되어 있다. 가격은 2장 1세트로 1엔 20전.

'파인더 복권부 월경대'의 발매처 '코즈카상점小塚商店'은 이와 비슷한 형태의 '지오사에기계ぢおさへ器械'라는 제품도 판매하였다.

'카츄사 밴드'라는 상품명은 예술극장의 마츠이 스마코松井須磨子가 노래하여 당시에 크게 유행하였던 '카츄사의 노래'에서 따온 것이리라. 봉투 포장이 60전, 상자 포장이 45전. 당시 단팥빵이 1개 2전, 일용직 노동자의 일당이 70전이었다.[52] 광고문에는 '월경대 중의 여왕'이라고 되어 있다. 안전대의 '대왕'을 의식한 것일까?

이렇듯 다수의 월경대가 제품화되었지만 가와무라 구니미츠川村邦光의 『처녀의 신체-여자의 근대와 섹슈얼리티オトメの身体-女の近代とセクシュア

リティ』에 의하면 "다이쇼 시기에는 '빅토리아 월경대'가 월경대의 시장을 거의 제압하고 있었다"라고 말한다. 실제로『여학세계』,『부인세계』 등의 부인 잡지의 한 페이지 전면 광고로 거의 매 호 실렸던 것은 '빅토리아'뿐이었다. 종래의 정자대에 불편을 느끼고, 탐폰식의 처치법의 폐해를 부인 잡지 등을 통해서 보고 들었으며, 더하여 경제적 여유가 있었던 여학생이나 부인들이 '빅토리아'의 주요한 구매자들이었을 것이다.

그렇다고 해도 당시는 아직 월경대를 사용하는 여성보다도 천이나 탈지면 따위를 탐폰처럼 질에 집어넣을 뿐인 방식을 택하는 여성들이 많았다. 다이쇼 초기에는 '청결구', '월경구', '니시탐폰'이라는 제품도 발매되었지만,[53] 이것들은 단순히 탈지면을 둥글게 만 것에 불과하였고, 생리혈 처치를 목적으로 개량된 탐폰이 발매된 것은 1930년대의 일이다.

생리혈 처치의 기억 - 1900년생 오사카大阪 여성

당시의 여성들이 실제로 행하였던 생리혈 처치법에 대해서『여성들의 리듬-월경, 몸으로부터의 메시지女たちのリズム 月経·からだからのメッセージ』[54]에 수록되어 있는 구술 기록을 소개하고 싶다.

우선은 1900년 메이지 33년 오사카에서 태어나 1916년 다이쇼 5년 16세에 초경이 시작된 야마다 세이코 山田清子 씨의 체험담이다. 인터뷰 조사 당시 81세였다.

야마다 씨는 고등소학교 졸업 후 고용살이를 시작하였는데 정월이 되어 고향에 돌아왔을 때 초경을 맞이하였다. 월경에 대해서는 어머니로부터도 선생님으로부터도 들은 적이 없었고 친구들과의 이야기 소재가 된

적도 없었지만 "다른 사람들이 이래저래 하는 것을 본 것이 있어서 알고는 있었다"고 한다.

처음에는 "물고기 내장 같은 검은빛이 나는 그런 것"을 보고서도 생리혈이라고는 생각하지 않았지만 "이튿날이 되어서 약간 피처럼 색이 변해서, '앗! 이거 역시 그거구나'라고 생각했지. 그때는 아직 부모님에게도 말을 안 했지. 정월이기도 했고."

야마다 씨가 휴지를 덧대고 그것이 떨어지지 않도록 누워 있으니 "어머니가 내가 계속 화장실을 가니까, 너 그거 아니냐고 말하는 거야." 어머니는 곧장 천을 꺼내어 정자대를 만들어 주었다.

> 지금의 훈도시 같은 것을 만들어 준 거야. 그래서 종이를 대고는 묶는 법을 배웠어. 그렇게 해서 뭐 안심하게 되었지. 자기가 혼자 해 본들 뭘 어떻게 해야 하는지도 모르니까 말이야. 그때 그 시절에는 드로어즈도 없었고, 무지기 한 벌뿐이잖아. 그러니까 언제 어떻게 될지 걱정이지만 말이야. (중략) 처음에는 무서웠지. 훈도시라고 해도 요즘 드로어즈처럼 옆이 있는 게 아니잖아? 허벅지 쪽 말이야. 그러다 보니 걷다가 언제 흘러내릴지도 모르고 불안하고 위험한 거야. 이건 뭐 거의 걸을 수가 없잖아 하고 생각했지. 그렇게 했었던 거야 처음은. 그랬지만 점점 익숙해져갔어. (웃음)

또한 어머니는 화장지로는 바로 찢어져버리니 튼튼한 화지和紙[일본식 제지법으로 만든 전통 종이-옮긴이]를 손으로 비벼 문질러서 가져다 대도록 알려 주었다. 야마다 씨의 초경은 일주일 정도 이어졌고 그 후 1년간 월경은 없었다. 그런 일은 자주 있는 것이라고 어머니로부터 들었기 때문에 특별히 걱정을 하지는 않았다.

야마다 씨가 탈지면을 사용하게 된 것은 1년 후 고용살이를 하는 곳에서 다시금 월경이 시작되었을 때였다. 함께 생활하고 있던 동년배 친구가 탈지면을 사 와서 직접 탐폰을 만드는 것을 보고 자신도 따라서 하게 되었다.

> 뭔가 이래저래 만들고 있으니까 뭘 만드는가 하고 보니, 탈지면을 사 와서 사각형으로 만들더니, 종이를 잘고 부드럽게 해서는 한가운데 넣어서 마치 봉처럼 만들어 가지고, 그렇게 만든 걸 아랫도리에 쑤셔 넣듯이 집어넣는 거야. 그렇게 해 두면 어디 가더라도 새어 나오는 일이 적다고 하면서. (중략) 더 이상 훈도시를 하지 않아도 된다고 말하면서 그렇게 가르쳐 주는 거야. 그때부터는 그렇게 했었지만.

현재의 기성 제품 탐폰처럼 다시 끄집어내기 위한 실은 없었지만 그다지 깊숙이는 넣지 않았기 때문에 다시 꺼내기 어렵지는 않았던 것 같다. 또한 깊이 넣지 않았음에도 불구하고 "익숙해지면 아무것도 안 느껴져. 그 상태로 용변도 보고, 가만히 있질 않았어"라고 말하였다.

야마다 씨가 수제 탐폰을 친구로부터 배웠을 무렵은 이미 '빅토리야' 등의 월경대가 발매되어 있었지만 제품화된 월경대들은 야마다 씨의 생활권 내에는 없었던 것 같다.

생리혈 처치의 기억 - 1907년생 센다이仙台 여성

다음은 역시 『여성들의 리듬』에 수록되어 있는 고리야마 요시에郡山吉江 씨의 구술 기록이다. 고리야마 씨는 1907년에 센다이에서 태어났고 1923년다이쇼 12년에 앞선 야마다 씨처럼 16살에 초경을 경험하였다. 인터뷰 조사 당시에는 73세였다.

> 나는 말이야 초조는 16살이었어. 당시로써는 조금 늦은 정도의 나이이지. 그때는 생리 이야기를 한다는 것은 완전히 터부여서 어머니나 언니와도 이야기한 적이 없었는데, 어느새인가 어쩌다 보니 그냥저냥 알게 된 거야. 초조가 와서도 그렇게 당황하지는 않았어.

생리혈 처치에는 '못코 훈도시'라고 불렸던 정자대와 탈지면을 사용하였다. 먼저 가늘게 자른 탈지면을 탐폰처럼 질 내에 채워 넣고, 여러 겹 겹친 탈지면을 냅킨처럼 덧댄 다음 '못코 훈도시'를 그 위에 착용하였다.

> 탈지면은 1일 동안 몇 번이고 교환하였지만 아무리 그렇게 해도 하루가 지나면 못코 훈도시가 피가 말라서 덜그럭 덜그럭거리고, 딱딱하게 되어 버리는 거야. 지금 생각해 보면 끈적끈적한 피로 젖어서 출렁출렁하는 것을 하루 종일 내내 하고 있어야만 했다는 것은 정말 힘든 일이었어. 그래서 그걸 양동이 물에다가 씻어서 헛간 안에다가 말렸었어. 제대로라면 햇볕에 말려서 소독을 해야 좋지만 그 당시는 부정不淨한 것이니까 태양님에게 내보이면 안 된다고 어머니가 말했었어. 물론 사람들에게 대놓고 보여 줄 수 있는 것도 아니기도 하지만, 그렇지만 이후로 나는 헛간

에서 말리는 게 영 찝찝해서 조금이라도 햇볕이나 바람을 쐬고, 아무에게도 들키지 않을 장소를 찾아서 거기서 말렸지만서도.

고리야마 씨가 '빅토리아'를 접한 것은 초경으로부터 반년이 지났을 무렵이었다.

캔에 접힌 상태로 들어 있었는데 월경대 빅토리아라고 했어. 그건 하얀색 플란넬 천으로 만들어져서 딱 요즘 비키니 같은 느낌이야. 그리고 사타구니 부분이 엷은 낙타 색깔의 고무 재질로 되어서 늘었다가 줄었다가 할 수 있도록 되어 있었어. 그래서 그 고무로 된 부분에 탈지면을 올리면 비교적[훈도시와 비교하였을 때] 잘 안 떨어지는 거야. 그렇게 해도 무지기가 더러워지는 경우는 있었지만, 그래도 스며드는 경우는 없어졌어.

고리야마 씨는 만약을 대비하여 고무 위에 천 조각을 올리고 그 위에 탈지면을 올려서 가져다 대었다고 한다.

그런데도 말이야. 이게 3개월 정도밖에 못 버텼어. 씻어서 그늘에서 말려도 고무 부분이 끈적끈적하게 달라붙어버려서 말이야. 그래서 그로부터 얼마나 지났으려나? 고무 부분이 교환 가능한 제품이 나왔어. 똑딱이 단추로 연결하는 방식이었는데 신제품이라서 상당히 비쌌던 걸로 기억하고 있어.

『부인위생잡지』의 의사들은 질 내에 무언가를 채워 넣는 방법은 위험하다고 하며, 질 위에 가져다 대는 방법을 추천하였지만 고리야마 씨와 같이 채워 넣어 막은 다음 그 위에 다시 덧대는 여성들도 적지 않았다. 탈지면이 굴러떨어지거나 생리혈이 새어 나오지 않도록 주의하고자 하였기 때문일 것이다. 현재도 탐폰과 냅킨형 생리대를 병용하는 여성은 적지 않다.

국내에서 생산된 '빅토리야'는 1913년에 판매가 시작되었지만 고리야마 씨의 주변에서 판매되기 시작한 것은 1923년경이었다. '빅토리야'는 부인 잡지 지면상에서 통신 판매도 접수하고 있었기 때문에 지방에 사는 여성들도 구매할 수 있었지만, 점포에서의 직접 판매는 도시와 지방 사이에 시간 차가 있었던 듯하다. 고리야마 씨는 '빅토리야'에 대해서 어느 정도 평가를 하면서도 내구성이나 가격에 있어서는 흠이 있었다고 말하고 있다.

그리고 고리야마 씨가 어머니나 언니와 월경에 대하여 이야기를 나눈 적이 없다는 것은 그것이 '완전히 터부'였기 때문이었다. 더구나 유경 여성에 있어서 필요 불가결한 것이었음에도 불구하고 생리혈 처치용품은 '부정한 것이니까 태양님에게 내보이면 안 되는' 물건이라고 가르치고 있었다. 말 그대로 '히카게모노日陰者[그늘에 사는 사람이라는 뜻으로 떳떳하지 못한 범죄자나 부정을 타는 존재 등을 지칭하는 말-옮긴이]'로 취급당하고 있었던 것이다.

일본에서 생리혈 처치용품의 개선이 늦어진 배경에는 월경에 대한 뿌리 깊은 터부와 부정하게 바라보는 시선, 즉 월경의 부정시不淨視가 있었던 것이다.

생리혈 처치의 기억 - 1910년생 도쿄東京 여성

고리야마 씨와 같은 시기에 초경을 맞이한 도쿄 여성의 경험담이 1970년대의 『부인공론婦人公論』에 게재되어 있기에 소개하고자 한다.

이 여성은 1910년메이지 43년에 태어나 1924년다이쇼 13년에 14살의 나이로 초경을 맞이하였다.

> 14살이 된 봄, 어머니로부터 어른이 된 증거로 매월 한 번 생리혈을 보게 될 거라고 배웠다. 어머니는 수건을 두 장 접어다가 끈을 달아서 만든 정자대를 나에게 주었고, 그와 같은 것을 몇 장이고 만들라고 시켰다. 나는 그 의미를 몰랐었다. 여학교의 화장실에 이미 사용한 것들이 떨어져 있는 것을 보고도 배가 아픈 아이가 있다고 소란을 떨 정도였으니 말이다. 14살의 여름, 숙부의 집에 놀러 갔을 때에 초조를 보았고 크게 당황하고 있는데 온 집안에서 축하한다고 말해 주었던 것을 기억하고 있다. 당시의 용품은 불완전한 것이 많아 따로 얇은 화장지를 접어서 넣거나, 안전핀으로 앞을 고정을 하거나 하였다. 이미 정자대의 가운데 부분을 고무로 만든 것도 시중에 돌고 있었는데 충분하지 않았고 제각기 궁리하여 만든 것들이었다. 등불의 심지는 흡수율이 좋았기 때문에 몇 가닥이고 봉투에 채워 넣어 패드 형태로 만들어 쓰는 사람도 있었다. 당시 의사는 산후의 처치에 탐폰을 사용하였던 것 같은데 그 당시의 탐폰은 탈지면을 거즈로 감싸서 끈을 매단 것이었다. 용감하였던 친구가 어디서 어떻게 손에 넣은 것인지 그 탐폰을 사용하였고, 바다에서 헤엄을 쳐도 쾌적하다고 말한 것을 듣고는 정말 놀랐던 기억이 있다. 여름은 그야말로 고생의 계절로 마룻바닥에도 스며든 적이 몇 번이고 있었고, 허리끈을 낮

은 위치까지 내려서 급히 집으로 돌아가기도 했었다.[55]

이 여성은 긴자銀座[도쿄의 상업과 교통의 중심지이자 번화가-옮긴이]에서 태어나 자랐고 여학교에도 다녔다. 앞서 소개한 야마다 씨나 고리야마 씨와는 달리 초경이 시작되기 이전부터 어머니로부터 월경에 대해서 배우고, 정자대도 준비하였다. 다이쇼 말기의 긴자에서도 생리혈 처치의 기본은 직접 손으로 만든 정자대였던 것 같다. 적어도 이 여성의 어머니는 그렇게 생각하고 있었으리라.

'이미 정자대의 가운데 부분을 고무로 만든 것도 시중에 돌고' 있었다고 하니 이 여성에게 있어서 고무 재질의 월경대는 그리 새로운 것은 아니었다. 그러나 그것도 그리 충분하지는 않았기에 '제각기 궁리하여 만든 것들'을 사용하고 있었다. 또한 이 여성은 야마다 씨, 고리야마 씨와는 달리 탐폰식 처치법은 시도하지 않았던 듯하다.

다이쇼 시대에 초경을 맞은 세 명의 여성에게서 공통되는 점은, 초경 당시는 어머니로부터 배운 손으로 만드는 정자대[엣츄, 못코 훈도시 등]를 사용하였고, 이에 익숙해지면 다른 곳으로부터도 정보를 얻어 여러 방안을 고안하였다는 점이다. 각각 수제 탐폰을 만들거나 시판 중인 월경대를 나름대로 개조하거나 하는 식이었다.

TV 광고 등에 의하여 생리용품의 정보가 전국적으로 획일화되었고, 편의점이나 드럭스토어에 가면 국내 어디에서도 같은 상품을 구매할 수 있게 된 오늘과는 달리 당시는 거주하는 지역이라든가, 노동자인가 학생인가 하는 각자가 놓인 상황에 따라 생리혈 처치법이 달랐던 것이다.

기성 제품 탐폰에 대한 역풍

쇼와 시대에 들어서 '프랜드 밴드', '월경대 메트론', '노블 밴드', '스이타니아 월경대' 등 다양한 월경대가 양산되기 시작한다. 1930년쇼와 5년에는 롤 형태의 탈지면 '시로 보탄'이 발매되었는데[56] 월경대와의 병용을 목적으로 하였다 할 수 있다.

개중에는 일부러 고무를 사용하지 않고 천으로 만든 월경대도 있었다. 고무 재질의 월경대에는 '새지 않는다', '[생리혈이] 냄새가 나지 않는다'라는 장점이 있었지만, '습기가 차서 무덥고 물크러진다', '고무의 독성을 탄다', '고무 냄새가 난다'와 같은 단점도 있었기 때문이다.

부인 잡지의 광고로 보아 가장 많이 보급되어 있었다고 생각되는 것이 '빅토리아 월경대'와 '프렌드 밴드'이다. 예를 들어 1930년의 『부인구락부婦人俱楽部』와 『주부의 친구主婦の友』에는 두 제품의 전면 광고가 거의 매 호 게재되어 있다. 월경대가 제품화된 당초 여학생이었던 여성들이 『부인구락부』나 『주부의 친구』의 독자층이 된 시기에는 월경대의 사용자도 점점 더 늘어나고 있었을 터였다.

여성들이 서양의 의복을 입기 시작함에 따라 코시마키와 같은 전통적 허리끈 형태의 고정 수단을 대신하여 드로어즈가 이용되었고, 그에 따라 당초는 '벨트식'이 주류였던 정자대도 점점 '드로어즈형[쇼츠형]'이 일반적 형태가 되었다.

1930년대 후반에는 '빅토리아'도 '프렌드'도 종래의 벨트식에 더하여 드로어즈형을 발매하게 되었다. 1939년의 '월경대 메트론'의 광고에는 '월경 시 전용'과 '드로어즈 겸용'의 두 가지 타입이 등장하고, '드로어즈 겸용 대호평'이라는 문구도 쓰여 있다. 이것들이 전후의 소위 '검은 고무 밴드 팬츠[사타구니 부분에 고무를 코팅한 쇼츠]'로 이어지게 된다.

드로어즈의 보급에 대해서 1932년쇼와 7년에 일어난 니혼바시 시로키야백화점白木屋百貨店 화재가 '직접적인 계기가 되었다'[57]라는 설이 있다. 화재 당시 창문으로부터 구명로프로 탈출하려고 하였던 전통 복장의 여성 점원들이 아래에 있는 구조대원들과 구경꾼들의 시선을 의식하여 한 손으로 옷자락을 여미고자 하는 바람에 체중을 지탱하지 못하고 추락사하였다는 것이다. 그러나 이노우에 쇼이치井上章一는『팬티가 보인다-수치심의 현대사パンツが見える◦羞恥心の現代史』에서 시로키야 백화점의 화재에 의해서 드로어즈가 보급되었다는 설은 허구라는 것을 증명하고 있다. 더하여 이 시기에 드로어즈 착용자가 딱히 급증한 것도 아니다. 시로키야 화재가 있고 이듬해에 긴자를 걷는 여성들의 81퍼센트가 일본 전통복이었고, 19퍼센트가 서양식 복장이었다는 자료도 있다.[58]

앞서도 다루었듯이 1915년다이쇼 4년에는 '니시탐폰'이라는 상품명의 탈지면이 발매되어 있었는데 이것은 단순히 탈지면의 구형 덩어리에 불과하였다.

생리혈 처치를 목적으로 개발된 오늘날의 형태에 가까운 탐폰 제1호는 1938년쇼와 13년에 합자회사 사쿠라가오카연구소桜ヶ丘研究所[현 에자이 주식회사]가 발매한 '산폰'이다. 사쿠라가오카연구소는 다나베겐시로상점田辺元三郎商店[이후 도쿄다나베제약. 합병을 통해 현재 다나베미츠비시제약]에 재직하고 있었던 나이토 토요지内藤豊次가 설립한 회사이다. '산폰' 발매와 같은 해에 다나베겐시로상점으로부터 '잔폰'이라는 전통 종이 재질의 탐폰도 발매되었다.

'산폰'은 탈지면을 압축한 포탄형 탐폰으로 20밀리리터의 생리혈이

흡수 가능하였다고 한다.[59] 12개들이가 54전. 당시 단팥빵이 1개 5전, 맥주 큰 병 하나가 41전이었다.[60]

이러한 기성 제품으로서의 탐폰 출현은 도쿄여자의과대학 창설자인 요시오카 야요이吉岡弥生의 "여자의 신성한 부분에 남자 이외의 다른 것을 넣는다니 도대체 무슨 일인가"라는 말로 상징되듯이 의사들의 맹렬한 반대를 불러왔다.[61] 게다가 전쟁으로 의한 원재료 부족에도 타격을 받게 되었다.

1939년 '월경대 메트론'의 광고에는 '요시오카 야요이 선생 고안'이라는 문구가 들어 있다. 탐폰식에 반대하는 입장으로서 고안한 것일까? 같은 해의 '프렌드 밴드'의 광고에는 오쓰마여자대학大妻女子大学의 창설자 '오쓰마 코다카大妻コタカ 선생 고안 지도'라는 문구를 볼 수 있다. 여성 교육자라는 권위자의 보증이 있는 것이 광고로서도 유용하였으리라.

'프렌드 월경대'의 광고

여성 교육자가 모두 탐폰식에 반대하지는 않았던 것 같다. 이미 탐폰식의 폐해가 설파되고 있었던 1924년다이쇼 13년의 『주부의 친구』에 게재된 '월경구'의 광고에는 카에츠학원嘉悦学園의 창설자인 '가에츠 다카코嘉悦孝子 선생의 추천'이라는 문구가 있다.

전시하의 생리혈 처치

중일전쟁1937년~이 시작되자 중국으로부터 목화를 구매할 수 없게 되었고, 탈지면은 군대에서의 사용이 우선시되었다.

1938년 10월『주부의 친구』에는 탈지면의 유사품인 '라모드'와 고무를 사용하지 않은 월경대 '라모드 밴드'의 광고가 게재되어 있는데, 거기에는 "고무나 탈지면[목면]은 유력한 군수품이므로 우리들은 되도록 사용하지 않도록 해야 합니다. 이 제품은 종래의 것들 이상으로 결코 대용품이 아닙니다만, 이와 같은 의미에서도 추천할 수 있습니다"[62]라고 되어 있다.

이듬해의『주부의 친구』에 게재된 '프렌드 월경대' 광고에서는 '후방의 국민에게 상쾌하게 느껴지는 명랑한 여성미!!'라는 전쟁 중임이 여실히 드러나는 캐치프레이즈를 볼 수 있다.

1940년 4월『주부의 친구』에는 '탈지면의 가정재생법과 대용품의 제작법'이라는 특집이 실렸고, 탈지면에 흡수된 생리혈의 제거 방법, 소독 방법, 반복해서 사용하여 너덜너덜해진 탈지면을 천 주머니로 감싸 다시 이용하는 방법, 오우메와타 青梅綿 [의복용으로 만들어진 아주 얇은 솜-옮긴이]나 짚을 태운 재, 쌀겨를 넣은 천 주머니를 이용하는 방법을 소개하고 있다.

태평양전쟁이 시작된 1941년에는 국가총동원법에 근거한 생활필수물자통제령으로 인하여 탈지면이 배급제로 바뀌고 육군성은 상공성에 탈지면의 대용품 개발을 의뢰하였다. 그 결과 탄생한 것이 종이에 특수한 주름가공을 더하여 수분을 더욱 잘 흡수하도록 한 카미와타 紙綿 [시멘이라고도 읽는다. 이후 워딩지로의 발전으로 이어지는 선구적 기술-옮긴이]이다. 당초는 '면을 대신하는 종이'라는 의미로 '와타가미 綿紙 '라고 불리었다.[63] 그러나 그것조차도 충분히 보급되지 못하였다. 당시를 되돌아보는 다음과 같은 기사가 있다.

> 다양한 물자의 부족으로 탈지면이나 천, 종이는 물론 입수하기 어려운 상황이었기 때문에 매월 월경이 다가오면 처리법 때문에 골머리를 썩일 수밖에 없었다. 어머니가 이미 색이 다 바랜 것을 가지고 양쪽을 기워 주면 그것을 몇 번이고 몇 번이고 다시 씻어서 사용하였다.[64]

이렇듯 종래의 수제 정자대를 이용하는 여성들도 있었지만 넝마 등을 직접 질에 집어넣는 방법을 취하던 여성들도 매우 많았던 듯하다. 앞서 소개하였던『여성의 리듬』에는 전시중의 생리혈 처치에 대해서 다음과 같이 기술하고 있다.

> 전시하의 격한 노동이나 방공연습에 끌려 나온 여성들에게 있어서 가랑이 사이에서 뒤틀리고 이리저리 벗어나는 정자대나 축축이 생리혈을 머금은 재생 솜 또는 누더기의 처리는 고통 이외에는 아무것도 아니었습니다. 전시성 무월경에 빠진 여성이 오히려 다행이라는 생각이 들었다고 이제야 말할 수 있지만, 당시에도 실제로 그렇게 느꼈습니다.
> 전쟁 중, 질 내에 넣어 생리혈을 흡수하는 소위 탐폰식의 처치를 알고 있는 여성이 많았다는 것은 물자의 철저한 궁핍과 격한 노동을 요구받아 화장실에 가는 것조차도 마음대로 안 되는 부자유한 전시생활이 이유겠지요.[65]

전시성 무월경이란 공습에 의한 스트레스나 식료품 부족으로 인하

여 월경이 없어지는 것으로 제1차 세계대전 중인 1917년에 유럽에서 보고되었다.[66]

전쟁 중에 자기 방식대로 만든 탐폰의 사용에 익숙해져서 전후에도 그 습관을 지속한 여성이 많았다는 사실에 마치 근거를 더해주기라도 하듯, 전후 얼마 지나지 않은 시기의 부인 잡지에는 『부인위생잡지』에서나 볼 수 있었던 탐폰식의 처치법에 대한 폐해를 설명하는 기사가 적지 않게 게재되어 있다.

예를 들어 1950년에 출판된 『부인위생婦人衛生』에는 "많은 중년 부인에게서 볼 수 있는 목화나 종이 조각으로 질구에 마개를 만들어 막는 방법은 불결하여 세균 감염의 원인이 되기 쉽기 때문에 반드시 그만두어야만 합니다"라고 되어 있다.

메이지 시대 후반부터 다이쇼 시대에 걸친 의학적인 '계몽'에 의하여 다소는 줄어들었을 것이라 생각되었던 탐폰식의 처치법이 전쟁에 의하여 부활한 탓에 일찍이 있었던 것처럼 그 폐해를 설명하는 기사가 눈에 띄게 되었던 것이리라. 이러한 배경도 있었기에 [당시] 후생성은 1948년에 탐폰을 의료용구[현재는 의료기구]에 지정하고 엄격한 위생 기준을 설정하게 되었다.[67]

월경 횟수와 생리용품의 진화

전후로부터 6년이 흐른 1951년에 탈지면의 배급제가 해제되자 다시금 다양한 타입의 월경대가 발매되기 시작하였다. 그러나 여성들은 자신이 아직 월경 중이라는 것을 혹시라도 깜빡하더라도 평소처럼 스포츠나 일에 집중할 수 있게 해주는 생리용품, 적어도 시판되는 생리용품들을 구매하는 데에는 아직 생각이 미치지 않는 상황이었다.

가령 생리혈 처치에 불편함을 느끼고 있지 않았다고 하더라도 그것은 단지 익숙함에 기인하는 것일 가능성이 높다. 앞서 다루었던 고리야마 요시에 씨의 구술 기록에는 "지금 생각해 보면 끈적끈적한 피로 젖어서 출렁출렁하는 것을 하루 종일 내내 하고 있어야만 했다는 것이 정말 힘든 일이었어"라고 나와 있었다. 지금 생각해 보면 힘들지만 당시는 그것이 너무도 당연한 것이라 익숙해져버렸던 것이다.

생리용품이 오랜 기간 진화하지 못한 이유 중 하나로 여성들의 월경 횟수가 현대만큼 많지 않았던 점을 들 수 있다.

어디까지나 평균치로서의 비교이지만 초경 연령이 12세, 폐경 연령이 51세의 현대 여성이 아이를 2명 낳아 각각 1년간 모유를 수유하며 육아를 한다고 가정하면 월경 계속 연수는 약 35년간. 월경 주기를 28일간으로 잡으면 1년에 13회의 월경이 있다고 볼 수 있기에 생애 월경 횟수는 약 455회가 된다.

그에 반하여 예를 들어 메이지 시대 여성의 초경은 현대 여성보다 2년 정도 늦었고, 폐경은 2년 정도 빨랐다. 아이의 수를 5명이라고 가정해 볼 경우 현대보다도 길었던 '모유성 무월경' 기간을 고려하였을 때 생애 월경 횟수는 50회 정도가 된다고 말할 수 있다.[68] 결혼 후는 대부분 월경이 없었다는 여성도 적지 않았다. 월경 횟수가 적으면 생리용품의 개선은 그다지 필요가 없다.

생리용품이 진화하지 않았던 또 다른 이유로는 월경이 '부정不淨한 것', '여성의 아랫도리의 일'이었기에 등한시되었던 것도 들 수 있다. 따라서 다음 장에서는 월경에 대한 터부와 월경이 부정하다는 인식이 왜 생겨났는지, 그리고 그것이 여성들의 생활 속에 어떠한 형태로 스며들어 있었는지 보고자 한다.

그런데 불편한 생리혈 처치에 대한 '익숙함'에는 생리혈이 새어 나오거나 탈지면이 빠져나와 떨어지거나 하는 '작은 실수'에 대한 '익숙함'도 포함되어 있었을 터이다. 다시 말해 '너그러움'이라고 볼 수 있는 이러한 '익숙함'은 있어도 좋지 않은가? 오늘날에는 생리용품이 진화함에 따라 '작은 실수'란 있을 수 없는 것이 되어버린 경향이 있다. 하지만 그것은 또한 너무 심한 '월경의 투명화'이다.

생리혈은 배설물이며 감염증의 위험도 있다. 따라서 사람들 눈에 일부러 보일 필요가 없으며 위생적 처리가 필요 불가결하다. 그러나 그렇다고 하여 월경이라는 생리 현상이 존재하지 않는 것처럼 행동할 필요는 없는 것이다.

제2장
생리용품의 진화를 막은 월경 부정시不淨視
'더러운 피'의 역사

제2장
생리용품의 진화를 막은 월경 부정시不淨視 '더러운 피'의 역사

앞 장에서는 전쟁 이전까지 일본의 생리혈 처치용품을 다루어 보았다. 전후의 생리혈 처치용품, 즉 일회용 생리대[냅킨]나 탐폰이라는 생리용품 이야기를 하기 전에 월경이나 생리혈에 대한 '터부시', '부정시' 다시 말하자면 '월경 금기'에 대해서 정리해 두고 싶다. 월경 금기와 생리용품의 진화는 밀접하게 연관되어 있기 때문이다.

세계 각지에서 볼 수 있는 월경 터부

월경 금기란 '혈예血穢[생리혈의 더러움, 불결함, 부정함]'를 이유로 월경 중인 여성, 더하여 월경을 하는 신체를 가진 여성 그 자체를 금기[터부]시 하는 것을 말한다. 애당초 '터부'라는 말의 어원은 폴리네시아어로 월경을 의미하는 '터부tabu 또는 tapu'이다.

18세기 후반에 폴리네시아를 방문한 영국의 탐험가 제임스 쿡[캡틴 쿡, 또는 쿡 선장이라고도 불린다]에 의하면 현지 사람들은 마나mana라고 하는 초자연적 힘에 대한 신앙을 근거로 자신이 사용하고 싶은 토지나 원하는 물품, 연인에 대한 터부를 선언하고 타인이 접촉할 수 없도록 하였다. 만약 이 터부에 타인이 관여하게 되면 그 사람은 신에게 바쳐지는 희생물로서 죽임을 당하든지 교살 또는 곤봉이나 돌로 맞아 죽게 되는 것이 법칙이었다. 즉 터부 선언을 받은 대상은 금기시되었던 것인데 '월경

시와 출산 시, 출산 후의 여성'은 따로 선언의 필요가 없는 금기의 대상으로 다루어졌다.[1]

바로 최근까지도 세계 각지에서 월경 금기를 동반하는 관습이 존재하였다. 현재도 그러한 관습을 볼 수 있는 지역이 있고, 그다지 알려져 있지는 않지만 일본에서도 볼 수 있다.

민속학자 오모리 모토요시大森元吉는 1972년에 세계 각지의 월경 금기에 대한 보고서를 작성하였는데 그에 따르면 코스타리카에서는 월경 중인 여성은 극히 위험한 존재로 취급되어 그 여성이 식사하는 데 사용한 바나나 잎을 먹은 젖소는 쇠약해져 죽음에 이르고, 그 여성과 함께 식기를 사용한 사람도 반드시 죽음에 이른다고 믿어졌다. 인도나 아프리카에는 월경 중인 여성을 집구석에 틀어박힌 채 생활하도록 하였고, 요리할 때의 불 또는 아궁이를 가족들과 따로 사용하도록 하는 소위 '베츠카別火'의 관습을 행하는 지역, 부뚜막이 있는 부엌이나 종교 관련 시설에의 출입과 화살이나 어망, 괭이 등의 생활용구나 우물에의 접근을 금하는 지역도 있었다.[2]

미국의 페미니스트들이 1970년대에 만든 보고서에 의하면 유럽에서도 월경 금기의 관습은 광범위하게 나타나고 있었다. 이탈리아, 스페인, 독일, 네덜란드의 농가에서는 월경 중인 여성이 꽃이나 과일을 만지면 시들어버린다고 전해지고 있었다. 또한 프랑스에서는 월경 중인 여성이 근처에 있는 것만으로도 마요네즈를 만드는 것이 어려워진다고 전해지고 있었고, 남유럽에서는 소금 절임이나 식초 절임을 하지 못하게 하였다. 그 외에도 사과 식초가 발효되지 않는다든가 설탕이 하얗게 변하지 않는다든가 베이컨이 좀처럼 잘 만들어지지 않는다든가 등등의 이야기들이

전해지고 있고, 월경은 식품 가공에 지장을 일으키는 것으로 여겨지고 있었다. 동유럽에서도 농가의 여성들은 월경 중에 빵을 만들거나 버터를 만들어서는 안 된다고 교육받고 있었다고 한다.[3]

식품 가공이라고 하면 일본에서도 오랫동안 여성은 술을 만드는 현장에 가까이 갈 수 없었다. 이에 대해서 여성의 질에 항시 존재하는 균인 유산균이 모로미 醪 [주조 후에 아직 지게미가 있는 상태로 거르지 않은 상태의 술. 전국이라고도 부른다]의 '부조 腐造 [술이 상하게 되는 것]'의 원인이 되기 때문에 경험적으로 조주로부터 여성을 배제, 즉 여성의 접근을 제한한 것이 아닌가 하는 설이 있다.[4] 물론 오늘날의 위생 환경하에서는 여성이 관여한다고 '부조'가 발생하거나 하는 일은 있을 수 없다.

종교와 월경 터부

월경 금기가 오랜 기간 이어진 배경에는 세계 각지의 종교가 존재하였다. 기독교도 이슬람교도 불교도 월경을 금기로서 간주하고 있다.

가령 『구약성서』「창세기」의 레휘기 제15장에는 다음과 같이 쓰여 있다.

> 여성의 생리가 시작되면 7일간은 월경 기간이며 이 기간에 그 여성을 만지는 사람은 모두 저녁까지 부정할 것이다. 생리 기간 중의 여성이 사용한 침상이나 의자 모두 부정하다. 그 여성의 침상을 만진 사람은 모두 의복을 빨고 몸을 씻을 것이다. 그 사람은 저녁까지 부정하다. 또한 그 의자를 만진 사람은 의복을 빨고 몸을 씻을 것이다. 그 사람은 저녁까지 부

정하다. (중략) 혹여 남자가 여자와 동침하여 월경의 더러움이 옮게 되면 7일간 부정하다. 또한 그 남자가 사용한 침상은 모두 부정하다.[5]

또한 『코란』 암소의 장에도 다음과 같이 쓰여 있다.

사람들이 그대에게 여성의 생리에 관해 묻거든 이리 말하라. 그것은 부정이다. 그러니 월경 중에 있는 부인과 멀리하며 깨끗해질 때까지는 가까이하지 말라. 그리고 생리가 끝났을 때는 가까이하라. 이는 알라의 명령이시라. 알라는 항상 회개하는 자와 함께 하시며 스스로 순결한 자들을 사랑하시니라.[6]

일본에서는 불교나 신도神道가 월경 금기를 정당화하고 있는데 이에 대해서는 이후에 다루고자 한다.

월경은 왜 부정한 것으로 인식되게 되었는가?

애당초 왜 월경이 금기[터부]시되었는가?

월경 금기의 기원에 대해서 민속학자 미야다 노보루宮田登는 다음과 같이 추론하고 있다.

여성의 생리에 대해서 합리적인 설명이 어려웠던 단계에서는 모든 것을 인간의 지능을 넘어선 신비적 영역과 연관된 현상으로서 해석하였을 것이다. (중략) 많은 양의 출혈을 하면 죽음에 이르는 것이 아닐까 하는 자

> 연스러운 공포감이 우선 있었다. (중략) 출산이나 월경과 같이 남성에게는 없으면서 여성에게만 있는 출혈 작용이 남자와 여자의 차이를 명확하게 하는 요소라는 것은 명료하다. 그 경우 출혈→죽음이라는 연관성을 생각해 보면, 그것과 관련된 여성에 대해서 남성 측으로부터 두려움이 생겨났다고 보아도 좋지 않을까?[7]

이 두려움이나 공포라는 감정으로부터 월경을 특별하게 인식하는 시각이 시작되었고 이윽고 금기시되는 상황에 이르렀다는 설명이다.

미야다 노보루가 지적한 생리혈에 대한 공포심에 대하여 보다 구체적으로 설명하며 '혈예'의 기원에 대한 새로운 해석을 시도한 것이 식품안전론을 연구 테마로 하는 쿠누기 유기코功刀由紀子이다.

> 월경 때나 출산 때의 출혈에 대한 시선은 과연 어떠한 것이었을까? 같은 혈액이라고 해도 상처에서의 출혈이나 폐, 위벽으로부터의 각혈, 토혈은 액체의 형태이고 선명한 붉은색을 띄고 있는 것에 비하여 생리혈은 단순한 액체가 아니라 난자를 포함하는 난포 성분도 배설되기 때문에 고형물을 다량으로 포함하고 있고 검은빛에 가까운 모습을 하고 있다. 게다가 출산 시의 출혈도 같은 형태로 특히 태아가 태어난 후 태반이 배출되면 이것은 '후산後産'이라고 불릴 만큼 커다란 구조체를 포함하는 출혈이다. 이러한 여타의 출혈과는 다른 형태라는 외형에 더하여 항문에 가까운 출혈 시 배출구의 존재 위치도 혐오감의 원인이지 않았을까?
> 더하여 월경의 출혈은 갑자기 일어나 인위적인 컨트롤이 불가능하기 때문에 당사자에게 있어서도 무섭고 위험한 것으로 생각되지 않았을까?

오랜 기간 월경과 함께하면 거기에 주기성이 있다는 것을 눈치채게 될 것이다. 그러나 출산 후라면 당분간 월경은 멈춘다. 또한 영양 부족 상태, 중병을 앓고 있는 경우라면 월경은 멈춘다. 사람들의 영양 상태는 오늘날처럼 충분하지 않았고 더하여 높은 유아 사망률로 인하여 다산이 강요된 시대적 배경을 생각해 보면 현대의 여성들만큼 월경이 찾아오지 않았을지도 모른다. 그렇다고 한다면 더욱이 공포의 대상이었을 것이다. 이러한 몇 가지 요소가 겹쳐져 '부정한 피[불길한 피]'라는 인식이 형성된 것이 아닐까? 육체의 구조가 해명되지 않았던 시공간에 있어서, 죽음의 그림자와 착 달라붙어 있는 출혈에 대해서 직감적으로 공포심을 가지게 되는 것은 누구라도 당연한 것이었으리라. 또한 환자의 혈액을 감염 매체로 보고 위험시하는 것은 경험의 축적으로부터 분석 가능한 것이었고, 이렇듯 더러운 피, 또는 부정하다는 인식은 생물학적 의학적으로 의미를 가진다.[8]

의학이 발달하지 않았던 시대, 출혈은 죽음을 연상시켰다. 또한 사람들은 경험적으로 혈액이 병을 매개한다는 것을 알고 있었다. 더구나 생리혈은 다른 출혈과는 형태가 다르다. 아이를 많이 낳았던 시대에는 생리혈을 직접 볼 기회도 그다지 많지 않았기 때문에 더욱 공포심을 부채질하였을 것이고, 부정한 것으로 취급되지 않았을까 추론하고 있는 것이다.

'높은 유아 사망률로 인하여 다산이 강요'되었던 배경도 있었겠지만, 유효한 피임법이 없었기에 다산으로 이어질 수밖에 없었던 부분도 있었을 것이다.

'더러운 피'의 기원

쿠누기 유키코는 피를 부정하다고 인식하게 된 기원에 대하여 다음과 같이 이어서 설명한다.

> 생물학적, 의학적 견지로부터 본래 가장 위험하고 멀리하여야만 하는 감염증 환자의 혈액에 대한 시각을 혈액 전반까지 확대하고 (중략) 여성에게까지 확대시켰던 것은 문화적, 사회적 더하여는 정치적인 가치관의 틀 속에 '부정한 피, 즉 배제, 격리'의 언설이 이용되었기 때문이라 할 수 있을 것이다. 확실히 피가 부정하다는 인식을 제도로서 정착시켰던 것은 지배자층, 권력자층이다.

쿠누기는 결론에서 여성 차별적인 관습이나 제도의 근저에 있는 생물학적, 의학적인 의미를 분석하여, 그것을 '과학적'으로 해소함으로써 '젠더관의 무의미함'을 밝혀내는 것이 가능하다고 말하고 있다.

어느 쪽이든 과학을 통하여 여성을 배제하고자 하는 경우에 가장 이용하기 쉬운 것이 여성 특유의 생리 현상인 월경이라는 것은 명확하다.

그리고 쿠누기는 다산이 당연하였던 시대에는 임신과 수유로 인하여 월경의 횟수가 극단적으로 제한되었기 때문에 월경은 "당사자에게 있어서도 무섭고 위험한 것으로 생각"되었다고 말하고 있다. 이에 대해 후지타 키미에藤田きみゑ는 논문「월경과 피에 대한 더러움 사상月経と血の穢れ思想」에서 "매월 정기적으로 돌아오는 월경은 본인도 남편도 익숙해져 가기 때문에 공포의 대상이라고 하기에는 근거가 약하다"[9]라고 설명한다.

후지타는 또한 역사학자의 와키다 하루코脇田晴子의 연구도 언급하면서, 쿠누기가 말한 '피가 부정하다는 인식을 제도로서 정착시켰던 것은 지배자층, 권력자층'이라는 점에 대해서 보다 구체적으로 설명한다.

> 와키다는 헤이안 시기 초기부터 번성하였던 촉예 사상觸穢思想[부정을 타는 것에 접하는 것을 꺼리는 사상-옮긴이]에 의하여 육체로부터 피를 내보내는 여성이나 사체 처리 등을 하는 사람들을 금기시하며 피하기 시작했다고 말한다. 즉 천황이나 궁정을 청정화하는 데 있어 그 반동으로서 불가피하게 존재해야만 하는 '부정함'이라는 부분을 약자에게 짊어지게 하고, 더하여 여성을 신체적으로 '부정함'을 가진 자, '부정한 이'로서 인식시키고자 하고 있다. 이러한 방책은 사회적, 문화적 성차를 낳았으며, 시대의 위정자들에게 있어서는 민중을 통치하는 데 손쉽고 유리하였다.

이렇듯 적어도 최근 일본 내의 혈예에 대한 해석에 있어서는, 월경 현상 그 자체나 생리혈을 특별하게 바라보는 시각으로부터 자연 발생적으로 생겨나서 면면히 이어져 왔다는 종래의 설을[10] 대신하여, 헤이안 시대 궁정 제사의 장에 있어서 여성 억압의 시스템으로서 창출되어 귀족 사회로부터 일반 사회로, 중앙으로부터 지방으로 전파되었다는 설이[11] 유력해지고 있다.

히미코卑弥呼의 '귀도鬼道'와 월경

앞서 본 혈예를 특별하게 바라보는 시각에 관한 기존의 논의들과는 조금 다른 입장도 있다. 월경을 특별하게 바라보게 되는 시각이 형성된 요인 중 하나로 '월경에 의한 감정 상태의 불안정'을 드는 논자가 대표적이다. 예를 들어 여성사 연구가 야마자키 토모코山崎朋子는 월경에 기인하는 감정 상태의 불안정이 야마타이국邪馬台国[중국의 『위지』 왜인전에 등장하는 3세기경 일본의 국가-옮긴이] 여왕 히미코의 존재 이유였다고 설명한다.

> 일본 최초의 원시 국가인 야마타이국의 수장이 남성이 아닌 여성이었던 이유가 무엇이냐고 한다면 그것은 여성에게 월경이라는 생리 현상이 있어 그에 기인하는 정신 및 감정의 파고가 있었기 때문이라고 하여도 지장이 없을 것입니다. 월경 때의 여성이 정신적 그리고 감정적으로 일종의 불안정에 빠지는 경우가 있다는 것은 널리 알려져 있습니다만, 그 불안정성은 원시·고대의 소박한 사람들의 마음에 초자연적인 것-바꿔 말하자면 신의神意의 표현으로 비춰졌습니다. 그래서 육체적·정신적으로 안정적인 남성이 아닌 불안정한 여성을 신에 가까운 존재로 보고, 정신적·감정적 진폭이 유난히 큰 여성을 무녀왕으로 세우는 결과를 낳은 것입니다.[12]

이 주장의 근거는 『위지』 왜인전에 있는 "귀도를 섬기어 능히 무리를 유혹하다"라는 구절에 있다. 귀도를 샤머니즘적인 '접신'으로 해석하면서, 그것을 월경에 기인하는 감정의 불안정에 의한 것으로 보고 있는 것이다.[13]

그러나 히미코는 여왕이 된 시점에 이미 "나이는 장대하였다"[14]라고 기록되어 있는 만큼 여왕으로서 재위하였던 동안 월경이 있었던 기간은 그만큼 길지 않았거나 거의 없었을 것으로 생각된다.

야마자키가 이렇게 주장한 것은 1979년이다. 졸저『월경과 범죄-여성범죄론의 진위를 묻다』에 구체적으로 쓰고 있지만, 당시는 일본의 정신의학자들이 월경 때의 감정의 불안정을 '의학적'으로 뒷받침하는 연구를 속속 발표하였던 시기이기도 했기에 그러한 일련의 연구 결과들을 고려한 주장이었을지도 모른다.

1990년대에 들어 일본에서도 영국 부인과 의사 캐서리나 돌튼 Katharina Dalton의 월경전증후군PMS 개념이 보급되고, 여성의 '정신 및 감정의 파고'는 월경 때는 없고 월경 전에 일어나기 쉽다고 생각할 수 있게 되었다. 이에 따르면 히미코의 '귀도'는 월경전증후군에 의한 것이라고 해석될 것이다.

어떻게 보더라도 사료가 빈약한 상황에서 히미코 옹립의 이유를 월경에 기인하는 '정신 및 감정의 파고'에서 찾는 것은 물론 그 가능성을 부정할 수는 없지만 아무래도 무리가 있다 할 것이다.

야마자키의 이러한 설명은 시대에 따라 여성의 감정적 불안정이 발생하기 쉽다고 할 수 있는 타이밍에 차이가 있다는 것을 알 수 있게 해 주었다. 또한 야마자키는 '정신 및 감정의 파고'를 적극적으로 평가하고 있지는 않지만 이것을 여성의 특성으로서 평가하고자 하는 입장이기도 하다. 그러나 여성에게만 있는 생리 현상을 특별하게 취급하거나 신비화하는 것은 부정한 것으로 인식하여 특별하게 바라보는 것과 종이 한 장 차이의 위험성을 내포하고 있다.

월경이 정신 및 감정 상태에 영향을 미치는 것 자체는 부정할 수 없고 '월경전불쾌기분장애PMDD'라는 진단명도 존재한다. 그러나 그 비율은 극히 낮으며 치료법도 확립되어가고 있다.[15] 그럼에도 불구하고 월경과 감정의 불안정을 안이하게 관련 짓는 것은, 여성에게는 책임 있는 일을 맡길 수 없다는 편견을 조장하게 된다.

월경은 단순한 생리 현상이다. 그 단순한 생리 현상이 '부정함'이나 '감정 상태의 불안정'으로 간주된 역사는 지금도 그 연장선상에 있다 할 것이다.

『고사기古事記』에서 볼 수 있는 월경관

월경 금기의 이야기로 돌아오자.

월경 금기란 '혈예'를 이유로 월경 중인 여성 더하여 월경을 하는 신체를 가진 여성 그 자체를 금기[터부]로서 간주하는 것이었다. 일본에 있어서 '혈예'의 관념은 언제 즈음 생겨난 것일까?

월경에 대해서 가장 오래된 기술은 『고사기』(713년) 중권의 야마토타케루노미코토倭建命와 미야즈히메美夜受比売의 '혼합婚合[남녀의 교합, 성교를 의미하는 말로 강합이라고도 한다-옮긴이]' 일화에서 볼 수 있다.

야마토타케루노미코토는 동국정벌을 가는 도중 오와리尾張 지방의 쿠니노미야츠코国造[고대 일본의 지방 행정기구에 있어서 지방을 통치하는 관직의 일종-옮긴이]의 딸인 미야즈히메와 만나 다음에 만날 때 혼합할 것을 약속하였다. 하지만 정벌을 마치고 미야즈히메를 찾아왔으나 그녀의 월경이 시작된 상황이었다. 그래서 야마토타케루노미코토는 다음과 같이 노래하였다.

오랜 하늘 카구야마香具山 예리하고 요란하게 건너는 고니, 나 약세하고

휘어질 듯한 팔을 베고자 하여도, 아 나 자고자 생각하여도 그대 습襲 자락에 달이 떠 왔다.[16]

현대어로 바꾸어 보면 '하늘의 카구야마 위를 날카로운 소리로 요란스럽게 건너가는 백조여. 그 모습과 같이 약하고 얇은 그대의 나긋나긋한 팔을 배게 삼으려 나 생각하였거늘, 그대와 함께 자려고 나 생각하였건만 그대가 입고 있는 습의襲衣[머리에서부터 착용하여서 의복의 위에 전신을 감싸는 천]의 아랫도리에 달이 나와버렸구나'[17]가 된다. 이에 대해서 미야즈히메는 다음과 같이 답가를 부른다.

높이 빛나는 태양의 아들 온 나라에 알려진 나의 대군 아아 해가 오고 가면 아아 달은 오고 지나가니 어이하리오 어이하리오 어이하리오 그대 기다리기 어려워 나 입은 습의 자락에 달이 떠버렸나이다.[18]

현대어로 바꾸어 보면 '하늘 높이 빛나는 태양신의 아들이여. 나라의 구석구석까지 다스리는 나의 대군이여. 시간이 흘러가면 달은 오고 또 사라져갑니다. 정말이지 정말이지 정말이지 당신을 학수고대하였으니 내가 입은 습의의 옷자락에 어찌 달이 나오지 않을 수 있겠습니까?'[19]

야마토타케루노미코토는 미야즈히메의 재치 있는 답가에 감탄하여 '혼합'하였다. 미야즈히메가 월경 중이었음에도 불구하고 야마토타케루노미코토가 혼합한 것으로 보아 이 일화가 성립된 시점에는 월경이 금기시되지 않았다는 것이 일반적인 해석이다.

제도화된 부정한 피에 대한 인식

『고사기』에는 또한 연회 자리에서 미에三重의 우네메釆女[천황이나 황후의 가까이에서 식사나 일상의 잡다한 일을 다루는 여자 관리-옮긴이]가 유우라쿠 천황雄略天皇[5세기 후반의 천황]에게 올린 잔에 느티나무 잎이 들어가 있어 천황이 격노하였다는 일화가 있다.

이에 대하여 국문학자 오리구치 시노부折口信夫는 "느티나무 잎이 떨어졌다는 것은 월경의 핏방울이 떨어짐을 암시한다. 즉, 월경을 달의 해코지, 또는 달의 부정한 것이라고 보는 사고방식이 발생하기 시작했다는 것을 이야기한다"[20]고 해석하고 있는데, 이에 대해서는 의견이 갈리고 있다.

역사학자 나리키요 히로카즈成清弘和는 오리구치의 해석에 대해서 "그 근거는 단지 츠키槻[느티나무는 일본 고어로 규槻라 쓰고 츠키라고 읽었다-옮긴이]와 월경=츠키노 모노月のもの[달로부터의 것, 달마다 있는 것]의 발음이 같다는 것뿐이며, 또한 이 시대에 월경관이 변화해야 하는 필연성도 생각하기 어려워 그다지 설득력이 있다고 말할 수 없다"[21]고 지적한다.

나리키요는 『고사기』, 『일본서기日本書紀』를 상세히 검토한 결과, 율령제도 성립 이전의 지배자 계층에서는 '여성의 부정함[혈예, 산예]'에 대한 관념을 거의 확인할 수 없었다고 말한다. 더하여 『만엽집万葉集』(8세기 후반), 『풍토기風土記』(8세기 전반), 『일본영이기日本霊異記』(9세기 전반), 『금석물어집今昔物語集』(12세기 전반) 등을 검토한 결과 지방의 민속에 '여성은 부정하다'라는 관념이 나타나는 것은 12세기 전후가 아닐까 추론하고 있다.

'사예死穢[죽음에 대한 부정적이고 불길하다고 보는 인식-옮긴이]'에 대해서는 이미 다이카 개신大化の改新[645년(다이카 원년)에 사유지 폐지, 중앙집권제 확립, 세제의 통일 등을 이룬 고대 정치 혁신-옮긴이] 시기의 박장령薄葬令[중앙 호족의 대규모 분묘를 규제한 법령]을 통하여 그 내용을 규정하고 있지만, '산예'에 대하여 처음으로 공적인 규정이 등장한 것은 『코우닌시키弘仁式』(820년경)[헤이안 시대 초기 율령의 보완을 위해 만들어진 법령집으로 전40권으로 이루어져 있다. 이후 등장하는 시키라고 불리는 것은 이러한 법령집을 지칭한다-옮긴이][22]이며, 산예에 더하여 '혈예'에 대한 규정은 『죠우칸시키貞観式』(871년)[23]와 『엔기시키延喜式』(927년)[24]에서 등장한다.[25]

이상의 사료들을 분석한 후 나리키요는 '여성이 부정하다는 인식'은 "일본 고유의 민속세계로부터 내발적으로 성립된 것이 아니라 궁정 제사의 장이라는 극히 특수한 이데올로기 공간으로부터 성립된 것이다"고 결론 짓고, "본래의 친족 조직이었던 쌍방제를 전근대 중국[당]으로부터 전래된 부계제[가부장제]로 전환해가기 위해서, 정치적 지배층이 고안해 낸[또는 중국으로부터 도입한] 여성 억압을 위한 이데올로기 장치라는 일면을 가지는 것이 아닐까"[26]라고 추론하고 있다.

당시 궁정 권력은 나가야왕의 변長屋王の変 [729년, 나라 시대奈良時代 초기 일어난 정변-옮긴이] 이후 후지와라 시시藤原四子에 의하여 지속된 여타 씨족에 대한 배척 사건이나 쇼토쿠 천황称徳天皇이 추진한 극단적인 불교 정책의 영향으로 인하여 후퇴하고 있었다. 즉 부계제로 전환하는 것을 통하여 궁정 권력의 강화를 도모하고자 하였을 것이다. 앞서도 다루었던 후지타 키미에가 말하였듯이 '이러한 방책은 사회적, 문화적 성차를 낳고 시대의 위정자들에게 있어서 민중을 통치하는데 손쉽고 유리'[27]하였던 것이다.

혈분경血盆經의 영향력

헤이안 시대에 궁정에서 시작된 월경 금기는 이윽고 불교계에도 퍼져 나갔고 우선적으로 귀족 사회에 정착했다고 생각된다. 불교계에서는 8세기 중엽경 여승이 궁중의 국가적 법회로부터 배제되었고, 9세기에는 여성의 출가 그 자체가 제한되었으며, 여승들의 사찰이 일반 사찰에 종속되거나 폐절되었다.[28]

더하여 각 신사가 작성한 '붓키료服忌令[신사 영역을 더럽히지 않기 위한 사적인 규제집. 중세 이후 신도의 체계화에 따라 정비되었다]'나 무로마치 시대 室町時代 에 대륙으로부터 전래된 '혈분경'에 의하여 '여성을 부정하다고 보는 인식'은 널리 일반사회에 침투하였다. 일례로서 이세신궁伊勢神宮의 붓키료의 주해서라고 불리는 『분포키文保記』(가마쿠라 시대鎌倉時代 말경)에는 혈예에 대해서 다음과 같은 규정이 있다.

> 월수 7일, 단 피가 이때까지 멈추지 않으면 7일에 한하지 않는다. 피가 멈추고 2일이 지난 후 3일의 정진精進을 마치고 참궁을 허용한다.[29]

혈분경은 10세기경 중국에서 성립된 모두 420여 글자로 이루어진 위경[후세에 위작한 경전]으로 명 1368~1644년 , 청 1616~1912년 시대에 보급되었다.

여성은 월경이나 출산을 할 때 생리혈로 지신이나 수신을 더럽히기 때문에 사후에 피의 연못으로 이루어진 지옥에 떨어지게 되는데, 혈분경을 신앙하면 구원받을 수 있다는 내용이다. 피의 연못 지옥으로부터 구제받기 위한 목적으로 혈분경이 읽혔고 천시아귀川施餓鬼[익사자의 명복을

빌기 위하여 강가나 배에서 하는 불공]나 왕생 기원을 위한 특수한 의례가 행해졌다.[30]

중국에서의 혈분경은 피에 관련된 죄를 범한 자는 남녀를 불문하고 피의 연못 지옥에 떨어진다는 내용인데, 이것이 일본에 이입되고 나서는 그 내용이 여성 특유의 피의 부정함, 즉 출산이나 월경만을 대상으로 하게 되었다는 '혈분경의 일본 변용설'도 주장되었다. 하지만 중국에도 같은 형태의 혈분경이 존재하였던 것이 밝혀졌다.[31] 일본 국내에서도 서로 다른 내용의 혈분경이 다수 존재하고 여성의 질투나 욕망이 생리혈이 되어 흘러나온다고 설명하는 책도 있었다.[32]

다음의 내용은 도치기현栃木県 사노시佐野市에서 믿어지고 독경되었던 혈분경의 일부이다.

비루한 달의 액운 열셋 열넷 무렵부터 마흔둘셋 사이인 몸이오
달에 7일 액운이 있으면 한 해에 84일이 있다
오늘 아침까지 맑았던 것이 곧 탁해져
탁해진 내 몸을 씻는 데에는
분지 아래 우물물에, 우물물을 떠서 씻는 것이 좋다
떠서 쏟는 것도 무서운 일이라.
쏟으면 대지가 8갈래로 갈라져 어슴푸레 연기가 올라오고
산에서 씻어 내면 산의 신, 땅의 신, 영험한 신들을 더럽히게 되고
강에서 씻어 내면 강 아래 수신도 더럽히게 되고
연못에서 씻어 내면 연못 나락 양 정토를 더럽히게 되고
햇빛에 말리는 것도 두려워라 일륜님도 더럽히게 되고

달빛에 말리는 것도 성명신 월륜님도 더럽히게 되고
아직 그 이외에도 두려워라 티끌에 섞여 불에 들어가면
보현보살이나 부뚜막 신 삼세의 제불을 더럽히게 된다.[33]

혈분경은 천태종, 조동종, 정토종, 진언종 등에 수용되었고 에도 시대에는 여성 신자를 늘리고자 하는 목적으로 정토종, 조동종이 적극적으로 창도를 행하였다.[34] 월경 금기의 관습은 근대 이후에도 일본 각지에서 확인되지만 정토종, 조동종의 세력이 강했던 지역에서 보다 많이 확인되고 있다.[35]

전후에도 이어진 월경 오두막

에도 시대가 되면 월경 금기를 동반하는 민간 관습에 대한 사료도 나타난다. 다음은 살인죄로 1827년 하치죠시마八丈島에 유배를 가게 된 곤도 토미조우近藤富蔵가 남긴 『하치죠짓키八丈実記』[36]에 남아 있는 월경 금기에 관한 기술이다.

하치죠시마에에서는 귀천 할 것 없이 월경이 있으면 집에 두지 않는다. 마을에서 떨어진 벽촌 또는 깊은 산의 오두막에 보내고, 지금 살고 있는 집구석에 별실을 두어 이를 타야他屋 혹은 타비他火라고 이름 지었다. 또한 출산을 하는 이가 가는 우부야産処[해산을 위해 따로 지은 집-옮긴이]를 이곳에서는 코우미야コウミヤ라고 이름 붙였고 이곳에서도 사람들은 불을 같이 쓰지 않는다. 정월은 더욱 월경이라고 말하는 것조차도 거리껴 실을 잣으러 간다고 말한다.

빨리는 5일 늦게는 15일이 지나 집에 돌아온다. 연중 자기 집에 있는 날이 얼마 되지 않는다.

하치죠시마에서는 월경 중인 여성은 5일~15일간 '타야' 혹은 '타비'[출산 시에는 코우미야]라고 불리는 오두막에 들어가 다른 사람들과 같은 불을 쓰지 못하도록 하였다. 정월은 월경이라고 입에 담는 것도 거리껴 '실을 잣으러 간다'고 말하고는 오두막으로 들어갔다.

헤이안 시대에 궁정제사의 장에서 성립되어 서서히 일반 사회에 침투하고 있던 혈예의 관념은 1872년메이지 5년 메이지 정부가 반포한 '지금부

오이타현大分県 히메시마姫島의 우부고야
(문화청 편, 『일본민속지도 V 출산, 육아』 「해설서」, 1977년, 도판)

터 산에 혐오는 인정되지 않을 것今より産穢憚り及ばず候う事[산예는 혈예를 포함한다-옮긴이]'이라는 법령으로 인하여 공적으로는 폐지되었다.[37] 폐지의 계기는 개국 당초 대장성大蔵省[한국의 재정경제부의 해당하는 당시의 일본 부서-옮긴이]을 방문한 서양인이 부인의 산예를 이유로 결근한 관리에게 기가 막혀 하며 항의하면서라고 알려져 있다.[38]

당시를 기억하고 있는 사람들의 구술 기록으로부터 월경 금기의 관습이 해소되어가는 양상을 파악할 수 있다.

> 인간이 능숙해진 건지 신이 서툴러진 건지, 타야에 있지 않아도 괜찮게 된 것은 신이 왕생해서 벌을 내리지 않게 된 것이겠지.

> 메이지 중엽 경 세상이 문명 개화해서 오두막에 있을 때도 안채에서 식사를 할 수 있게 되었다. 처음에는 뭔가 마음에 들지 않는 듯한 분위기에 양심에 가책을 느꼈다.[39]

그러나 월경 금기의 관습은 메이지 시대 초기에 단번에 해소될 리 없었고, 지역에 따라서는 전후에도 뿌리 깊게 잔존하고 있었다.

야나기타 구니오柳田国男의 『금기습속어휘禁忌習俗語彙』에는 일본 각지에서 나타나는 월경 금기의 관습이 수록되어 있는데 월경 오두막은 서남부 일본을 중심으로 각지에 존재하였고, '부정 오두막不浄小屋', '요고레야よごれや', '히마야ひまや', '세세에라 오두막セセエラ小屋' 등 다양한 명칭으로 불리고 있었다. 츠루가敦賀[후쿠이현 남서부에 있는 지역]에서는 '아사고야あさごや'라고 불렸으며 메이지 말기까지도 사용하였다고 한다.

후쿠이현 츠루가시 우라소코浦底에서 사용되었던 우부고야 겸 월경 오두막 (문화청 편,『일본민속지도 V 출산, 육아』「해설서」, 1977년, 도판)

민속학자 타니가와 켄이치谷川健一가 1970년대에 조사한 보고서에 따르면 당시 아사고야를 사용하고 있지는 않았지만 월경 중인 여성은 집 입구의 문턱에 앉아 식사를 하고, 그 후 물이나 온수로 몸을 씻었다고 한다.[40]

미카와三河[현재의 아이치현 동부 지역의 예전 지방행정구역명]의 키타시타라군北設楽郡에서는 '쿠이마지리食い交じり[식사를 통하여 부정함이 옮는 것-옮긴이]'를 막기 위하여 월경 중인 여성을 '히고야火小屋'에 격리하였다. 거기서 사용하는 부시도 '코야히우치小屋火打'라고 하여 구별하였다. 같은 군내의 다미네무라段嶺村라는 마을에서는 신사에 소속된 논을 경작하는 남자들이 머리카락에 붓순나무의 작은 가지를 꽂고 일을 하러 갔다. 이것은 월경 중인 여성이 자신에 말을 걸지 않도록 하는 표식이었다. 또한 월경 중인 여성을 '코야분小屋分'이라고 불렀으며, 혹시 불을 만지거나 함께 사용하여 부정을 타 '더렵혔을' 경우 동네에 있는 모든 부

시를 모아서 대장간에 정화를 부탁하였다고 한다.

시마志摩[미에현 시마반도 남부에 위치한 지역]의 토우시지마答志島라는 섬에 사는 해녀들은 월경 중인 여성을 '카리야몬かりやもん, 仮屋者'이라고 불렀고, 그 건너편 지역인 미가와아츠미군三河渥美郡에서는 더러운 밥그릇을 '카리야 밥그릇 같다'라고 말한다.

빗츄마나베시마備中真鍋島에서는 산 위에 설치된 월경 오두막에서 여성들이 하산할 때 부정함이 옮지 않도록 큰소리를 질러서 사람들을 멀리 물렸다. 집에 돌아오면 강물에 목욕을 한 후 처마 밑이나 흙마루에 멍석을 깔고서 하룻밤을 지낸 후에 임시 아궁이를 만들어 죽 등을 끓여 먹었다. 다음 날 아침은 그 아궁이에 뜨거운 물을 끓여서 마셨다. 이것을 '아가리유上がり湯'라고 불렀고 집에 따라서는 그 물에 소금을 더하였다. 아가리유를 마시면 본래의 생활로 돌아올 수 있었지만 여기서 또 한 번 불을 다시 피우는 마을도 있었다.

이 외에도 월경 중인 여성을 배에 태워서는 안 된다. 그물 등 어구를 만지게 하면 안 된다. 식칼을 빌려주면 안 된다. 이와 같은 불문율이 각지에 존재하고 있었다.

이렇듯 일본 전국에 존재하였던 월경 금기의 관습은 너무 많아서 일일이 다 셀 수가 없고, 타니가와의 보고에도 있었듯이 지역에 따라서는 1970년대까지 이어지고 있었다. 오늘날에도 월경 금기는 전통이라는 미명하에 일부 영역에서는 살아남아 이어지고 있다.

월경 오두막 관습이 가지는 표면상의 이유는 부정한 여성을 격리하는 것이었다. 하지만 격리가 여성들 자신들을 위한 것이고 여성들을 배려한 결과라는 의견도 있다.

예를 들어 '격리되어 사람들의 눈에 띄지 않음으로써 생리혈 유출에 번거로움을 느낄 일이 적어진다', '매일매일의 중노동으로부터 해방되어 몸을 쉴 수 있다', '여성들만이 모이는 장소에서 선배 여성으로부터 성에 대한 지식이나 생활의 지혜를 계승받을 수 있다' 등의 의견이다.

출산을 위해서 사용되었던 우부야[또는 우부고야]도 출산 중의 출혈로 부정해진 여성을 격리한다는 것이 표면상의 이유지만, 오두막에 머물게 됨으로써 출산 후의 여성이 안정을 유지할 수 있었다고 보기도 한다. 또한 우부야에서의 '베츠카別火[밥짓기나 식사를 따로 하는 것]'는 영양을 더해 주어 산후의 회복을 좋게 하는 역할을 하였다고 기술하는 자료도 있다.[41]

실제로 '타비구라시他火暮らし[월경 오두막에서 생활하는 것을 지칭하는 말]'가 즐거웠다든가,[42] "산후 오두막에 있을 동안에 정말 신경 쓸 것 없이 여유롭게 휴양을 할 수 있었고 편안히 몸을 쉬게 할 수 있었다"라는 기록도 남아 있다.[43]

그러나 오두막에서의 생활이 어떠하였는지는 당연히 지역에 따라 차이가 있었을 터이고, 같은 지역의 같은 오두막에서 생활하였다 하더라도 사람에 따라서 받아들이는 것에 차이가 있었을 것이다.

여기에서는 다나카 미츠코田中光子의 논문 「시로키의 우부고야와 출산 습속-일본해 측 2개의 습속 조사 비교로부터白木の産小屋と出産習俗-日本海辺二つの習俗調査対比から」[44]에 소개된, 후쿠이현 츠루가시 시로키 지역

우부고야와 월경 오두막을 사용하였던 여성들의 경험과 감상을 소개하고자 한다.

다나카는 1977년쇼와 52년에 해당 지역을 직접 찾아가 실제로 오두막을 사용한 경험이 있는 당시 58세부터 72세의 6명의 여성에게 인터뷰 조사를 실시하였다.

조사 당시 시로키에는 1964년에 새로 개축된 '신우부고야'가 있었다. '기와지붕, 함석을 댄 5평 크기의 건물'로 출산이 없을 때에는 소학교 분교의 교원 숙소로 사용되거나, 마을 전체 가구 18호가 모두 민박 영업을 하게 되는 여름철에는 해수욕장 주차장 관리인의 숙소로 사용되고 있었다. "아침저녁으로 늘 깔려 있는 이불과 냄비나 가마 등이 뒹굴고 있는 다다미가 깔린 6장 넓이의 단칸방, 폭 6자에 깊이 2척짜리의 가스대 겸 부엌, 현관과 마당, 화장실"이 있었다.

마을에서 함께 사용하는 우부고야를 전후 19년이 지나고 나서 일부러 개축하였다는 것은 당시까지도 아직 수요가 있었다는 것을 의미한다.

인터뷰 대상인 여성들이 사용한 것은 개축되기 이전의 우부고야로 "바닥은 일반적인 흙바닥으로 다다미가 없었다. 수도나 가스 설비도 없었고 3척 사방으로 흙마루와 칸막이가 있을 뿐이었다. 변기도 고정되어 있는 것은 없었고 변기용으로 작은 통을 각자 지참하였다. 매일 물로 씻어서 오수를 밭에 버리고 다음 날 다시 사용하였다."

난방은 이로리囲炉裏[마룻바닥을 사각형으로 도려 파고 난방용·취사용으로 불을 피우는 장치-옮긴이]뿐이었는데 그나마도 겨울 낮에만 사용이 허가되었다. 밤은 흙바닥에 멍석을 깔고 잤다. 물은 근처의 강에서 어머니나 며느리가 길어 주었다. 출산한 이는 우부고야에서 나올 수 없었고 부정해져 있기 때문에 강에 가까이 가는 것도 허락되지 않았다. 아기의 기저귀를 씻을 물도 부족하기 일쑤였다고 한다.

임산부는 진통이 시작되고 나면 오두막으로 들어갔지만, 오두막으로 가는 도중에도 규칙이 있었다. '햇님을 삼가라'고 하여 낮 시간을 피하여 이른 아침이나 해 질 무렵에 대나무로 만든 우산을 쓰고 걷지 않으면 안 되었다.

다나카는 "우부고야로 건너갈 때 대나무 우산을 쓴 모습을 다른 사람들에게 보이는 것이 슬펐다고 말하는 그녀들의 회상은 출산하는 이들의 피가 부정하다는 이야기들을 그녀 자신들도 받아들이고 부끄러워하고 있었음을 이야기해 준다"고 설명한다.

그녀들은 출산으로부터 24일간 우부고야에서 지냈지만 출산 후 10일 정도 지나면 사전에 준비해 둔 바느질에 전념하지 않으면 안 되었다. 다나카는 다음과 같이 쓰고 있다.

> 한 명의 여성은 우부고야에 있는 동안 시아버지, 시어머니, 남편, 아이들과 아기의 옷을 10장 만들고 의복 수선을 하였다고 이야기하였다. 출산 후 눈을 피로하게 하는 것은 피해야 하는 것으로 잘 알려져 있지만 그러한 점은 고려되지 않는다. 일체의 가사일로부터 해방되어 양생의 시간을 주는 것이니 그 정도 일을 하는 것은 당연하다는 감각으로 이어져 내려왔을 것이다.

다나카는 "1965년 당시 필자는 출산 휴가가 끝나 직장으로 복귀하여 등사판을 자르는 일을 하였는데 눈의 통증으로 고생하였던 경험이 있다. 그런데 [인터뷰 대상자들은] 산후 얼마 지나지 않은 시기인데도 바느질에 전념하였다고 하니 이건 단순히 필자의 허약함의 문제인가?"라며 자문하고 있다. 개인차도 물론 있겠지만 출산 후 눈 상태 나빠지는 것은 출산 경험이 있는 다수의 여성들이 체험하고 있다. 이 점만 보더라도 우부고야가 출산한 여성들의 양생을 위해서 존재하였다고는 도저히 생각되지 않는다.

월경 오두막의 기억 - 그것은 여성을 위한 것인가?

그렇다면 월경 오두막에 대해서는 어떠할까?

시로키에서는 1960년대 중반까지 월경 오두막이 기능하고 있었고 식사나 생리혈의 처리는 오두막에서만 허용되었다. 다나카 미츠코가 조사를 시행한 1977년에는 사용되고 있지 않았다.

인터뷰 조사의 대상이 된 여성들이 실제로 경험한 월경에 대한 관습은 신전에의 공물 금지, 신사 접근 금지, 선박 승선 금지, 그리고 월경 기간 중인 일주일간은 식사를 집 밖에서 먹을 것 등이 있었다.

그녀들은 냄비에서 자신이 먹을 양을 떠다가 맑은 날에는 풀섶 위에서, 비나 눈이 오거나 추운 날에는 처마 밑이나 현관 끝에 앉아서 식사를 하였다. 식사를 통하여 피가 가진 부정함이 옮는 것을 막기 위한 '베츠카 別火'의 관습이라고 말할 수 있는데, 단 월경 중에도 밥을 짓는 것은 그녀들의 몫이었다.

다나카는 이 모순에 대해서 다음과 같이 해석하고 있다.

본래 완전한 베츠카가 지켜질 때는 생리 중인 여성들은 가족들을 위한 불을 사용하는 일이 없었다. 하지만 가족 규모의 축소, 가족 내 일손 부족이라는 면을 고려하여 생략한 것일까? 그렇다고 한다면 의미가 사라진 배제를 왜 그렇게 여성에게 강요하였던 것일까? 앞서 설명하였듯이 부권주의 국가 구조에 상응하는 가부장제 가족은 상호부조, 종교의식을 공유하는 마을이라는 공동체의 강한 유대가 있었기에 재생산될 수 있었다. 생리 중 베츠카의 풍습도 여성을 집 밖으로 내보내는 [공동체에서 공유되는] 의례를 통하여 '원리[원칙]'를 지키고, 이로부터 얻는 일체감과 구제救濟의 안도를 우선시하였을 것이다.

더하여 다나카는 이 관습이 여성들의 자기 인식에 미친 영향에 대해서 다음과 같이 말한다.

이렇듯 처마 밑이나 현관 앞에서 식사를 하고 있는 그녀들의 앞을 소학교에서 돌아오는 아이들이 지나간다. 그 아이들에게는 생리혈이란 부정한 것이라는 인식들이 자연스레 침투되어 있었고, 특히 남자아이들은 손가락질하며 경멸의 말을 던지며 지나갔다. 아이들에게마저 경멸의 대상이 되는 것에 대한 분노는 재생산의 과정에서 '슬픔'이라는 언어로 표백된 '안타까움'으로 파워 다운Power down되어 사회적으로 무해한 자기 비하로 전가되었다고 생각된다.

월경이 있기 때문에 임산부, 출산이 성립되고 아이들이 태어나는 것이지만 아이들로부터도 경멸을 받게 되는 불합리.

그리고 월경 기간 중 노동도 경감되지 않았다. 가사와 육아, 비료를 지고서 산을 넘고, 괭이질을 하며 야채를 수확하고, 논두렁을 만들고, 물을 길어오는 등의 일들은 평소와 다름없이 이어지고 있었다. 물을 길어오는 일은 양동이나 통을 짊어지고 강과 집을 몇 번이고 왕복해야 하는데 밥을 짓고 빨래를 하기 위한 물을 4두분[72리터], 날씨에 관계없이 맨발로 왕복하였다고 한다.

'생리 기간 중은 부정한 상태이기 때문에 바다신의 분노를 산다'는 이유로 전쟁 이전에 전국적으로 관찰되었던 승선 금지의 관습이 시로키에서는 전후에도 이어지고 있었고 이는 월경 중인 여성들에게 상당한 부담을 강요하는 결과로 이어졌다. 같은 장소에 가더라도 배를 사용할 수 없었기 때문에 짐을 등에 짊어지고서 산을 넘지 않으면 안 되었다고 한다.

그녀들은 월경 기간 일주일이 지나면 뜨거운 물을 가지고 월경 오두막으로 가서 거기에서 몸을 깨끗이 하고 옷을 갈아입고서야 달의 부정함으로부터 해방되었다고 한다.

이와 같은 내용으로부터 보건대 적어도 후쿠이현 츠루가시 시로키 지역에 있어서 월경 오두막 관습은 여성을 쉬게 한다는 목적과는 거리가 멀었다고 생각된다. 월경 오두막에서 식사나 생리혈을 처리하는 관습이 사라진 후 오두막은 월경 종료 후에 몸을 깨끗이 하는 것만을 목적으로 존재하였고, 월경 기간 중인 여성들은 승선 금기의 사례로부터도 알 수 있듯이 평상시보다도 힘든 노동을 강요받았다.

설령 월경 오두막이 여성 신체의 안정을 유지하기 위하여, 또는 매일의 중노동으로부터 해방시키기 위하여, 생리혈의 유출을 크게 신경 쓰지 않아도 되도록 하기 위하여, 선배 여성들로부터 지혜를 계승하기 위하여 기능하고 있었다 하더라도 어린 학생들에게까지 경멸당하고 슬픔에 빠졌다고 한다면 그것이 여성들 자신을 위한 것, 여성들을 배려한 것이라고는 말하기 어렵다.

월경 오두막에서의 생활에는 시대에 따른 차이, 지역에 따른 차이도 있었다. 같은 지역의 같은 오두막에서 생활하였다 하더라도 사람에 따라 받아들이는 방식에 차이가 있었다. 고맙게 생각한 여성도 있었을지 모르지만 그렇지 않은 여성도 있었다. 따라서 여성들은 월경 오두막에서 이렇게 생활하고 이렇게 느꼈다고 일률적으로 말하는 것은 불가능하다.

네팔의 '차우파디'

현재도 세계에는 월경 오두막의 관습을 볼 수 있는 지역이 있다. 예를 들어 네팔의 서부에는 월경 중인 여성을 돌이나 진흙으로 만든 오두막[구멍이라고 부르는 편이 어울릴지도 모른다]에 격리하는 '차우파디'라 불리는 관습이 오랫동안 이어져 왔다.

그 격리 기간 동안 탈수 증상으로 목숨을 잃은 여성, 야생 동물의 습격을 받은 여성, 성폭력을 당하는 여성이 끊이지 않아 국제적으로 비판의 목소리가 높아져 2005년에 법률로 금지되었다. 그러나 일본에서도 그러하였듯이 지역에 뿌리내린 관습은 하루아침에 사라지지 않는다. 2016년에는 격리 중 추위를 견디지 못하여 불을 피운 소녀가 연기에 휩싸여 사망하였고, 2017년에는 오두막에 들어온 독사에게 물린 소녀가 사망하였다. 이에 대하여 네팔 의회는 차우파디를 범죄로 규정하고 여성을 격리한 자에게 형벌을 부과하는 법안을 가결하였다.

이번에야말로 목숨에 직결되는 관습이 뿌리 뽑히길 바라는 바이지만, 그 배경에 있는 월경 터부시를 해소하는 것이 또한 중요하다. 현지에서는 월경 중인 여성이 집에 있으면 불이 난다는 둥 또는 환자가 나온다는 둥 하는 낭설들이 완고하게 믿어지고 있다. 격리 중에 연기에 휩싸인 소녀나 독사에 물린 소녀가 신속하게 처치를 받지 못하였던 것도 월경 중인 여성을 만지면 부정함이 옮는다고 믿고 있던 가족이 그녀들에게 가까이 다가가지 못했기 때문이었다. 뒤늦게 호송된 곳도 병원이 아닌 주술사의 집이었다.

차우파디가 사라질 것인지 아닌지에 관계없이 이 지역에 필요한 것은 적절한 생리용품이다.[45] 후에 설명하겠지만 생리용품이 여성들을 물리적으로 서포트함으로써, 그녀들 자신을 속박하고 있는 터부시, 더하여 지역에 뿌리내린 터부시가 해소되어 가기 때문이다.

다른 문화를 존중해야만 한다는 입장에서는 이러한 관습에 대하여 운운할 수 없다는 의견도 있지만 거기에 월경이 부정하다는 인식이나 차별이 존재하는 이상 그저 문화라고만은 부를 수 없다.

전근대의 의학적 월경관

본 장의 마지막에서는 전근대까지의 의학 문헌에서 나타나는 월경관에 대해서 간단하게 짚어 두고 싶다.

고대 일본의 의료 행정은 궁내성 소속의 전약요典薬寮에서 시행하고 있었고, 거기에서 이용되던 문헌은 모두 중국의 의학서였다.[46]

일본인에 의해서 쓰인 의학서 중에 현존하는 가장 오래된 것은 헤이안 시대 탄바노 야스노리丹波康頼가 정리한『의심방』인데 이것도 당나라 시대 이전의 중국의 의학서에서 선별한 내용을 편찬한 것이었다. 또한 부인과학에 대하여 상세히 기술하고 있는 일본에서 가장 오래된 문헌은 가마쿠라 시대의 가지하라 쇼젠梶原性全이 쓴『돈의초頓医抄』(1303년)인데 이것도 송나라 시대의 진자명陳自明이 저술한『부인대전양방婦人大全良方』(1237년)의 영향을 받았다.[47]

중국의 의학서 중에서도 가장 오래되었고, 일본의 전약요에 있어서도 기초 이론을 설명하는 서적으로서 중요시되어 왔던『황제내경소문黄帝内経素問』제1권 첫 번째 '상고천진론편'에는 월경에 대해서 다음과 같은 기술이 있다.

> 14세에 이르면 천계가 도래하여 임맥이 통하게 되고 태충맥이 성해지는데 이때부터 월사가 있게 되어 자식을 가질 수 있게 된다.[48]

이것과 거의 같은 기술이 앞서 나온『부인대전양방』이나『의심방』,『돈의초』더하여는 마나세 겐사쿠曲直瀬玄朔가 지은『연수촬요延寿撮要』(1599년)나 에도 시대의『화한삼재도회和漢三才図会』(1712년)에서도 볼 수 있음을 생각해보면 '월경=여성이 성숙한 증거'라는 극히 심플한 월경관이 중국으로부터 일본으로 이입되었고 오랜 기간 계승되어 왔음을 알 수 있다.

> 14세에 이르면 천계가 도래하여 임맥이 통하게 되고 태충맥이 성하다.
> -『부인대전양방』[49]

생년 14세가 되면 천계가 처음으로 온다. 천계라 함은 월수를 말함이오. 임맥이 충만해진다. -『돈의초』[50]

한편 『황제내경소문』과 동시대에 쓰인 『황제내경영추黄帝内経霊枢』 10권 제65에는 월경이 몸 상태를 나쁘게 만든다는 기술이 있고[51], 『의심방』에도 다음과 같은 기술이 보인다.

월수와 동시에 복통이 오는 것은 혈기가 과로로 인하여 손상되어 신체가 허해졌을 때에 냉풍을 받아 그로 인해 아파지는 것이다.[52]

이렇듯 월경을 어떻게 바라볼 것인가 하는 소위 '월경관'에 대한 기술은 『돈의초』에서도 나타나지만[53], 근대 이후 주류가 된 '월경=병의 원천'이라는 사고방식과는 확연히 다르다.

전근대 의학 문헌에 월경에 관한 기술이 많지 않은 것도 아마 당연한 생리 현상이라는 인식이 강했기 때문 아닐까? 월경에 대해서는 '병'과의 관련성이 아닌 '성장의 증거=출산 가능'이라는 관점에서 오로지 월경 주기와 임신의 관련성에 대해서만 다루고 있을 뿐이며, 에도 시대에 이르러서야 다양한 설명이 등장하게 된다.

월경과 임신 가능 시기

불임인 사람에 대해서 차별이 심각하였던 시대에 임신하기 쉬운 시기를 아는 것, 또는 확실한 피임법이 존재하지 않았던 시대에 임신을 피할 수 있는 시기를 아는 것은 당시 여성에게 있어서 분명 중요한 문제였을 것이다.

중국에서는 앞서 소개한 진자명이 "월경 1, 3, 5일 후에 성교하면 남아가 태어나고, 2, 4, 6일 후에 성교하면 여아가 태어나고, 7일 후 성교로는 회임하지 않는다"[54]고 설명하고 있고, 가마쿠라 시대의 『돈의초』도 이 설명을 따르고 있다.[55]

에도 시대 말기에 이르면 "월수가 끝난 후 10일 사이다. 이를 지나면 그 후의 월수에 회임하지 않는다"(네모토 노리아키 根本義伯, 『회태양생훈 懷胎養生訓』[56]), "월경이 끝난 후 10일간이다. 10일이 지나면 회임하는 이가 극히 적다"(시부에 타이스케 渋江太亮, 『산가교초 産家教草』[57]) 등의 설명들이 등장하는데, 월경이 끝나고 나서 10일간이 회임 가능한 시기라는 설명이 주류가 되었다.

임신 가능 시기에 대한 해명은 1924년다이쇼 13년 하기노 큐사쿠荻野久作의 연구논문「배란의 시기, 황체와 자궁점막의 주기적 변화와의 관계, 자궁점막의 주기적 변화의 주기 및 수태일에 대해서排卵の時期、黄体と子宮粘膜の周期的変化との関係◦子宮粘膜の周期的変化の周期及び受胎日について」[58]의 발표가 있고 나서야 이루어지는데, 하기노에게 힌트를 준 것은 임신 경험이 있는 일반 여성들로부터의 보고였다. 학자의 연구에 자신들의 경험을 설명하며 협력하였던 이 여성들처럼 의학서에 근거하지 않고 경험적으로 임신 가능 시기를 알고 있던 여성들이 당시에도 많지 않았을까? 당시의 여성들에게 그 경험을 직접 기록하고 발표하는 솜씨까진 없었다 하여도 여성으로부터 여성에게 직접 전승되어갔을 가능성은 부정할 수 없다.

'월경은 부정하다는 인식'이 막은 생리용품의 진화

피가 부정하다는 이유로 발생한 월경 금기는 일본에서는 헤이안 시대 궁정에서 시작되어 주로 불교와 함께 일반 사회로 퍼져 나갔다. 그로 인하여 전근대에 있어서는 성장의 증거로서의 월경과 금기로서의 월경이라는 두 가지의 월경관이 병존하게 되고, 그것이 초경을 축하하면서도 월경 중에는 오두막에 격리시키는 언뜻 모순되는 관습으로 나타나게 되었다고 말할 수 있을 것이다.

근대에 들어서 월경 금기는 공적으로 폐지되었고 의학적인 관점에서도 부정되었다. 제1장에서 다루었듯이 월경은 부국강병을 실현하기 위한 중요한 생리 현상으로 간주되었고, 월경을 부정적으로 보는 인식은 의학적인 관리에 있어서 장애물에 지나지 않았다. 『부인위생잡지』 속 다수의 기사들로부터 당시 의사들이 월경을 부정하다고 보는 인식을 불식시키려 노력한 모습들을 엿볼 수 있다.

> 옛날에는 월경을 통하여 체내의 불결물을 배설하는 기능을 하였던 고로 월경 중은 신체가 더럽다는 등 말이 있었지만 [월경은] 불결한 불요품이 아니다.[59]

> 여자의 월경을 보고 부정하다고 말하는 것은 옛날 일로 의학적으로 말하면 생리상 없어서는 안 되는 작용이며 월경 때 신불에 예불해도 거리낄 것 없고, 평소처럼 마음을 가라앉히고 만사를 겁내지 말며 특별히 조심할 것도 없다.[60]

이미 월경 금기가 공적으로 폐지되었음에도 불구하고 사람들의 일상생활 속에서 월경은 부정하다는 인식이 뿌리 깊게 남아 쉽사리 사라지지 않았을 것이다. 그리고 그것은 먼 훗날까지 생리혈 처치용품의 취급에 영향을 끼쳤다.

제1장에서 소개한 다이쇼 시대에 초경을 맞이한 여성은 월경이 '완전히 터부'였기 때문에 어머니나 언니와도 그에 대해 이야기한 적이 없었다. 물론 생리혈 처치 방법도 배우지 못했다. 게다가 생리혈 처치용품은 '부정不淨한 것이니까 태양님에게 내보이면 안 된다'고 들었고, 세탁 후에는 헛간에서 말려야 하였다. 이러한 경험담은 다수 남아 있다. 1980년대 시행된 월경에 관한 앙케이트 조사에도 다음과 같은 회답이 있다.

> [초경 때] 어머니는 나를 화장실 앞으로 대야를 들려서 데려갔습니다. 우선 나에게 소금을 뿌리고 뒤이어 "세탁은 여기서 하도록. 해가 드는 곳에서 하면 안 된다. 부정한 상태니까"라고 말하였습니다. (회답 당시 52세)

> 생리는 부정하다는 의식이 강하여 어머니도 선생님도 생리용품의 처리에 대해서 엄중한 분위기 속에서 다른 사람들이 눈치채지 못하도록 말하였다. 또한 생리 밴드의 세탁물은 위에서부터 덮개를 씌워 감춰 두었다. (회답 당시 32세)[61]

두 번째 대답을 한 여성은 전후에 태어났다. 그런데도 아직 생리는 부정하다는 의식이 강했던 것이다.

이렇듯 생리혈 처치용품은 숨겨야만 하는 것, 더하여 월경은 '아랫도리로부터의 것'이라는 인식은 보다 쾌적한 생리 처치용품을 사용하고 싶다는 여성들의 당연하고 간절한 생각을 봉쇄해버린 것이다.

제3장
생리용품이 바꾼 월경관

안네 냅킨의 등장

제3장
생리용품이 바꾼 월경관
안네 냅킨의 등장

앞 장에서는 생리용품의 진화를 막았던 월경 금기에 대하여 주로 살펴보았다.

이 장에서는 전후 생리용품, 특히 현재의 일회용 생리대의 원형이 된 '안네 냅킨'의 발매 및 보급 과정과 그에 관련된 사람들의 '생각'에 대해서 정리하고자 한다.

근현대 일본에 있어서 월경을 바라보는 관점 소위 월경관이 크게 전환되는 시기는 두 번 있었다고 말할 수 있다. 첫 번째는 서양 의학의 월경관이 유입된 메이지 시대이고, 두 번째는 안네 냅킨이 발매된 1960년대이다. 사회학자 아마노 마사코天野正子는 "안네의 등장은 많은 여성들에게 있어서 달로 로켓을 쏘아 올린 것 이상으로 획기적인 사건이었다"[1] 고 말하고 있다.

검은 고무 팬츠와 탈지면

제1장에서 다루었듯이 메이지 말기부터 월경대의 상품화가 시작되었고 쇼와 초기에는 각 생산업체들이 경쟁을 하게 되었다. 그러나 전쟁이 시작되자 여성들은 탈지면조차도 손에 넣을 수 없어 생리혈 처치에 고생을 하였다.

전후 1951년에 탈지면의 배급제가 해제되자 다시금 다양한 타입의 월경대가 발매되었다. 천으로 만든 반바지의 가랑이 부분이 고무로 이루어진 타입이 가장 일반적이었다. 생리혈의 얼룩이 눈에 띄지 않는다는 이유에서일까 색깔은 검은색뿐이었다.

1960년대에 일회용 생리대가 보급되기까지 이 '검은 고무 팬츠'는 탈지면이나 커트 탈지면[사용하기 쉽게 자른 탈지면]을 질 입구에 가져다 대어 누르는 방식이 생리혈 처치법의 주된 방법이었다. 그러나 이 방법에는 다음과 같은 결점이 있었다.

① 습기가 차 짓무른다. 특히 여름철에 심하다.

② 피부 감촉이 좋지 않고 피부가 약할 경우에는 습진이나 염증을 일으킨다.

③ 탈지면이 안에서 움직이기 때문에 하의를 더럽히거나 예상치 못하게 새어 나오는 경우가 있다.

④ 수세식 화장실의 경우 탈지면은 같이 물에 흘려보내지 못하고 따로 버려야 한다.[2]

이것은 안네 냅킨이 발매되기 한 해전 잡지 기사인데 종래의 월경대가 가진 결점을 지적한 후 벨트식 월경대의 사용을 추천하고 있다. 상품명은 '프리실라 텍스', '서니 텍스', '루나 텍스' 등으로 소위 말하는 텍스 타입이다. 이것은 '패드紙綿'를 '텍스[거즈]'로 감싸 '벨트'에 거는 방법으로 '패드'와 '텍스' 부분이 일회용이었다.

벨트는 약 1년간 사용 가능합니다만 1회 사용에 텍스 4개, 패드 10개를 사용합니다. 탈지면보다 비용이 드는 것이 결점입니다만 가정에만 있는 분이라면 텍스를 꼭 하지 않더라도 패드를 적당히 거즈로 감싸 더러워지면 세탁하거나 패드 대신에 탈지면을 사용하는 등 각자 궁리를 해 보면 더욱 경제적으로 사용 가능할 테지요.[3]

가격은 패드 10개들이 50엔, 텍스 4개들이 70엔, 벨트가 70엔~100엔. 당시 탈지면의 가격을 10회분으로 환산하면 50엔이 조금 넘었으니 '각자 궁리를 하여 경제적'인 방법으로 사용하면 가격 면에서는 큰 차이가 없을지도 모른다. 하지만 한편으론 거즈로 감싸거나 세탁을 해야 하는 등 그만큼 번거롭고 품이 든다고 할 수 있다.

패드는 전시 중에 탈지면의 대용품으로서 개발된 워딩지cellulose wadding를 개량한 것이다. 1951년에 코우고쿠진켄興国人絹 펄프 주식회사[당시]가 워딩지로 만든 생리용품을 제조 판매하는 자회사[코우고쿠위생재료 주식회사]를 설립하고 '프리실라 패드'를 발매하였다. 또 이른 시기부터 워딩지로 만든 생리용품을 생산하고 있었던 회사로 루나텍스제조 주식회사가 있다.[4]

미국에서 온 생리용품 - 코텍스

일본에서 탈지면과 '검은 고무 팬츠'를 병용하는 처치법이 주류였던 시절, 이미 미국에서는 텍스 타입 생리용품이 주로 사용되고 있었고 일본에서도 미국 킴벌리 클라크사의 '코텍스'를 애용하는 여성들이 있었다.

다음에 소개하는 기사는 평론가 와타나베 케이渡辺圭가 코텍스와의 만남을 회상하며 쓴 것이다.

일찍이 그래 그것은 잊을 수 없는 고교 1년의 끝자락인 1954년의 이른 봄. 나는 믿을 수 없을 정도로 대단한 생리용품과 만났다. 당시는 누구라도 탈지면을 싹둑싹둑 잘라다가 검은 고무 드로어즈 안에 넣어 가져다 대고 있었지만, 어느 날 새로운 것을 좋아하는 여자아이가 아메요코アメ横에서 찾았다는 미국제 용품을 학교에 가지고 와서는 "뉴스! 뉴스!"라며 모두에게 보여 주었다.

푸른 대지에 하얀 카네이션이 산뜻한 상자에 일동 경탄을 금치 못하였고, 이어서 하나하나 예쁘게 거즈에 쌓인 냅킨[솜도 종이도 아닌 신기한 것이었다. 지금 생각하면 워딩지였을 것이리라]을 그 아이가 상자 안에서 꺼내자 마치 벌집을 쑤신 것처럼 크게 소란스러워졌다. 거즈가 냅킨의 양측에서 흘러내리듯이 길게 늘어났던 것이다.

"거기를 이 벨트의 훅에 거는 거야."

그 아이는 천천히 핑크빛의 작고 예쁘장한 고무제 벨트를 꺼내었다. 또 한 번 환성이 터져 나왔다. 폭은 3센티미터 정도였을까? 원형 고리 형태의 벨트 앞뒤 두 군데에 폭이 역시 3센티미터, 길이 2, 3센티미터 정도의 공단풍의 천이 달려 있어 그 끝에 금속의 작은 훅이 달려 있었다. 그 아이는 거즈의 끝을 거기에 걸고 "이거 봐! 이렇게 하면 안 움직이지. 간단해"라면서 실제로 시연을 해 주었다.

그곳은 여자애들끼리의 공간이었다. 오오. 재밌네. 이걸로 비틀어져서 어긋나지는 않으려나. 마치 남자애들 오훈짱[남자아이들의 훈도시-옮긴이] 같네. 하지만 이런 짚신 같은 두꺼운 것을 가져다 대고 있으면 걷기 힘들어지지 않으려나. 다들 자기 마음대로 이런저런 이야기를 하면서 실제로 해 보았다. 그러나 그 아이가 다시금 뜻밖의 말을 했다.

"신나는 건. 그러니까 하기 싫은 고무 팬츠를 하지 않아도 된다는 거야!"

수업이 끝나고 바로 우리들은 아메요코로 날아가듯 달려갔다. 그리고 그 아이의 지시대로 파란 상자를 하나씩, 벨트를 한 줄씩 샀다.

전후 점령하에 이래저래 흉한 일을 체험한 나는 맛있는 미국산 초콜릿이나 아이스크림을 얻어먹을 때가 있어도, 또한 아름다운 옷이나 속옷, 신발 등을 보게 될 기회가 있어도, 도대체 무엇이 미국인가에 대해서 늘 생각하여 왔다. 그러나 이때만큼은 달랐다. 과연 레이디 퍼스트의 나라이고 여성이 소중하게 대해지고 있구나 하고 절실히 감탄하고 말았다.

사용해 보고 그 생각은 한층 더 강해졌다. 탈지면과 '코텍스'의 차이는 그야말로 하늘과 땅이었다. 그리고 아르바이트를 해서라도 이것만큼은 계속 사용하고 싶다고 필사적으로 생각하였다.[5]

이렇듯 고무 팬츠와 탈지면에 의한 생리혈 처치는 상당히 불쾌했던 것 같다. 입소문으로 코텍스의 존재를 알게 된 여성들은 한발 빨리 종래의 방법으로부터 벗어나고 있었다. 단 '아르바이트를 해서라도 이것만큼은 계속 사용하고 싶다'라는 말에서 알 수 있듯이 코텍스를 알고 있더라도 가격이 비쌌기에 선뜻 구매하지 못하는 여성들도 있었을 터이다.

한편으로 "미국 여성들이 사용하고 있다고 하는, 앞뒤를 특제 잠금 장치로 고정하여 매다는 형태의 월경대가 전용 냅킨과 함께 판매되기 시작했습니다. 하지만 이 워딩지 재질의 냅킨은 피부에 대고 있으면 몸의 움직임과 함께 비틀어져 표면이 이리저리 구겨지기 때문에 평가가 좋지 않았습니다"[6]라는 의견도 남아 있다. 그런데도 탈지면에 의한 생리혈 처치에 비하자면 몇 배나 나았다고 생각된다.

기사 중에 '냅킨'이라는 말이 사용되고 있는데 냅킨은 안네 냅킨 등장과 함께 사용되기 시작한 말로 1950년대 시점에는 아직 생리용품의 호칭으로서는 사용되고 있지 않았다.

이 책에서는 앞 장까지 '생리혈 처치용품'이라는 말도 사용하였지만 이제부터는 많은 인용자료에 맞추어 '생리용품'이라는 말로 통일하고자 한다. '생리라는 용어는 월경의 대용어에 불과하며 사용해서는 안 된다'라는 의견도 있지만 나는 그렇게 생각지 않는다. '생리', '월경'이라는 용어에 대해서는 이 책의 제4장 중 「생리는 월경의 '대용어'인가?」 부분에서 다시 다루고자 한다.

수치심을 넘어선 쾌적함

일본에서 코텍스가 대대적으로 판매되지 못한 이유에 대해서 와타나베 케이는, 전후 미국인에게 생리용품인 냅킨을 부탁받자 통역을 하는 일본 여성이 테이블 냅킨으로 착각한 사례를 들며 "전후 얼마간 시간이 흘러 관광객이 일본을 방문하는 시대가 왔는데도 외국의 생리용품에 관한 정보는 이렇듯 모두들 무無인 상태였다. 생리용품에 관한 사정이 공적인 출판물에 등장하거나 하는 일도 거의 없었고 사회 대부분이 남성의 독무대인 상황에서 생리용품에 눈길을 줄 남자 따위는 없었다"[7]라고 말하고 있다.

남성들에게 있어서 생리용품에 대한 것 따위는 자신과 전혀 상관없는 일이었으며 여성들 자신도 생리용품에 대해 적극적으로 상호작용하거나 발언하거나 하는 것은 상스럽다고 생각하는 경향이 있었을 것이다. 월경을 입에 담는 것조차 꺼리고, 꼭 필요한 경우는 '달마다 오는 것', '손님', '그거' 등이라고 부르고 있었다.

코텍스는 제1차 세계대전 중1914~1918년에 미국의 종군간호사들이 생리혈 처치에 사용하고 있었던 '펄프를 부숴 만든 워딩지'를 전후 상품화한 것이지만[8], 발매 당초는 역시 여성들이 직접 가게 앞에서 그 상품을 구매한다는 건 부끄러운 일이었기 때문에 전혀 팔리지 않았다고 한다.

선전을 담당하고 있었던 알버트 래스커는 한 가지 아이디어를 생각해 냈다. 여성이 가게 앞에서 직접 코텍스를 집어가고 옆에 놓인 상자에 50센트를 넣으면 그걸로 구매가 완료되는 새로운 방법을 신문지상에 광고하였다. 그와 동시에 잡지에도 위생적으로 생리혈을 처리하는 것이 얼마나 중요한지 호소하자 코텍스는 폭발적으로 팔리기 시작하였다. 래스커는 수많은 히트 상품들의 선전에 관여하였고 '미국 광고의 아버지'라고 칭송되는 인물이지만 코텍스의 선전 성공에 가장 만족했었다고 한다.[9]

어쨌든 미국의 여성들이 수치심 때문에 코텍스를 살 수 없었다는 것은 1920년대 이야기로 그 무렵 일본에서는 아직까지 손으로 직접 만든 정자대가 주류였다. 전후 일본 여성이 아메요코에서 코텍스를 입수할 무렵 이미 미국에서는 다양한 생리용품이 슈퍼마켓에 산처럼 쌓여 있었다.

재빨리 대량 소비시대에 돌입한 미국과 패전을 경험한 일본 사이에 이러한 격차가 있는 것은 어찌 보면 당연하지만 일본에서 생리용품이 좀처럼 시민권을 얻지 못한 배경에는 앞장에서 다룬 바 있는 월경이 부정하다는 뿌리 깊은 인식이 존재하고 있었다.

생리용품을 판매하고 있던 생산업체도 적극적으로 선전을 하지 않았던 듯하다. 안네 냅킨의 선전을 담당한 와타리 노리히코渡紀彦는 그의 저서에서, 기존 생리용품의 선전문을 참고하고자 하였지만 워낙 사례도 없었거니와 요령 없는 광고뿐이었다고 쓰고 있다.

단 전쟁 전의 '빅토리아'나 '프렌드', '메트론' 같은 월경대 광고를 보면 여성 모델의 사진이나 깔끔하고 재치 있는 일러스트, 쾌적한 착용감을 강조하는 캐치프레이즈 등 다양한 선전 전략을 볼 수 있다. 하지만 이러한 흐름이 전쟁으로 인하여 단번에 그 맥이 끊어져버린 것이다.

앞장에서 설명하였듯이 월경 금기는 세계 여러 곳에 존재하고 있었다. 유대교, 기독교 문화권에 속하는 미국도 예외가 아니었고 코텍스가 발매 당시 전혀 팔리지 않았던 이유 중 하나에 월경 터부시가 있었다고 생각된다. 그러나 코텍스의 쾌적함은 여성들의 수치심이나 터부 의식을 넘어서는 것이었다. 그 결과 코텍스는 가게 앞에 산처럼 쌓여 숨길 것도 부끄러워할 것도 아닌 것으로 바뀌었다.

일본에서 생리용품이 좀처럼 시민권을 얻지 못한 배경에 월경이 부정하다는 뿌리 깊은 인식이 있었다는 것은 명확하지만, 동시에 생리용품의 진화가 늦어졌기 때문에 부정하다는 인식도 좀처럼 해소되지 못했다고 볼 수도 있다.

사카이坂井 부부의 발명 서비스 센터

안네 냅킨을 탄생시킨 사카이 요시코坂井泰子는 1934년쇼와 9년 현재 도쿄도 분쿄구東京都 文京区에서 태어났다. 일본여자대학을 졸업하고 곧

바로 6살 연상의 히데야秀彌와 맞선을 통해 결혼하였다. 히데야는 당시 미츠이 물산三井物産[당시의 사명은 제일물산 第一物産]의 회사원이었다.

처음 수년은 전업주부로서 지내던 요시코였지만 점점 지루함을 느꼈고 일을 하고 싶어졌다. 그러던 중 '일본은 특허 출원 건수가 세계 제일이지만 사업화되는 것은 적기 때문에 우수한 아이디어라도 그냥 묻혀버리는 경우가 많다'는 신문 기사를 보고 발명가와 기업을 중개하는 일을 생각해 냈다.

바로 히데야와 상담하였고 긴자 마츠야松屋의 한 건물에 '주식회사 발명 서비스 센터'를 설립한다. 종업원은 요시코의 대학 시절 후배 1명뿐이었기 때문에, 히데야가 일 중간중간에 일손을 보탰다.[10]

> 어느 날 회사에서 돌아오니 요시코가 아무렇지 않은 듯 "슬슬 발명 서비스 센터를 선전하려고 해"라고 말하길래 들어 보니 NHK에 친구가 있으니 그 사람에게 배운 방법으로 기자회견을 하겠다는 거예요. 저도 그 이야기에는 깜짝 놀라 너무 부끄러운 일은 하지 않는 게 좋지 않을까 생각했었습니다. 그러나 잡지사나 신문사에 이미 편지도 보내버렸다고 하니 저도 걱정도 되고 해서 당일 가 보았는데 깜짝 놀랐습니다.[11]

그날 여러 미디어로부터 30명 이상의 기자들이 발명 서비스 센터에 모였다. 기자회견은 성공하였고 발명 서비스 센터의 이름은 신문이나 잡지에 소개되었으며 일본 각지로부터 다수의 아이디어가 모여들게 되었다.

그중에서 요시코의 눈을 사로잡은 것은 생리혈 처치에 사용하는 탈

지면이 수세식 화장실을 막아버리지 않도록 배수구에 그물을 붙이는 아이디어였다.[12]

수세식 화장실과 탈지면

일본에서 수세식 화장실이 보급되지 시작한 것은 1950년대 무렵이다. 도시의 주택난을 해소하기 위하여 1955년에 일본 주택공단이 설립되었고 각지에 대규모 단지가 건설되기 시작한다. 단지에 표준 장비로서 갖추어진 것이 수세식 화장실과 다이닝 키친이었다.

주택 단지뿐만이 아니라 대도시의 기업이나 공공시설에도 화장실의 수세식화가 급격히 진행되었는데 여성들은 변함없이 생리용품으로 탈지면을 사용하고 있었다. 종래의 습관대로 사용한 탈지면을 변기에 버리면 수세식 화장실은 금방 막혀버렸다.

이를 막기 위해서 배수구에 그물을 붙이자는 아이디어였다. 하지만 요시코는 화장실을 막히게 하는 원인인 탈지면을 애당초 사용하지 않는 것이 중요하다고 생각하였다. 당시 일본의 유경 여성 약 3천만 명 중 90퍼센트가 탈지면을 사용하고 있었다.[13]

요시코는 당시 앞서 다루었던 미국 킴벌리 클라크사의 코텍스를 애용하고 있었고 탈지면을 사용한 생리혈 처치에 대해서는 수세식 화장실을 막는 문제 이전에 본질적으로 불편한 문제들이 많다고 생각하고 있었다.

> 그녀[요시코]의 생리는 중학교 2학년에 시작되었는데 그때부터 숙명적인 암흑기가 찾아왔다는 생각이 머리를 떠나지 않았다. 그 무렵 그녀는 전

차 안에서 피가 스며든 여성의 치마를 보았다. 거기에 더는 있을 수 없다고 생각이 들어 그녀는 도중에 전차에서 내렸다.

대학 무렵 버스 안에서 피로 더러워진 탈지면이 떨어져 있는 것을 보았다. 자리를 바꿔 신발로 눌러 승객들의 눈에 띄지 않도록 할까 생각도 하였지만 도저히 용기가 나지 않았다. 버스가 비탈길에 들어서자 탈지면이 데굴데굴 차내를 굴러다닌다. 울컥 머리에 피가 쏠리는 듯한 부끄러움과 비참한 기분이었다.[14]

이러한 경험도 있었기에 코텍스를 애용하고 있었던 요시코였지만 코텍스는 미국 여성을 위해 만들어진 생리용품이었기에 사이즈가 맞지 않는 것이 결점이었다.

일본인 여성의 체형에 맞는 워딩지로 만들어진 생리용품이 보급된다면 여성들은 월경 기간을 더욱 쾌적하게 보낼 수 있고 수세식 화장실도 막힐 일이 없다. 그때 때마침 워딩지 재질의 생리용품 제작에 관한 아이디어도 접수되어 있었다. 요시코는 그것을 상품화하고자 하였다.

종래대로라면 내가 사업화하는 것이 아니라 회사에 알선을 하겠지만 여성용품, 그것도 멘스에 대한 것이니 이것은 역시 남성보다도 여성이 하는 편이 좋지 않을까...... 그렇게 생각한 것이 첫 시작입니다.[15]

히데야에게 상담을 하니 흔쾌히 협력하겠다고 말해 주었다. 그래서 둘은 우선 회사를 만들기로 하고 지인들을 중심으로 30명 정도 출자자 리스트를 만들었다. 그 안에는 미츠미 전기 사장 모리베 하지메森部一의 이름도 있었다. 요시코는 이전에 발명 서비스 센터에 접수된 전기 제품의 아이디어를 알선하기 위하여 생산업체 명부에 있었던 미츠미 전기를 방문했던 적이 있었다. 이것이 모리베와 요시코의 첫 만남이었다.[16]

미츠미 전기 사장 모리베 하지메森部一

미츠미 전기는 당시 트랜지스터라디오 부품인 폴리배리콘[폴리에틸렌 배리어블 콘덴서]을 생산하고 있었다. 폴리배리콘은 트랜지스터라디오의 성능 향상에 중요한 부품이었다. 이 부품의 실용신안을 취득한 이가 바로 모리베 하지메였다.

기타큐슈시北九州市 야하타八幡에서 자란 모리베는 1944년쇼와 19년에 규슈공업학교를 졸업하고 규슈제국대학 활공연구소를 거쳐 지역 기업이었던 야스카와 전기安川電機에 취직하였다. 5년 정도 지나 단신으로 도쿄로 상경하여 독립하고자 마음먹고, 기타큐슈의 어릴 적 친구들을 불러모아 오타구大田区 유키가야雪が谷에 다다미 4장 반짜리 아파트를 구해 라디오와 TV 부품 제작을 시작하였다. 그 후 작은 마을 공장으로 발전시켜 1945년에 '미츠미 전기 제작소'라고 이름 지었다. '미츠미三美'란 '아름다운 제품', '아름다운 상거래', '아름다운 친화'를 표현하고 있다. 이후 가타카나 표기로 개칭하여 사명도 '미츠미 전기ミツミ電機 주식회사'가 되었다.[17]

트랜지스터라디오의 시대가 도래하여 폴리배리콘의 수요가 높아지자 모리베는 전문공장을 건설하여 밤낮으로 가동시켰다. 요시코가 방문하였을 당시 공장은 12만 평방미터의 부지를 소유하고 있는 거대한 공장으로 성장하여 있었다.

모리베는 회사 경영과 동시에 발명에도 힘을 쏟아 1960년에 전기 부품 업계에서는 최초로 과학기술청장관상을 수상, 1962년에는 아사히신문 발명상도 수상하여 '제2의 마츠시타 고우노스케松下幸之助'라고 불리게 되었다.[18]

이 젊은 사장에게 전기 제품 관련 발명품을 알선하였던 요시코였지만 당시에는 상품화되지 못하였다. 그러나 처음 만났을 때의 인상은 서로 나쁘지 않았으며 요시코는 그 후에도 몇 번이고 다양한 아이디어를 알선하기 위하여 모리베를 방문하였다. 그리고 어느 날 둘의 대화 소재에 생리용품이 올라왔다.

일본인 여성들 사이즈에 맞는 쾌적한 생리용품이 있으면 여성들의 생활도 바뀔 텐데 하고 요시코가 말하였다. 그 이야기를 묵묵히 듣고 있었던 모리베는 잠시 동안 아무 말도 하지 않고 생각에 빠져 있다가 툭 뱉은 한 마디가 "사카이 씨, 그거참 괜찮은 생각입니다"였다고 한다.[19] 이때 둘의 이야기는 그걸로 끝나버렸지만, 후일 요시코가 생리용품 회사를 세우고자 하였을 때 출자자 리스트에 모리베의 이름을 넣은 것에는 그러한 경위가 있었던 것이다.

왜 몇 번밖에 만나본 적 없는 요시코와 모리베의 세상사 이야기에 생리용품이라는 화제가 다루어지게 되었는지는 불분명하다. 하지만 월경에 대해서 부끄러워하지 않고 솔직하게 의견을 말할 수 있었던 요시코였기에 그 후 월경관의 대변혁을 이루어 낼 수 있었던 것이리라.

요시코와 히데야는 출자를 부탁하기 위하여 함께 모리베를 찾아갔다. 그 전에 둘은 몇몇 기업을 방문하였지만 여기도 저기도 '여자 아랫도리 일로 밥벌이를 한다'는 것에 거부감을 느끼는지 이야기는 그럭저럭 잘 흘러가다가 결국 마지막 순간에 투자를 승낙받지는 못하였다.[20]

찾아온 둘에게 모리베는 곧바로 사업계획서를 작성하도록 하였다. 둘은 10일을 들여 사업계획서를 작성하여 모리베에게 제출하였다. 그러나 모리베는 고심하여 작성한 계획서를 가볍게 훌훌 넘겨 보더니 이렇게 말하였다.

> 내 판단으로는 이 생리용품 시장은 당신들이 생각하고 있는 것보다 실제로는 훨씬 큽니다. 나는 사회에 공헌할 수 있는 것이라면 반드시 팔린다는 확신을 가지고 있습니다.
> 나는 당신들이 사회에 봉사할 수 있고 공헌할 수 있다는 관점에서 사업을 시작하고자 한다면 응원할 겁니다. 단 사업을 하겠다고 한다면 이 정도 보잘것없는 계획으로는 안 됩니다. 3천만 명의 일본의 생리 인구를 생각해 봐도 적어도 1백만 명분은 처음부터 생산하지 않으면 안 됩니다. 그렇지 않으면 사회봉사, 사회 공헌이라는 의미에서도 한참 거리가 멉니다. 1백만 명분이라고 해도 생리 인구 3천만여 명 중 겨우 3퍼센트입니다. 계획안을 서둘러 다시 만들어 주지 않겠습니까? 자본은 1억, 자금은 2억 정도 준비하겠습니다.[21]

히데야는 이 시점에 자기 부부의 역할은 일단 끝났다고 생각하였다. 요시코는 모리베의 새로운 사업을 돕게 되겠지만 자신에게는 미츠이 물산의 일이 있었다. 그러나 그 자리에서 모리베는 요시코가 새로운 회사의 사장, 히데야가 상무이사가 되었으면 한다고 말하였다.[22]

이리하여 아직 이름도 없는 새로운 회사를 27세의 사장과 33세의 상무이사가 짊어지게 되었다. 회장에 취임한 모리베도 34세의 젊은 나이였다.

와타리 노리히코渡紀彦 PR과장

회사 설립으로부터 안네 냅킨 발매까지의 경위는 당시 안네사의 PR과장[23]이었던 와타리 노리히코의 저서『안네 과장アンネ課長』에 자세히 소개되어 있다.

와타리는 본래 산케이신문사의 광고부 직원이었지만 미츠미 전기의 광고에 대해서 의견서를 보낸 것을 계기로 모리베에게 스카우트되었다. 와타리와 모리베는 같은 나이로 출신도 같은 규슈였기에 마음이 잘 맞았다.[24] 모리베는 와타리를 호출하여 새로운 회사의 PR과장에 부임할 것을 명하였다. 그런데 와타리는 생리용품을 취급한다는 것에 처음에는 상당히 거부감을 느꼈던 듯하다.

모리베의 "도쿄 전역에 온갖 생리용품을 스스로 직접 사 모아 와라"는 지시에 와타리는 난처해하였고, 눈앞에서 모리베가 직접 생리용품에 잉크를 적시는 실험을 하는 것을 보면서 "도대체 어떤 표정으로 어떤 태도로 이 설명을 듣고 있어야 좋은가? 웃는 것 따위는 절대로 허락되지 않는다. 그렇다고 해서 너무 진지한 것도 이상하지 않은가? 혐오스러운 감정도 물론 안 된다"라며 갈피를 잡지 못하는 모습을 숨기지 않았다.

그러나 매월 1천만 엔에 달하는 선전비의 투여가 결정되어 있었고, 아직 회사 이름도 상품명도 정해지지 않았다는 것이 선전맨으로서 와타리의 직업 의식에 불을 지폈고 안네 냅킨의 극적인 데뷔를 향해서 매진하게 만들었다.

와타리는 여성들이 월경 중에 경험하는 고생을 알아보기 위하여 고무 팬츠를 입고서 긴자의 가로수길을 걸어 보거나 침대에서 하룻밤 내내 자 보거나 하였는데 습기가 차 기분이 불쾌하여 한숨도 잘 수 없었다고 한다. 또한 부하들에게 이미 사용한 탈지면을 모아 오도록 지시하였지만 모두 싫어하였기 때문에 외출하였을 때 여성용 화장실에 숨어 들어가 쓰레기통으로부터 탈지면을 주워 오기까지 하였다.

> 열었다! 보았다! 있었다! 하지만 그것은 무참하고, 난잡하고, 뱉어내듯이 던져진 여성의 치부들이 널브러져 춤추는 모습이었다. 그것은 비참하고 참혹하며 허무하였고 잔혹하기까지 한, 좋을 것이라고는 없는 여성의 업業의 집적이다.
>
> 내가 희미하게 상상하였던 하얀 바탕에 빨간 점 따위와는 완전 딴판인 이상한 냄새로 휩싸인 여성의 벗겨진 허물, 잔해이다. 이미 여기에는 사회생활의 룰도 질서도 자율도 타율도 없다. 무국적자의 무법지대이다.
>
> 모든 균형을 무너뜨린 생활 속 추악한 구도構図였다.
>
> 그것은 아무렇게나 만들어진, 마치 저주받은 듯이 분노마저 담겨 던져진 산더미 같은 잔해였다. 그것은 빨간색도 아니고 검은색도 아닌 형언하기 어려운 무엇인가이다. 여성의 최후 저항이라도 있었던 것일까?[25]

와타리는 성냥개비와 휴지를 사용하여 '가장 대표적인 것을 두 개 정도' 끄집어내서 휴지 50미터 정도를 풀어다가 둘둘 말아 가지고 돌아왔다.

나는 회사로 달려 들어가 거기에 모여 있던 전 사원들을 향해서
"어이! 이거 봐!"
라고 둘둘 말려 있는 획득물을 풀어내어 보여 줬다.
모두들 호기심에서 멀리서부터 둘러싸듯이 다가왔다. 점점 실뭉치가 풀려나가듯이 벗겨져 내용물이 드러난 순간 주뼛주뼛 머리를 들이밀고 들여다보면 녀석들도 일제히 이상한 탄성을 지르며 눈을 돌려버리고 말았다. 그만큼 날 것 그대로는 처참하고 강렬하였다. 누구 한 사람 가까이 다가오는 이는 없었다.
볼 게 아니었다는 듯 멀리 흩어져가는 녀석들의 등에 대고 나는 퍼붓듯이 소리쳤다.
"이렇게 비참한 것을 여자들은 하고 있는 거야! 반드시 수세식 화장실에 흘려보낼 수 있는 것을 우리들이 만들지 않으면 안 된다. 기술과 녀석들을 당장 불러와!"[26]

와타리는 이미 사용한 탈지면의 처참한 모습에 쇼크를 받았고, 그것을 남김없이 처리해 버릴 수 있는 것이 매우 중요하다고 생각한 것이다.

실제로 워딩지 재질의 안네 냅킨은 수세식 화장실에 흘려보내는 것이 가능하였지만 그 후 물에 흘려보낼 수 없는 소재의 생리대가 주류가 되었기 때문에 지금도 여성들은 사용한 생리용품을 '생리대 수거함'에 버리고 있다. 탈지면을 사용하고 있었던 당시와 현대 사이에 약간의 차이는 물론 있을 터이다. 하지만 여성에게 있어서는 이미 계속 봐 왔기에 익

숙한 광경인 것이 그것을 본 적 없는 와타리에게는 그런 식으로 비치었던 것이다.

여자로 두기에는 아깝다

와타리는 모리베로부터 PR과장에 임명된 직후 사카이 부부에게 인사를 하고자 발명 서비스 센터를 찾아갔다. 이때 부부는 와타리를 열렬히 환영하였다고 한다.[27] 요시코에 대하여 '상류계급 젊은 부인'이라는 좋은 인상을 가진 와타리는 모리베가 요시코의 사장 취임을 정식으로 발표하였을 때 '딱이다!'라며 기뻐하였다.

> 반대하는 이는 물론 아무도 없었다. 나는 '딱이다!'라고 순간 판단하였다. 사장에 최적임이다. 사카이 요시코 씨가 사장이라면 약간 '볼 만한 것'이 될 것이라고 나도 모르게 무릎을 탁 하고 쳤다. 젊고 미인이며 세상에 닳은 적 없는 사람. 이것만으로도 〈안네〉의 사장으로서의 매력은 100퍼센트다.[28]

마치 요시코가 단순한 광고판인 것처럼 말하고 있지만 요시코를 사장에 앉힌 데는 모리베도 같은 의도를 가지고 있었다고 생각된다. 그리고 요시코에 대한 이러한 시선은 이후에도 그녀를 계속 따라다니게 된다. 다음에 소개하는 기사는 안네 냅킨 발매 직후 잡지에 실린 것이다.

> 안네의 사장은 안네라는 트레이드마크처럼 생리용품의 음울한 인상을

산뜻하게 날려줄 방향제면 된다. 그리고 그녀는 말할 필요도 없이 밝고, 고집이 없고, 더하여 청결한 인상을 가지고 있다. 그뿐만이 아니다. 생리용품 회사 사장이 27세의 젊은 여성인 것은 몇백만 엔, 몇천만 엔 선전비의 가치를 가진다. 진귀한 것을 좋아하는 매스미디어는 기쁘게 이 허상에 매달릴 것이 틀림없다.[29]

실제로는 새로운 생리용품을 개발하고자 생각했던 것도, 회사를 설립하고자 하였던 것도, 생리용품에 밝은 이미지를 가져다주고 안네 냅킨을 크게 유행시킨 시금석이 된 '안네'라는 이름을 생각한 것도 요시코이다. 그러나 '젊고 미인이며 세상에 닳은 적 없는' 사람이라는 요시코의 이미지가 소비자에게 먹힌 것도 사실이었다.

와타리는 요시코에 대한 감상을 "이 사람의 명령으로 일을 시작하고 나서 여자로 두기에는 아깝다고 몇 번이고 느꼈습니다"[30]라고 이야기하고 있다.

젊고 아름다운 여성인 점이 세일즈 포인트인 한편 '여성으로 두기에는 아깝다'라는 것은 모순되지만 어느 쪽도 와타리의 진심이었을 것이다.

'안네'에 담긴 생각

회사명에 대해서는 회의에서 사원들이 100개 이상의 안을 제출하였지만 전부 어딘가 모자라는 느낌이라 고민에 빠져 있었다. 그때 요시코가 '안네'라는 이름을 제안하였고 모리베를 시작으로 일동이 찬성하면서 즉시 채용되었다.

그러나 선전의 프로였던 와타리만은 안네라는 온순하고 차분한 발음의 글자를 라디오를 통하여 내보냈을 때 임팩트가 약할 것이라는 이유로 난색을 표하였다. 당시는 컬러 TV 방송이 막 시작되었을 때로 아직 라디오가 주류인 시대였다. 생리대 발매 후 안네사도 라디오 방송을 운영하게 된다.

그러한 와타리에게 요시코는 『안네의 일기』를 건넸다.[31] 당시 『안네의 일기』는 영화화된 직후이기도 하였기에 화제가 되고 있는 책이었다.

소녀 안네는 일기에서 월경에 대해 다음과 같이 쓰고 있다.

> 생리가 있을 때마다 [그렇다고 해도 지금까지 3번 정도 있었을 뿐이지만] 귀찮고, 불쾌하고, 마음이 개운치 않음에도 불구하고 달콤한 비밀을 가지고 있는 것만 같은 기분이 들어요. 어떤 의미에서는 그저 성가신 것일 뿐이지만, 그때마다 나만의 비밀을 음미하고 싶어지는 것도 아마 그 달콤함 때문일 거예요.[32]

월경을 '달콤한 비밀'이라고 표현하며 긍정적으로 받아들이고 있는 안네의 심정을 읽은 와타리는 태도가 일변하여 안네라는 이름을 절찬하기에 이르렀다. 그는 소녀 안네의 월경관과 일본의 일반적인 월경관의 차이에 놀라움을 감추지 못하였다.

> 일본에 있어서 생리 그 자체가 놓인 지위는 어디까지나 낮았다. 그것은 사회의 구석진 곳에서 어머니에게서 딸에게로 전승되는 것만이 겨우 허락된 어둡고 음울한 역사였다. 서로 동정해야만 할 여성들 사이에서조

> 차도 입을 다물어야 했던 여성들의 업보의 역사였다. 그것은 그저 불결하고 음산한 고통이었다.
>
> 우리들은 지금 이러한 역사를 가진 여성들의 생리를 여태껏 그 누구도 본 적 없는 규모의 기업화를 통하여 대담하게 양지로 끌어내고자 하고 있다. 그것은 틀림없이 무모하고 위험하다. 그리고 여성의 긴 업보의 역사와 치르는 정면 대결이다.
>
> 발걸음을 한 발이라도 잘못 디디면 여성의 수치심을 자극하고 반감을 사게 될 뿐이고 생각 없는 남자들의 냉소와 모멸 앞에서 여성을 더더욱 위축시키는 결과로까지 이어질 수 있다. 아무리 보기 좋게 연출하여도 결국 오랜 습관과 오래된 기성 관념으로부터 여성을 분리시키는 것은 어려운 일일지도 모른다.
>
> 적어도 이 구원의 길은 우리들의 성실하고 긍정적인 태도에 있음이다. 우리들이 내세운 이미지는 '청순'이며, 고통이 아닌 '기쁨'이고, 음울이 아닌 '명랑'이라는 아름다운 것이 되어야만 한다. (중략) 『안네의 일기』를 일독한 나는 생리용품 생산업체로서 〈안네〉라는 이름은 아주 좋은 네이밍이라고 판단하였다.[33]

월경은 부끄러워할 것이 아니라고 가르치는 오늘날의 초경 교육을 받은 세대에게 있어서 와타리의 심각한 월경관은 과장이나 허풍처럼 느껴진다. 그러나 당시는 아직 월경이란 숨겨야 하는 것이라는 의식이 뿌리 깊었고 와타리가 보여 주는 이해 방식은 결코 과장이 아니었다. 안네 냅킨의 발매는 월경은 부끄러워해야만 하는 것, 숨겨야만 하는 것이라는 사회적 통념과의 정면 승부였던 것이다.

『맨발의 소녀素足の娘』의 초경관

소녀 안네가 보여 준 월경관과 일본의 일반적인 월경관 사이에는 차이가 있었다. 그런데 사다 이네코佐多稲子의 자전적 소설 『맨발의 소녀素足の娘』에는 안네의 '달콤한 비밀'에 가까운 초경[초조]관을 가진 소녀가 그려지고 있다.

무대는 다이쇼 시대, 제1차 세계대전 중의 나가사키. 주인공인 소녀가 어느 날 아침 눈을 뜨자 초경이 시작되고 있었다. 얼마 전까지 함께 살았던 할머니와 헤어질 때 초경에 대하여 배웠던 소녀는 "마치 예언자를 보는 것 같았다"고 느낀다.

> 여하튼 할머니가 주의를 준 대로 하지 않으면 안 된다. 옛날 방식인 할머니 시절 관습에 따라서 골목의 작고 어두운 포목전에 천을 사러 갔다. 나는 거침없이 아무 일도 없다는 듯 천을 샀지만 포목전의 아주머니는 어른이니까 내가 필요로 하는 걸 간파하지 않을까? 도망치듯이 가게를 나와 집 2층으로 돌아와서는 혹시 아래층 사람이 갑자기 2층으로 올라오더라도 바느질감이 눈에 띄지 않도록 창문 쪽을 바라보고서 무릎 쪽으로 몸을 굽히고 바느질을 하였다. 서툴게 바늘을 움직이며 소녀는 자신의 비밀을 위해 어깨를 둥그렇게 구부려 바느질을 하고 있었다.

어머니를 일찍 여의고 가까이에 성인 여성이 없었던 어린 소녀가 주위 사람들의 눈을 의식하며 살금살금 정자대를 만드는 모습은 기특하면서도 불쌍한 느낌마저 든다. 와타리가 말하는 '사회의 구석진 곳에서 어머니에게서 딸에게로 전승되는 것만이 겨우 허락된 어둡고 음울한 역사'

로 받아들여질 만하다. 실제로 『맨발의 소녀』에서도 "주위 여자들로부터 입소문으로 주워들은 다양한 고통이나 수치에 대해서도 겨우 알 듯하였다"라며 고통, 수치와 같은 단어를 사용하고 있다.

그러나 소녀는 그러한 사실들을 '알게' 됨으로써, 오히려 월경이 없었던 자신이 '지금까지 어린아이'였다는 증거라며 안심한다. 그도 그럴 것이 소설 속의 소녀는 "나는 이제껏 자신이 조숙한 것이 아닐까 하고 평상시 스스로에 대해서 생각하고 있었기 때문이다."

"더 알고 싶다. 엄격한 아버지는 가정의학서와 같은 책들을 가지고 있었다." 소녀는 아버지의 책에서 평균적인 초경 연령을 찾아보고 자신의 연령이 딱 그에 해당한다는 것을 확인하자 "나는 혼자서 미소 지었다. 가장 건강하고 평균적인 표준의 월경이었다"고 기뻐한다. "혹시라도 생리적으로 내가 조숙이었다면 그 얼마나 부끄러운 일이었으랴. 그런 거 싫어!"

조숙인 것이 부끄러운 이유는 소설로부터 알 수 있는데 당시 의사들도 '조숙'을 좋지 않게 보고 있었고 초경을 늦추는 방법을 제안하기도 하였다. 그도 그럴 것이 초경이 빠르면 '조혼'으로 이어지게 되고 그 결과 '허약자', '저능자'[34]가 태어날 가능성이 높아지고, 또는 "조숙에 속하는 고로 따라서 빨리 노쇠한다"[35], "성숙기가 빠른 국민은 번성하지 못한다"[36]라고 생각되었기 때문이다.

또한 "하급요리점의 봉공인 또는 어린 기생, 예기, 무질서한 공장에서 일하는 이는 신체 박약이라도 어찌어찌 어른이 되어 조속히 월경을 본다"[37]라고도 하였다.

다이쇼 시대에 쓰인 『여아의 성교육女児の性教育』에는 "조숙은 여러 종

류의 성적 병폐의 소지를 만들기 쉽기에 성교육상 가장 우선적으로 주의해야만 하는 사항입니다"[38]라고 쓰여 있다.

어쨌든 『맨발의 소녀』 속 소녀는 '조숙'은 부끄러운 것이라고 생각하고 있지만 초경이 부끄러운 것이라고는 생각지 않았다. 자신의 몸에 일어난 현실과 담담히 마주하고 있다.

안네의 초경으로부터 거슬러 올라 25년. 일본의 나가사키에도 초경을 긍정적으로 받아들인 소녀가 있었던 것이다. 소설의 이러한 전개는 소녀가 어떻게 정신적으로 자립해가는가를 묘사하기 위한 것이었기에 당시 소녀들의 일반적인 태도라고 하기는 어려울 것이다. 그러나 부정적인 월경관이 지배적이었던 와중에도 개인차가 있었음을 엿볼 수 있다.

더하여 도쿄대공습으로 가족 대부분을 잃은 에세이 작가 에비나 카요코海老名香葉子는 그 3년 후에 친척 집에서 초경을 맞았을 때의 일에 대하여, "무슨 일인지 모르겠고 놀라서 아주머님에게 상담하자 조그마한 누더기 천 조각을 주셨고 그걸로 버텼습니다. 그 불안함과 애달픔"[39]이라고 회상하고 있다. 하다못해 위생적이고 쾌적한 생리용품이 있었다면 이런 기분을 느끼지 않고 넘어갔을 터였다.

'작고 어두운 포목전에 천을 사러' 가고, '무릎 쪽으로 몸을 굽히고' 정자대를 만들고 또는 '누더기 천 조각'을 가져다 대고 불안하게 지내는 것 등은 오늘날 소녀들은 상상하지 못하겠지.

'냅킨'의 유래

『안네의 일기』로부터 힌트를 얻어 회사명은 정하였지만 정작 상품명은 아직 정해지지 않았다.

'냅킨'이라는 것은 당시는 오로지 테이블 냅킨을 지칭하는 말이었고 생리용품은 '패드'라고 불리고 있었다. 와타리는 '안네 패드'를 제1안으로서 생각하고 있었지만 말의 가락이 썩 좋지 않은 점이 신경 쓰였다. 게다가 '패드'에는 '맞춰 대다'라는 의미가 있어서 아무리 생각해 봐도 오물을 덮어서 감춘다는 느낌이 들었다.

그런 와중에 와타리는 우연히 오다 마코토小田実의 『무엇이든 봐주겠다なんでも見てやろう』에서 미국에서는 생리용 패드를 '새니터리 냅킨sanitary napkin'이라고 부른다고 쓰여 있는 것을 보게 된다. 이 용어는 청결한 느낌이 들고 어감도 좋았기에 요시코와 모리베도 찬성하였고, 상품명은 '안네 냅킨'으로 결정되었다.

1961년 6월 안네 주식회사의 창립행사가 도쿄 상공회의소에서 성대하게 열렸다. 회장 모리베 하지메, 사장 사카이 요시코, 상무이사 히데야 이하 약 20명의 사원이 참석하였다.

와타리는 이때의 모습을 "정말 화려하고, 정말 호기로운 생리용품 메이커 〈안네〉의 발족이다. 나의 예상이 틀린 것일까? 아니면 비굴한 것일까? 생리용품 생산업체는 수수하고 눈에 띄지 않게 행사를 해야 한다고 생각하고 있었는데, 훌륭하고 당당한 〈안네〉의 연출이었다"[40]라고 기록하고 있다.

안네사는 공장 부지로 가나가와현神奈川県 이세하라伊勢原에 1만 평의 토지를 구입하였다. 안네 본사의 입지는 이세하라에서도 가깝고, 미츠미 전기가 있는 고마에狛江로부터도 교통편이 좋은 신주쿠新宿가 가장 유력하였다. 그러나 여성용품의 발신지는 '긴자'여야만 한다는 신념을 가지고 있던 와타리가 PR부서만이라도 긴자에 두고 싶다고 강경하게 주장하였다.

> 설령 1평, 아니 반 평이라도, 아니 나 혼자에 책상 하나라도 됩니다.[41]

이리하여 안네사는 긴자에 본사를 두게 되었다.

환영받은 '아가씨 사장'

공장 예정지인 이세하라에서 열린 지진제地鎭祭[토목 공사 등을 하기 전에 지신에게 올리는 고사-옮긴이]에는 '생리용품 공장 따위가 들어서면 동네 망신이라며 반대하지 않을까' 하는 와타리의 걱정이 무색하게 수많은 지역민들이 모여들었다.

> 이유는 사카이 요시코 사장을 한번 보고 싶다는 호기심이었던 것 같다. (중략) 이미 2, 3일 전부터 '이번에 생기는 안네라는 회사에는 예쁜 여사장이 있다고 한다'는 소문이 나돌고 있었던 것이다. (중략) 약관 27세의 어리고 숫된 여사장이다. 이 신데렐라 공주 같은 여사장을 한번 보고 싶다고 생각하는 것은 이세하라의 지역민이 아니더라도 당연한 것이었다. (중략) 여걸 여사님 타입에 식상함을 느끼던 매스컴이나 세상 사람들에게도 이건 의외로 제대로 먹힐지도 모른다.[42]

여걸 여사님 타입에 대한 식상함은 와타리도 똑같이 느끼고 있었다.

"어쨌든 여성 사장 타입이라는 것이 있다. 소위 '그럭저럭 여사님' 타입이 그런 것이다. 사장실에 떠억 하니 앉아서 젊은 사원에게, '자네, 이거 이거를 빨리 제출하도록 하세요'라고 말하는 그런 타입 말이다. 그런 식의 여성 사장이라면 받아들일 수 없다"라는 와타리의 말에서도 그러한 감정이 느껴진다.

> 그녀로부터 받은 인상은 어디까지나 아가씨 사장의 그것이었다. 나는 일 관계로 2, 3명의 여성 사장을 알고 있다. 나의 여성 사장 채점표는 상당히 점수가 짜다. 과장된 제스처, 허영과 이름팔이, 심한 억지, 말도 잘하면서 일도 잘하고...... 즉 나에게 있어서는 이길 수 없는 상대이다. 이러한 형태의 여성 사장은 여자로서 남자들뿐인 세상에서 유명해지기 위해서 싫더라도 할 수밖에 없었던 짙은 화장과 같은 것이었을지도 모른다. 그렇기에 그것을 비난할 생각은 없지만, 물론 그런 짙은 화장이 없다면 그보다 좋은 것은 없다. 사카이 씨는 그러한 것과는 인연이 없는 사람이었다.[43]

요시코는 여사장에 반감을 가지고 있는 남성들에게도 받아들여진 것이다. 매스컴도 요시코를 "청결하고 밝은 여사장"이라며 환영하였다.[44] 그러나 그녀 자신은 그렇게 보이는 것을 과연 원했을까? 그것은 흔히 있는 잘나갈 때에만 부는 훈훈한 바람 같은 것이었다.

307인의 모니터가 협력

안네 냅킨은 상품 규격이 정해지기 전 12개들이 100엔이라는 소매 가격이 먼저 정해진 상태였다. 종래 생리혈 처치에 사용되었던 탈지면을 12회분으로 환산하면 약 50엔이었기 때문에 2배 가격이 되는 것이었다. 하지만 그 가격에 걸맞은 상품을 만들면 된다는 방침을 세우고 상품의 규격화를 진행하기 시작하였다.[45]

우선 요시코의 발안으로 모니터 제도를 도입하였다. 이미 시작품은 수회 분량이 완성되어 있었다. 하지만 지금까지 없었던 새로운 타입의 생리대를 완성시키기 위해서는 흡수체에 잉크를 떨어뜨려 보는 정도의 실험으로는 불충분하였고, 여성이 실제로 사용해 보지 않고는 그 어떤 평가도 할 수 없다는 생각이었다.

바로 신문에 모니터 요원 모집의 광고를 내었고 수일 후에 300명이 넘는 응모가 있었다. 이 중에서 60명을 모니터로서 선정하였다. 모니터 여성들은 총 4회 안네사를 방문하여 1시간 정도 시작품에 대하여 사용 후기 등 질문에 회답하였고, 사례로 3천 엔을 받아 갔다.

그 후에도 몇 번인가 모니터 모집이 있었고 총 307명의 모니터 요원이 안네 냅킨의 개발에 협력하였다. 모니터 여성들로부터의 인터뷰 조사는 우선 사원이 기본적인 앙케이트를 시행한 이후 그 결과에 기반하여 요시코가 한 사람당 약 20분씩 면접을 하는 형태로 진행되었다.

그 결과 곧바로 결정된 것이, 생리혈의 양은 날마다 제각각 다르고 개인차도 있으니 두껍고 큰 냅킨과 얇고 작은 냅킨을 따로따로 6장씩 세트로 구성하자는 것이었다. 또한 워딩지 재질이기 때문에 생리혈이 새어 나오는 경우가 있다는 치명적인 결점이 지적되었다. 더하여 외출할 때를 위한 콤팩트한 개별 포장도 요구되었고, 그 포장을 뜯을 때에 소리가 나지 않는 소재를 희망한다는 의견도 있었다.[46] 오늘날에는 당연한 개별 포장도 당시는 원 소재 측면에서부터 생각하지 않으면 안 되었다.

과자 상자와 같은 패키지

모니터로부터의 조사 결과에 PR과장인 와타리가 특히 놀란 부분이 있었다. 모니터 여성의 약 55퍼센트가 당시 탈지면과 함께 월경 시 필수품이라 할 수 있는 고무 팬츠를 단 하나씩 밖에 가지고 있지 않다는 사실이었다.

> 구더기가 핀다고 하는 홀아비라 하더라도 이런 한여름에 이만큼 비위생적인 것을 아무 생각 없이 계속 착용하지는 않을 것이다. 생리를 청결히 처리하는 법을 모르는 것일까?[47]

와타리는 그 이유를 오랫동안 이어져온 월경에 대한 부정적 인식의 역사 속에서 찾고 있었다.

> 남몰래 고되게 일하면서 매월 5~6일간을 번거롭게 고생하고 게다가 남자에게 참담하게 취급받아 온 과거가 너무도 길었던 것이다. (중략) 기업가, 산업인, 정치가 등도 다르지 않다. 그들에게 있어서 여성의 달거리, 여성의 멘스를 입에 올리는 것은 남자 일생의 굴욕이었고, 처리용품의 개혁이나 발명에 전혀 귀를 기울여 주지 않는 오늘날에 이르고 있다. 여

자는 여자대로 입 밖으로 꺼내는 것이 단정하지 못하거나 소행이 방정한 사람이 되는 것인 양 고요하게 입을 닫고서 묵묵히 어머니에게서 딸로 이어지며 겨우 유지되는 관습을 이어온 것이다. 나는 사실 이제부터의 앞날이 염려된다. 〈안네〉의 사업이 전도 다난할 것이 헤아려지기에 소름이 끼치지 않을 수 없었다.[48]

요시코가 연일 모니터로부터 인터뷰 조사를 시행하고 있을 무렵, 와타리는 월경에 따라다니던 음울한 이미지를 불식시키기 위하여 안네 냅킨 12개를 포장하는 패키지의 디자인에 머리를 싸매고 있었다.

안네 냅킨 발매 시의 패키지

생리용품을 집어 들어 사용하려고 할 때 '아 싫다 싫어. 번거롭네'라고 탄식하는 것으로부터, 아름다운 이미지, 깨끗한 이미지, 그리고 여성으로서의 당연한 기쁨이라고 좀 더 순수하게 납득할 수 있는 모양으로 만들 수는 없는 걸까?[49]

와타리는 여러 명의 디자이너에게 생리용품인 것을 의식하지 말고 패키지를 제작해 주었으면 한다고 부탁하였다. 가게 구석에서 파는 물건이 아닌 대대적인 광고를 통하여 대량으로 판매하는 상품이라는 것도 강조하였다. 이리하여 완성된 패키지는 마치 세련된 과자 상자 같았다.

안네 냅킨과 판네트의 완성

하지만 아무리 쾌적한 안네 냅킨이 완성되었다 하더라도 종래의 고무팬츠와 함께 사용해서는 아무런 의미가 없었다. 그래서 급히 개발된 것이 헤어 네트에서 힌트를 얻은 망사형태의 생리용 반바지이다. '판네트'라고 명명되어 안네 냅킨과의 동시 발매가 결정되었다. 소재도 값싸고 양산이 가능하였기 때문에 가격도 150엔으로 낮게 설정할 수 있었다.

모니터들의 의견을 최대한으로 살린 안네 냅킨의 개발도 대단원을 향해 가고 있었다. 기술담당자들은 PR과의 지시로 안네 냅킨의 장점을 7가지로 정리하였다.

① 부드러운 감촉으로 쾌적 - 순펄프 워딩지의 부드러운 크레이프[주름]를 특수 가공한 탈지면으로 감싼 부드러운 감촉은 안네만의 독특한 점입니다.

② 빠른 흡수성으로 피부는 언제나 청결 - 흡수한 표면은 스폿[점] 상태가 되어 다른 제품들처럼 표면 전체로 퍼지지 않기 때문에 피부나 점막에 들러붙지 않고 언제나 청결하게 사용할 수 있습니다. 또한 생리용품 이외의 화장을 지우는 데도 적합합니다.

③ 튼튼하고 새지 않는다 - 냅킨의 흡수력은 탈지면의 5배 이상, 거기

에 일본에서는 처음으로 안네가 도입한 강력 방수지의 역할로 하부로도 측면으로도 새어 나올 걱정이 없습니다. 튼튼한 구조이기 때문에 운동 중에도 찢어지거나 형태가 무너지지 않습니다.

④ 3중으로 위생적이고 냄새를 없앤다 - 향료가 들어간 원료와 제품을 2중으로 살균하고, 부작용 없는 강력살균제 '비치오놀'을 배합하였습니다. 살균, 제취 효과는 완벽하고 더하여 국부를 세정하는 것과 같은 효과가 있습니다.

⑤ 스타일을 아름답게 한다 - 경량, 소형이기 때문에 사용 중에도 당신의 실루엣은 변하지 않습니다. 더구나 자매품 '판네트'를 병용하면 이상적입니다.

판네트는 안네가 고안한 독특한 망사형[네트]의 새로운 스타일입니다. 특히 습기가 차지 않고 위치에서 벗어나지 않도록 신경을 썼습니다.

⑥ 수세식 화장실에 간단히 흘려보낼 수 있다 - 사용 후의 처리는 가장 간단합니다. 간이 수세식 화장실을 포함하여 모든 수세식 화장실에서 그대로 흘려보낼 수 있습니다.

⑦ 립스틱과 함께 가벼운 마음으로 함께 가져갈 수 있다 - 두꺼운 형태[노란색 마크], 얇은 형태[파란색 마크] 어느 쪽이라도 1회분씩 폴리에틸렌으로 포장한 분첩형이기 때문에 편리하고 위생적. 핸드백에 그대로 챙겨 넣어도 이상하지 않습니다.[50]

원조 안네 냅킨이 현재 보급되고 있는 일회용 생리대와 크게 다른 점은 ⑥의 '수세식 화장실에 간단히 흘려보낼 수 있다'라는 점일 것이다. 애당초 요시코가 생리대를 만들고자 하였던 이유 중 하나는 당시 보급되기 시작한 수세식 화장실을 막히게 하지 않는 생리용품이 필요하다고 생각하였기 때문이었다. 와타리도 사용한 후의 생리용품을 남기지 않기 위해서 물에 흘려보낼 수 있는 것을 중요한 기능으로 생각하였다.

실제 안네 냅킨은 워딩지로 되어 있었기 때문에 수세식 화장실에 흘려보내는 것이 가능하였다. 그러나 안네 냅킨 발매 후 타사가 속속 유사 제품을 발매하였기 때문에 물에 흘려보낼 수 없는 생리대가 다수 나돌게 되면서 결국 수세식 화장실을 막히게 하는 사태가 이어졌다. 이 때문에 안네 냅킨도 '물에 버릴 수 있는 피부를 위한 자그마한 옷'이라는 당초의 캐치프레이즈를 사용할 수 없게 되었다.

1965년 여성지에 「생리용품은 어떤 것을 쓰고 있습니까?」라는 제목의 다음과 같은 기사가 게재되었다.

> '과연 물에다가 버려도 되는 걸까 아닐까' 하고 지금은 흘려보내면서도 의문을 가지는 분들이 적지 않았습니다. 그러나 많은 제품의

이때는 아직 물에 흘려보낼 수 있는 점을 세일즈 포인트로 하고 있다.

설명서에는 '수세식 화장실에 흘려보낼 수 있다'라고 강조하고 있고 '물에 녹는 폴리에틸렌 주머니'가 첨부되어 있습니다.

도쿄의 하수도국의 의견을 들어 보니

"아직도 그런 것이 있습니까? 적발해야 하니 생산업체를 알려 주세요"라고 엄격한 대답이 돌아왔습니다. "'물에 흘려보낼 수 있다'라고 대대적으로 선전하는 생산업체는 호되게 지적을 받아 전체적으로 자숙하는 분위기일 텐데" 하며 꺼림칙한 표정입니다.

즉 이것은 청소법 제11조 '쓰레기는 하수도에 버려서는 안 된다'에 위반하는 것입니다.[51]

이 기사와 같은 페이지에 '펄폰슈퍼'라는 일회용 생리대의 광고가 실려 있다. 캐치프레이즈는 안네를 베꼈다고밖에는 생각되지 않는 '물에 흩어지는 속옷'. 그리고 장점으로 '수세식 화장실도 괜찮다'고 쓰여 있다. 과연 수도국에 적발되었을까?

안네 냅킨의 7가지의 장점 중에 선구자의 패기가 느껴지는 부분은 ②의 '화장을 지우는 데도 적합'하다는 것과 ④의 '세정하는 것과 같은 효과'가 있다는 부분이다. 안네 냅킨은 그 후 생리용 냅킨으로서 충분히 수요가 있었기 때문에 화장 지우개로 쓸 필요는 없었을 것이고 '세정하는 것과 같은 효과'라는 것은 아무래도 무리가 있었을 것이다.

어찌 되었든 현재 보급되고 있는 일회용 생리대의 원형은 1961년에 안네사가 시행착오를 거듭하여 완성시킨 것이라 할 것이다.

'40년간 기다리셨습니다!'

와타리 PR과장은 안네 냅킨의 캐치프레이즈를 사내 그리고 사외로부터도 모집하기로 하였다. 사외로부터의 모집은 아사히신문을 통하여 실시하였고 상금도 걸었지만 특히 눈에 띄는 것은 없었다.

사내로부터는 '쇼킹한 걸로 데뷔에 어울리는 것. 상대가 부끄러워하지 않도록 할 것. 획기적인 상품이라는 것을 담을 것. 도작, 흉내는 절대 피할 것'이라는 조건을 달아 모집을 시작하였다. 그 결과 '달에 한 번 액세서리', '제3의 속옷, 여성의 해방', '아주 적은 금액으로 큰 행복' 등의 프레이즈가 모였다.

그러나 이 중에서 고르지 않고 제2회 사내 모집을 실시하였고 거기에서 와타리가 "천만금의 가치가 있다"고 평가한 프레이즈가 등장한다.

40년간 기다리셨습니다! 드디어 안네 냅킨 등장![52]

안네사의 최초 신문 광고 1961년

미국에서는 40년 전에 코텍스가 발매되어 이미 유경 여성의 80퍼센트가 워딩지 생리용품을 사용하고 있었다. 미국에 뒤처진 채로 40년, 이제야 일본의 여성도 쾌적한 생리용품을 사용할 수 있게 되었다는 의미이다.

이 캐치프레이즈는 광고 업계의 역사에 길이 남을 것이었다. 그 후 안네사는 수많은 명작 광고를 제작하였고 속속 '일본잡지광고상'을 수상하였지만 역시 이 데뷔작이 가장 유명하다.

캐치프레이즈가 결정되고 임원과 PR과에서 선전 방법에 대해서 격론이 오갔다. 와타리는 다른 이들의 반대를 무릅쓰고 사전 선전을 조금도 하지 않고 발매일에 일제히 선전을 개시한다는 방침을 고집하였다.[53]

실현되지 못한 광고 전략

그런데 전국의 약국, 화장품 상점, 매스컴 관계자 등 약 600명을 초대하여 팔레스 호텔에서 안네 냅킨의 영업 개시 기념축하회를 연 그날. 눈앞으로 다가온 발매일까지 제때에 상품 물량을 댈 수 없다는 것이 판명되었다.

이유는 안네 냅킨의 생산 개시 후 제품에 하자가 발견되어 이미 생산한 30만 상자를 폐기처분해야만 했기 때문이었다. 손실을 각오하고 30만 상자의 폐기처분을 결정한 것은 단 한 상자라도 문제가 있는 제품을 팔 수 없다는 모리베의 고집이었다.[54]

더하여 안네 냅킨의 제조 라인은 전혀 생리용품 공정의 기본 지식이 없는 상태에서 미츠미 전기의 제조 라인을 모델로 만들어진 것이었는데, 단단한 전기 부품과 부드러운 워딩지에는 여러 가지 사정이 달랐기에 생각지 못한 라인의 문제로 생산이 순조롭게 진행되지 못하였던 것이다. 결국 늦어진 생산을 회복하지 못한 채 영업 개시 기념축하회를 열게 되었던 것이다.

모리베는 급히 발매일을 당초 예정하고 있던 10월 1일에서 11월 11일로 연기하기로 결정하였다.

그러나 이 결정에 PR과장 와타리는 승복하기 어려웠다. 사전 선전을 전혀 하지 않는다는 방침을 고집하고 있던 와타리는 10월 1일에 맞춰서 신문사나 출판사와 광고 계약을 마친 상태였다. 이미 예정 변경이 불가능한 미디어도 있었다.

와타리는 동갑인 모리베에게 "안네를 뻔히 죽게 내버려 둘 셈입니까? 발매일을 연기하다니! 자살행위와 같습니다!"[55]라며 본심을 털어놓았다.

안네 냅킨의 발매와 동시에 복수의 미디어에 일제히 광고가 게재되었다는 '전설'이 떠돌고 있지만, 실제로는 발매일 연기로 인하여 광고와 박자가 맞지 않았고 와타리의 치밀한 계산은 안타깝게도 실현되지 못했다.[56]

발매 당일 오전 중에 매진

한 달 이상 발매를 연기했음에도 불구하고 새로운 발매 예정일 전날까지도 각 점포에는 입고 예정 물량의 절반도 조달되지 않은 상황이었다. 이 이상 발매를 연기할 수는 없었지만, 각 점포들은 입고 예정량의 절반만 가지고는 무리라며 강하게 반대하였다. 결국 도쿄에서는 발매 일정을 재조정하면서 우선 오사카에서는 일부 점포에서 판매하기로 하였다.

오사카로부터는 '난바難波 다카시마야高島屋에서는 아침부터 손님이 몰려들어 오전 중에 50상자가 매진되었다' '다이마루大丸는 오전 중에 200개 전부가 팔렸다' 그 외에도 백화점 집집마다 매진 보고가 이어졌다.[57] 당시 슈퍼마켓은 아직 그 수가 적었고 안네 냅킨은 백화점, 약국, 화장품점에서 취급하고 있었다.

이날 지하철 차내에는 안네 냅킨의 걸개 광고가 등장하였다. '40년간 기다리셨습니다!'라는 캐치프레이즈와 예쁜 상자 사진, '안네 냅킨', '판네트'라는 귀에 익숙지 않은 단어에 대부분의 남성은 생리용품 광고라는 것을 눈치채지 못하는 듯하였다.

이것이 와타리가 노린 것이었다. 여성이 부끄러움을 느낄 수 있는 말은 사용하지 않는다는 방침에 꼭 맞았고, 의문을 가지게 하여 광고에의 흥미를 불러일으킨다. 그러나 광고가 나가는 이날 발매하지 않으면 광고의 효과는 반감되어버린다. 그래서 와타리는 요시코에게 진언하였고, 모자란 양이지만 전면적인 발매를 결단하게 된 것이다.[58]

발매 1일째에 각 점포 입고분의 9할이 팔렸다. 이유는 당초 예정하고 있던 1천만 상자의 3분의 1인 3백만 상자밖에 생산이 되지 못하였기 때문이었다. 곧바로 '안네 입고했습니다!', '안네 매진되었습니다!'를 앞 뒷면으로 인쇄한 포스터 7천 장을 만들어 소매점에 배포하였다. 품귀현상이 여성들의 구매의욕을 높였고, 점포들로부터는 주문이 폭주하였다.[59] 발매일 연기로 인하여 와타리가 생각하였던 선전 계획은 실현되지 못하였지만, 늦어진 생산을 역으로 활용한 임기응변식 대응이 팔려나가는 기세에 더욱 불을 지핀 상황이었다.

안네사는 신문광고에 '샘플 청구권'을 첨부하였는데 예상을 아득히 웃도는 반향을 불러일으켜 전국으로부터 매일 청구권이 날아왔다. 또한 점포에서 안네 냅킨을 구매하지 못한 여성들이 대금을 직접 본사로 보내오기도 하였다. 자기 지역 근처의 가게에는 취급하지 않는다거나 또는 품절되어 버렸다는 이유 이외에도 가게에서 생리대를 산다는 것이 부끄럽다는 이유도 있었을지 모른다.[60]

생리 인구 3백만 명 목표 캠페인

제조 라인이 순조롭게 돌아가기 시작하고 생산 수가 늘어나자 안네 냅킨의 판매고는 급격히 상승하였다. 그러나 그것은 주로 도시에 집중되어 있었다. 요시코는 지방의 여성들에게도 안네 냅킨을 알리기 위하여 다른 영업부원과 함께 전국의 소매점을 하나하나 돌았다. 잉크를 사용하여 냅킨의 흡수력을 어필하였고, 포스터를 붙이며, 상품을 가게 앞에 진열하는 것을 반복하였다.

지방에서의 영업 활동을 통하여 요시코나 와타리가 고집하였던 '물에 흘려보낼 수 있다'는 세일즈 포인트는 화장실이 수세식화되지 않은 지방에 있어서는 그다지 중요하지 않고, 흡수력 등 성능 쪽이 훨씬 중요하다는 것을 깨닫게 된다.[61]

당초 모리베가 주장하였던 한 달간 1백만 개를 판매한다는 계획은 다른 간부, 전문가들로부터 무모하다는 반대에 부딪혔지만, 와타리에 의한 PR활동이나 착실한 영업으로 인하여 결국 달성된다.

또한 모리베가 생리용품 회사에의 출자를 결정하였을 때 미츠미 전기 내부에서는 '적어도 엔지니어라는 사람이 여성의...... 그것도 생리에 관한 그런 하찮은 것을 할까 보냐'[62]라는 강한 반발도 있었지만 안네사의 성장이 빨랐기에 자연히 반대는 안개처럼 사라졌다.[63]

모리베는 더하여 '생리 인구 3백만 명 목표 캠페인'을 내걸고 안네 냅킨의 시제품 3백만 개분을 약국을 통하여 여성들에게 배포하겠다는 안을 냈다. 이에 대하여 요시코 이하 간부들은 몇 번이고 회의를 열었고, 약국이 아닌 전국의 건강보험조합을 통해서 학교에 배포하는 것으로 안을 수정하였다.[64] 그러나 이유는 정확하지 않지만 그 계획은 실시되지 않았다. 실제로는 학교가 아닌 초경기의 여자아이가 모이는 학교 주변의 문방구나 약국을 중심으로 '주니어 세트'라는 명칭의 냅킨과 판네트, '깨끗하게 고상하게 아름답게', '어머니를 위해서'라는 팸플릿이 함께 들어간 세트를 배포하였다.

학교에는 양호 선생님을 대상으로 안네사 제품의 팸플릿만을 보냈다. 또한 노트 생산업체와 협력하여 '스쿨 냅킨[스쿨 안네]'이라는 명칭으로 냅킨을 판매하였지만 1년 정도가 지나 생리용품은 문방구점에 둘 수 없다는 이유로 폐지되었다.[65]

'안네의 날'이라고 불리다

이리하여 안네의 제품은 도시에서 지방으로, 일하는 여성이나 초경기의 여자아이들에게서 그 어머니에 이르기까지 서서히 수요를 늘려 나갔다. 애용자들로부터는 쾌적한 안네 냅킨에 대한 감사 편지가 안네사 또는 요시코 앞으로 하루에만 100통 이상이 도착하였다.[66] 그리고 그중에 몇몇은 월경일을 '안네의 날'이라고 부르고 있었다.

우리 6살 여자애를 위해 준비하려고 구입하였습니다. 우리들이 느꼈던 처음의 불쾌한 인상을 딸들에게는 물려주지 않고 유쾌하게 그 날을 보낼 수 있도록 하기 위해서...... 저는 모 분야의 40세 전후 분들의 모임에서 비상근으로 여가시간을 카운슬러로서 일하며 보내고 있습니다만, 우리 동료들 사이에서는 귀사의 이름을 빌려 그 날을 〈안네의 날〉이라고 함께 부르고 있습니다. 부드러움을 담는 의미로...... 생리, 멘스 등은 좀 거침없고 싫은 느낌을 가지게 되니까요......[67]

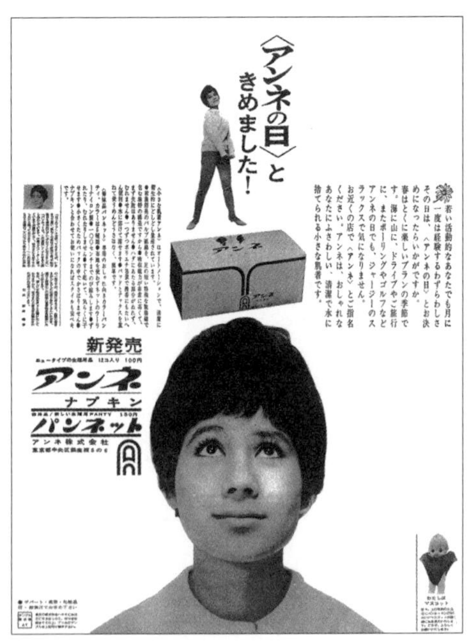

'안네'가 월경의 대명사로 1962년

‘월경’은 물론 ‘생리’, ‘멘스’도 입에 담기는 힘들었던 것이다.

딱 그 무렵 안네사는 후생성[당시]으로부터, ‘40년간 기다리셨습니다!’라는 캐치프레이즈가 마치 40년간 계속 생리대를 연구해온 것처럼 오해를 불러일으킬 수 있기 때문에 수정하라는 지도를 받게 된다.[68] 그래서 와타리는 ‘〈안네의 날〉로 정했습니다!’를 새로운 캐치프레이즈로 채택하기로 한다.

이리하여 ‘안네’는 월경의 대명사로서 널리 사용되게 되었다. 다음에 제시한 기사는 안네 냅킨 발매로부터 1년 반이 지난 후에 마이니치신문에 게재된 투고이다.

> ‘평소보다 귀가가 늦네’ 하고 근심하고 있을 때에 소학교 5년생 딸이 숨을 헐떡거리며 돌아왔다. 방과 후 여자아이들만이 남아서 보건 선생님으로부터 이야기를 들었다고 한다. 나는 올 것이 드디어 왔구나 하는 생각에 나도 모르게 몸이 굳어지는 듯하였다.
>
> 아무렇지도 않은 듯이 “무슨 이야기였어?” 하고 묻는 나에게 딸은 오늘 한 시간 반 정도 있었던 ‘초조에 대해서’라는 슬라이드와 들은 이야기를 이것저것 말해 주었다. (중략) 마지막에 딸은 “이것을 부르는 방식은 여러가지가 있는데 지금은 ‘안네의 날’이라고 부른데. 안네는 여자 이름이지?”라고 말하였다. 나는 그저 감탄하며 듣기만 할 뿐.
>
> 생각해 보면 내가 그걸 학교에서 들었던 것은 여학교에 들어가서인데 집에 와서도 어머니에게는 말하지 않았었다. 그사이에 나는 친구로부터 알게 되었지만 그런 것은 입 밖으로 내어서는 안 된다고 생각하여 내 가슴 한쪽에 늘 묵혀 두고 있었다. 그 후 1년 정도 지나 초조를 보았지

만 어떤 식으로 어머니에게 알려야 할지 망설였던 그날의 기분은 지금도 잊을 수가 없다.

그에 비해 지금 이 아이는 내 눈앞에서 무엇도 부끄러워하는 것 없이 이야기를 해 주었다. 그것은 '안네'라는 말의 울림처럼 산뜻한 기분이었다. 나는 자라나는 소녀들의 장래가 이렇듯 건강하고 무럭무럭 커가기를 진심으로 기원하였다.[69]

월경을 '안네'라고 부른 것에 대하여 후에 영화감독 오오시마 나기사大島渚는 "오래된 세대는 컬쳐쇼크가 있었다고 생각했어요. 지금에야 생리를 다른 말로 바꿔 쓰는 것이 오히려 부자연스럽게 느껴지는 시대가 되었으니까요. 안네라고 말하면 새침데기 아닌가라는 느낌마저 듭니다"[70] 라고 이야기하고 있다.

'안네'는 오늘날 확실히 죽은말이 되었지만 '안네'라며 입 밖으로 내어 말할 수 있게 되었기에, 그랬었기에 생리라고 자연히 말할 수 있는 시대가 올 수 있었던 것이다.

월경관을 바꾼 안네의 광고

'40년간 기다리셨습니다!', '<안네의 날>로 정했습니다!' 이후에도 안네사는 임팩트 있는 광고를 속속 만들어 내며 10년 동안 10회에 걸쳐 '일본잡지광고상'을 수상하였다.

1969년 무렵까지는 오오즈카 세이로쿠大塚清六 의 일러스트가 안네의 광고를 장식하였다. 매우 평판이 좋아 '오오즈카 세이로쿠=안네'라

는 이미지가 정착되어 오오즈카는 다른 일을 하기 어려워질 정도였다고 한다.[71]

1962년부터 1971년까지 신문에 게재된 광고의 일부를 이 책의 맨 마지막에 실어 두었다. 어느 것이든 재치 있는 캐치프레이즈가 포함되어 있다. 일러스트나 사진도 아름다우며, 당시에는 아직 심하였을 월경에 대한 어두운 이미지도 전혀 느껴지지 않는다.

전 사원이었던 이는 "월경이라는 것은 부끄러운 것이 아니랍니다. 누구에게라도 있는 생리 현상으로 땀을 흘리는 것과 같은 것. 오히려 자랑스럽게 주장해도 괜찮아요. 이러한 것을 열심히 주장하였습니다"라고 말한다. 그러나 그것은 언어를 골라가면서 신중히 이루어졌다.

> 캐치프레이즈를 만들어도 생리, 멘스 등의 말은 사용하지 않는다. 월경 등은 당치도 않다. 모든 설명문의 시작은 '매달 한 번의 번거로움' 같은 방식이었다. 이걸로 여성은 충분히 이해할 수 있을 것이다. 생리는 부끄러운 것이 결코 아니다. 오히려 건강한 여성의 상징이기까지 하다. 그러나...... 역시 이것은 굳이 남에게 이야기할 일은 아닐 것이다. 가능하다면 동성에게도 들키지 않도록 고심하게 되는 것이다. 그것을 광고를 통하여 태양 아래, 밝게 내놓자는 것이니까 대단히 신중하게 정성 들여 다룰 필요가 있다. 우리들은 혈액이라든가 생리혈이라든가 요컨대 피라는 글자도 사용하지 않는다. 예를 들어 출혈이 많은 날, 적은 날이 생리 기간 중에 있지만 그 표현은 '날과 양에 따라 나누어 사용하여 주세요'가 된다. 결코 출혈이라고 말하지 않는다. 시각에 비치는 '피'라는 글자는 처참할지언정 결코 맑고 평화롭지는 않다.[72]

이것은 안네 냅킨의 발매 당초 와타리가 생각했던 광고의 방침이다. 오늘날의 감각에서 생각해 보면 다소 너무 신중한 거 아닌가 싶기도 하지만 당시는 이 정도로 신경을 써도 노골적이라고 느끼는 여성이 다수 있지 않았을까? 최저한의 표현만을 사용한다는 와타리의 생각은 타당했다고 말할 수 있을 것이다.

이 신중한 방침 아래에 끈기 있게 지속한 월경에 대한 의식 개혁이 효과가 있었다는 것은 오늘날 명백하다. 월경이 부정한 것이며, 월경 중 하지 말아야 할 금기가 수많았던 시대는 과거가 되었다.

탐폰의 사용률이 낮은 이유

책 마지막에 수록한 광고에서도 볼 수 있지만 안네사는 1968년에 독일의 칼한사와 기술제휴를 통하여 '안네 탐폰 o. b.'를 발매하였지만 탐폰의 경우에는 안네사가 후발 주자였다.

제1장에서 다루었듯이 중일전쟁 중인 1938년에 합자회사 사쿠라가오카연구소가 일본에서는 가장 먼저 탐폰을 제품화하였지만 원료 부족 등의 영향으로 그다지 보급되지 못했고, 전후 각자 자기 방식으로 탐폰을 만들어 사용함에 따라 그 폐해가 보고될 정도였다.

그래서 후생성[당시]은 1948년에 탐폰을 의료용구[현재는 의료기구]에 지정. 1951년에 사쿠라가오카연구소의 후신인 일본위재 주식회사[현 에자이 주식회사]가 처음으로 승인을 받았다. 동사는 1964년 도쿄 올림픽 개최에 맞춰서 스틱 방식 탐폰[스틱을 사용하여 탐폰을 삽입한다]인 '제론폰'을 발매하였다. 전쟁 이전도 전후에도 탐폰의 제조 판매에 가장 힘을 쏟은 회사는 오늘날의 에자이 주식회사이다.

그 후 1968년부터 중앙물산 주식회사가 미국의 '탐팩스tampax 탐폰'의 수입 판매를 개시. 같은 시기 '안네 탐폰 o. b.'가 발매된 것이다.

안네사의 탐폰 광고는 와타리의 기존 방침과는 정반대로 '노골적' 이었다. 신문 광고에 "〈처녀막은 막이 아니라 주름입니다!〉라고 합니다. 질구에서 겨우 2~3밀리미터 정도의 위치에 있는...... 그것은 주름. (중략) 게다가 처녀막은 점액질로 신축성과 내구성이 있습니다"라는 설명이 있다. 이것은 정보 부족으로 인한 오해로 편리한 탐폰 사용을 주저하는 여성이 많았기 때문이다.

다음에 소개하는 기사는 1973년 여성지에 실린 것이다.

> 생리대파에서 탐폰파로 요전에 전향한 24세의 OL의 이야기. (중략) 신년 휴가를 이용하여 스키를 타러 갈 계획을 세웠는데 어찌 된 일인지 주기가 빨라져 돌연 출발 전날 월경이 와버렸다. (중략) 회사 동료에게 상담을 해보고 나서 가까운 슈퍼에서 [탐폰을] 구입하였다. 설명문과 그림을 봐도 잘 모르겠다. 동료는 이미 성 경험도 있고 탐폰 삽입에 아무런 불안도 없다는데 그녀는 결혼까지는 처녀로 지내고 싶다고 생각하고 있었다. 처녀막은 질의 입구에서 고막처럼 덮여 있는 것이라고 생각하고 있었기에 우선 그게 걱정이었다. 더욱이 실제 탐폰을 손에 쥐어 보니 이상한 기분이 들어 참을 수 없을 만큼 무섭게 느껴졌다. 그녀에게 있어서 이상적인 결혼을 하기 위해서는 처녀막이 온전하지 않으면 안 된다. 상대로부터 행실이 나쁜 여자라고 오해받을 것이다. 그렇게 생각하니 현재의 월경 중의 고민 정도야 당연히 참을 수 있는 것 아닐까 하며 탐폰 사

용을 주저주저하고 말았다. 동료가 웃으면서 설명해 주었다. (중략) 아아 그런 거였구나 하는 느낌으로 그다지 아픔도 없었고 집어넣고 나서는 아무런 이물감도 없었다. 스키 중에 넘어져도 출혈은 조금도 느낄 일이 없었고 지금까지 느껴 보지 못한 해방감을 느꼈다. 신기하게도 하복부의 아픔도 하반신의 무거움도 잊어버렸다.[73]

이렇듯 탐폰 사용으로 인한 처녀막의 파열, 그로 인해 '결혼을 할 수 없다'고 믿고 있는 여성들이 많이 있었던 것이다.

당시 성에 대한 카운슬러로서 활약하고 있었던 닥터 치에코ドクトル・チエコ가 「생리에 관한 상식과 거짓말」이라는 제목의 잡지 기사에서 '미혼 여성은 탐폰을 쓰지 마라'라는 '상식'에 대해서 "처녀막은 탐폰을 사용하거나 손가락으로 만지는 정도로 찢어지지 않는다. 질구 주위에 점막 형태로 얇은 주름 장식처럼 되어 있는 것이 처녀막. 중앙에 충분한 입구도 있고 또한 점막이라 늘어나기에 그리 간단히 상처가 생기거나 찢어지거나 하지 않는다"[74]라고 설명하고 있다. '그리 간단히 상처가 생기거나 찢어지거나 하지 않는다'고 말하는 것은 역시 상처가 생기거나 찢어지는 것을 그다지 좋지 않다고 생각하는 사람이 많았다는 것을 의미한다.

어쨌든 처녀막을 걱정하는 여성들을 위해서 안네사의 광고도 다소 노골적인 설명을 필요로 하였을 것이다.

1972년에는 쥬쬬킴벌리 주식회사十條キンバリー株式会社[현 일본제지 크레시아 주식회사]도 탐폰의 수입 판매를 개시하였고 1974년에는 주식회사 참[현 유니참 주식회사]이 '참탐폰'을 발매하여 TV 광고를 시작으로 적극적인 마케팅을 실시하였다.[75]

그러나 그 바로 직후인 1970년대 후반, 미국의 P>he Procter & Gamble Company가 만든 'Rely'라는 탐폰을 사용한 사람에게서 고열, 설사, 구역질, 발진과 같은 쇼크 증상이 나타나 적어도 수십 명이 사망한 '탐폰 쇼크 사건'이 발생하였다.

이것은 TSS[톡식 쇼크 신드롬]라고 불리는 세균성 쇼크로 원인은 특정한 황색 포도구균이 생산한 독소였다. 탐폰 사용자가 아니라도 걸릴 수 있지만 성인이라면 대부분이 이 독소에 대하여 항체를 가지고 있다. 탐폰의 흡수력과 TSS발병률의 상관관계가 규명되었기 때문에 흡수성이 높은 레이온 소재의 탐폰 제조를 중지하자 TSS발병률은 격감하였다.[76]

현재 일본의 탐폰 사용률은 유경 여성의 2할 정도. 10대에서는 1할 정도로 낮다.[77] 그 이유로 '탐폰 쇼크 사건'이 거론되는 경우가 있지만 정작 미국에서는 사건이 발생한 후에도 사용률은 6할 정도로[78] 일본보다도 높았다. 참고로 유럽의 경우 가톨릭 신자가 많은 국가에서는 탐폰 사용률이 낮은 경향이 있다.

일본에서는 메이지 시대 이후 반복되어 주장된 '질삽입폐해설'이 탐폰의 보급을 방해하여 왔다고 생각할 수 있다. 그러나 탐폰이 보급되지 못한 최대의 이유는 냅킨형 생리대의 성능이 좋다 보니 굳이 탐폰에 기대지 않아도 쾌적하게 지낼 수 있었기 때문이었을 것이다.

탐팩스 탐폰은 2001년에 일본에서의 판매가 중지되었고, 지역 업체인 에자이는 2003년에 탐폰의 제조 판매를 중지하였다. 현재 국내에서 탐폰을 제조, 판매하고 있는 업체는 유니참 하나뿐이다.

안네사의 공적

안네사는 냅킨형 생리대나 생리용 반바지를 개발, 판매하여 여성의 활동을 물리적으로 서포트하여 왔다. 그리고 그 과정에서 신문이나 잡지 광고를 통하여 오랜 기간 월경에 따라다니던 '부끄러워해야만 하는 것', '숨겨야만 하는 것'이라는 부정적인 이미지를 불식시켰다는 것이 깊은 의미를 가진다 말할 수 있다.

왜냐하면 냅킨이든 새니터리 쇼츠가 되었든 이것들은 단지 시간의 문제로 언제든 타사가 발매하였을 수도 있지만 이만큼 선전에 힘을 쏟아 단기간에 월경에 대한 관점, 즉 월경관을 변혁하는 것은 요시코나 모리베, 와타리가 있었던 안네사밖에 할 수 없었다고 생각하기 때문이다.

여성의 입장에 서서 솔직히 생리용품의 개선을 바랐던 요시코. 그런 요시코가 고안한 '안네'라는 이름의 상냥한 울림이 여성들에게 받아들여진 것은 물론이지만, 광고를 중시하여 충분한 예산을 투입하고 PR과장에 와타리라는 인재를 발탁한 미츠미 전기 사장 모리베 하지메의 존재도 컸다 할 것이다.

모리베는 다다미 4장 반짜리 아파트에서 미츠미 전기를 키워 냈지만 그 과정에서도 역시 광고를 중시하였었다. 기타큐슈에서 불러모은 어릴 적 친구들과 부업처럼 부품 만들기를 하고 있었을 무렵 판매를 담당하고 있었던 모리베가 물건을 판 돈으로 신형 스쿠터를 사서 돌아온 일이 있었다. 동료들은 모리베가 상의도 없이 제멋대로 물건을 사 왔다고 비난하였지만 모리베는 태연하게 다음 날부터 그 스쿠터에 미츠미 전기의 간판을 달고 동네를 내달렸다. 지붕이 달린 신형 스쿠터는 길을 걷는 사람들은 물론 거래처 사람들의 시선도 끌었고, 미츠미 전기가 잘 돌아가고 있

음을 어필하는 데 성공하였다.[79]

부품의 판매를 담당하고 있었던 모리베는 자신들의 제품에 다른 누구보다도 자신을 가지고 있었다. 사 주기만 한다면 그 성능을 평가받을 수 있다고 확신이 있었다. 일단 물건을 사도록 하기 위해서는 다소의 비용이 들더라도 광고가 중요하다고 판단한 것이다. 모리베의 판단이 틀리지 않았다는 것은 그 후의 미츠미 전기의 발전을 보면 명확하다.

선구자의 고생

강력한 선전과 꾸준한 영업활동에 기반하여 안네사의 매상은 회사 설립 이듬해 10억 엔, 그다음 해에는 12억 엔으로 급증하였다. 자본금도 서서히 늘어나 1965년에는 6억 엔이 된다. 회사 설립 시 25명 정도였던 사원도 3년 후에는 600명을 넘어섰다. 모리베는 신공장을 건설, 안네의 상품을 운송하기 위해 안네상운 주식회사도 설립하였다.[80]

아사히신문사의 조사에 의하면 발매 직후인 1961년 12월 안네 냅킨을 사용한 적 있는 여성의 비율은 전체 유경 여성의 약 2퍼센트. 그러나 1977년에는 약 50퍼센트까지 늘어나게 된다. 생리용 반바지 '판네트'도 호평을 받아 발매 후 4, 5년 동안 매월 50만~60만 장이 팔렸다.[81]

당연히 그전까지 생리용품으로서 사용되었던 탈지면은 팔리지 않게 되었다.

사카이 씨가 힘들었던 것은 기존의 업자에 대한 대응이었습니다. 이전까지 생리용품으로서 탈지면이 널리 사용되고 있었기 때문에 안네로 인하여 시장을 빼앗긴 탈지면 업계가 안네를 들이지 말라고 각 점포에 압력을 가하는 등 괴롭힘이 시작되었습니다. 그러나 그녀는 점포들의 망년회나 신년회에서도 싫은 표정 하나 짓지 않고 적극적으로 출석하였습니다.[82]

이는 요시코와 함께 안네 냅킨의 보급을 위해서 전국 곳곳에서 강연을 하였던 닥터 치에코의 말이다. 강연회장에서 어느 나이 많은 여성으로부터 "그런 망측스러운 말 하지 마세요"라는 말을 들은 적도 있었다. 또한 안네의 TV 광고를 본 아이가 "안네가 뭐야?"라고 질문을 해대서 곤란하다고 PTA Parent-Teacher Association[사친회라고 불리는 학부모회-옮긴이]로부터 클레임이 들어왔다고도 한다.[83]

생리용품의 TV 광고라고 하면 탤런트 기용에 있어서 켄 나오코 研ナオコ 의 '참냅미니'[유니참]가 주목을 끌었지만 가장 첫 주자는 역시 안네사였다. 미키 토리로 三木鶏郎 가 작사 작곡한 'With you'라는 곡을 사용하였다.[84]

생리용품의 TV 광고에 있어서도 여러 가지 규정이 있었는데, 후생성[당시]은 '어린이가 보는 시간', '식사 시간', '골든타임' 방송을 금지하였다. 그 외에 극장 광고나 신문의 1면 광고도 금지되었다.[85] 일본민간방송연맹의 방송 기준에 있는 '비밀리에 사용하는 것이나 가족 내의 화제로서 부적당한 것은 취급에 주의하여야 한다'는 조문도 생리용품 생산업체들을 고민에 빠지게 만들었다.[86]

안네사의 급성장은 그때까지 정체되어 있었던 생리용품 시장을 자극하여 5년 후에는 300개 이상의 업체들이 생겨나게 되었다.[87] 그중에는 공장 라인을 따라 하고자 안네사의 단골 거래처를 대상으로 시행하는 공장 견학회에 숨어드는 타사의 직원들도 있었다.[88]

더하여 안네사를 괴롭혔던 것은 상품의 부당한 끼워팔기였다. 소매점들이 초인기 상품이었던 안네 냅킨을 미끼로 타사의 생리대나 또는 전혀 관계없는 상품을 팔았던 것이다. 식료품점이 안네 냅킨을 10엔에 팔고 있는 광경도 나타났다.[89]

기존의 생산업체나 후속 회사가 속속 발매해대는 유사품에 대항하기 위하여 안네사도 상품 증산에 힘을 쏟았다. 하지만 냅킨의 폴리에틸렌 개별 포장만은 미처 기계화되지 않았었기 때문에 공장 주변의 농가에 하청을 주었는데 약사법에 저촉되어 일주일간 제조업무정지 처분을 받게 되었다. 1964년 1월의 일이었다. 안네사는 약 80만 상자의 제품을 리콜하였고 요시코는 울면서 기자회견을 열었다.[90]

그 후 안네사는 카토닝 머신을 도입 폴리에틸렌 개별 포장의 완전 자동화를 도모하였다. 광고에도 '모든 제품 오토 패킹[완전 자동포장]하여 보내 드립니다'라는 문장이 추가되었다.

약사법 저촉 후에도 안네사는 업계 1위를 지키고 있었지만 후속 회사 중 하나였던 주식회사 참[현 유니참 주식회사]이 서서히 안네사를 압박하여 왔다.

'나중에 두고 봐라' - 뉴 참 다카하라 케이치로高原慶一郎

유니참의 창업자 다카하라 케이치로는 1931년쇼와 6년 손으로 뜨는 전통 종이로 유명하였던 에히메현愛媛県 카와노에시川之江市[현 시코쿠 중앙시]

에서 태어났다. 조부가 젊은 나이에 전쟁 중 병사하였기에 아버지는 보통 소학교 졸업 후 지역의 종이가게에서 일하기 시작해 고생 끝에 1대 구니미츠제지国光製紙 주식회사를 세웠다.

다카하라는 예정일보다 빨리 태어나 몸집이 작고 삐쩍 마른 꼬마였고, 때문에 소학교 시절 집단 따돌림을 당했다. 울면서 집에 돌아올 때도 있었지만 그의 어머니는 위로하기보다는 이렇게 말하였다.

"남자가 울면서 돌아오는 따위의 창피한 짓은 하는게 아니야! 이렇게 되돌려 줘라 '나중에 두고 봐라'라고."[91]

어느 날 다카하라는 해안가에서 자신을 괴롭히는 아이들에게 교대로 냅다 던져져 입과 코, 귀에까지 모래가 들어갔다. 억울함과 비참함이 교차하던 그때 무의식 중에 입밖으로 튀어나온 말이 "나중에 두고 봐라"였다. 처음에는 작은 목소리였지만, 녀석들의 대장이 "뭘 보여 준다는 거야?"라고 말하자 분노를 담아 나중에 두고 봐라며 큰 소리로 몇 번이고 소리쳤다. 괴롭힘에 대한 복수라는 의미가 아닌 인간으로서 성공하여 되돌려 주겠다는 결의였다. 그 후 괴롭힘은 없어졌지만 별명이 '나중에 두고 봐라'가 되었다.

아버지의 삶을 보며 기업가가 되고자 하였던 다카하라는 오사카시립대학 상학부에 입학. 졸업논문 테마로는 고향 카와노에의 명물이었던 종이를 골랐다. 종이에는 '기록하다', '감싸다', '닦는다'라는 3가지의 기능이 있다고 지적하고 특히 '닦는다'는 경제발전과 함께 성장할 가능성이 있다고 썼다. 장래 자신이 종이의 '닦는다[흡수하다]' 기능을 살린 회사를 세우게 될 것이라고는 꿈에도 생각지 않았었다.

'나도 착용하고 있습니다' - 치질에 생리대

다카하라는 29살에 건축자재를 취급하는 다이세이카코大成化工 주식회사를 설립. 상근 임원 4명, 사원 12명으로 사업을 시작하였다. 그로부터 9개월후인 1961년 11월, 신문에서 안네 냅킨의 광고 '40년간 기다리셨습니다!'를 보고 생리용 냅킨에 관심을 가졌다.

조속히 자택 근처의 약국에서 안네 냅킨을 구입하여 분해. '흡수력 있는 종이를 겹쳐서 재단할 수 있는 기계가 있으면 우리들도 할 수 있다'라고 생각하였다.

같은 해 다카하라는 일본생산성본부의 중소기업 신제품 개발 전문시찰단에 참가하여 미국 각지를 돌아볼 기회를 얻었다. 당시 일본에는 아직 없었던 대형 슈퍼마켓의 점포 앞에 산처럼 쌓여 있는 생리용품을 보고 '이렇게 당당하게 팔아도 되는 건가?'라며 충격을 받았다.[92]

> 범죄자처럼 취급하는 일본과는 엄청난 차이였다.
> 풍요한 사회가 되면 일본도 미국처럼 된다고 들었기 때문에 생리용품의 판매 방식도 구매 방식도 내 눈으로 본 미국식으로 바뀔 것이라고 직감하였다. 나도 시험 삼아 구매해 보았다. 여성 점원도 아무런 어색함이 없었다.
> 체재 중에 보스톤백이 가득 찰 만큼 생리용품을 사 담았다. 귀국 시 하네다 공항의 세관에서 가방을 열어 보라고 하였다. "이건 무엇인가요?" 라고 묻길래 아무런 거리낌 없이 "미국의 생리용품입니다"라고 답했다. 세관 직원은 살짝 눈을 돌리더니 "자 그럼 다음 분"이라고 말하며 보내주었다.

나는 결정하였다. 새로운 사업을 할 것을. 카와고에에 한시라도 빨리 돌아가 사원들에게 그 뜻을 전하고 싶었다.[93]

그러나 사원들로부터 '생리용품 회사에 들어온 기억은 없다'며 맹렬한 반대에 부딪혔다.

카와고에의 폐쇄된 영화관을 매입하여 공장으로 개조하고 '펀치 프레스'로 기반이 되는 종이를 같은 형태로 찍어내 보았지만 종이를 밀착하는 기술이 없어 시행착오를 반복하였다.

다카하라는 시제품을 집으로 가지고 돌아와 "물로 적셔서 그걸 내 가랑이 사이에 가져다 대고 자 본 적도 있다." 안네사의 와타리 노리히코도 고무 팬츠를 입고 긴자를 걷거나 침대에서 하룻밤을 자 보거나 하였었다. 자료를 읽어 보면 두 명의 언동은 비슷한 점이 많다.

생리대의 제품화를 진행시키면서 다카하라는 사원들 설득에 나섰다.

모두들 앞에서 이렇게 말했다. "그 기분을 모르지 않는다. 그러나 우리들이 부끄럽다고 생각하면, 구입하는 여성은 훨씬 더 부끄럽지 않겠는가? 그런 말도 안 되는 사회 통념이나 낡은 의식을 바꿔야 할 때다. 여성에게 생리가 있는 것은 당연한 것이다" 스스로를 격려하는 의미도 있었다. "그러니까 함께 힘내 보지 않겠는가? 넘버원이 되는 거다." 사원들은 가만히 듣고 있었다.[94]

1963년, 다카하라를 포함한 7명의 사원이 시제품을 가지고 우코연락선宇高連絡船[오카야마현 타마노시와 카가와현 타카마츠시를 잇는 연락선]으로 혼슈로 넘어가 산요 지방山陽地方[일본 동부 세토내해에 접해 있는 지방-옮긴이]과 산인 지방山陰地方[일본 서부와 우리나라 동해에 접해 있는 지방-옮긴이] 담당의 두 개 팀으로 나누어 영업을 시작하였다. 츄고쿠 지방中国地方[산요와 산인 지방 일대-옮긴이]에서는 아직 안네사의 제품이 보급되어 있지 않았다.

각 역마다 정차하는 열차를 타고 모든 역에 내릴 때마다 전화번호부로 주변의 소매점, 도매점을 조사하여 영업에 나섰다. "그렇게 좋은 상품인가요?"라는 질문을 받으면 다카하라는 "저도 하고 있습니다"라고 웃으며 답하였다. "남자가 그 좋은 점을 어떻게 알아!"라는 말을 들었을 때를 대비한 몸을 던진 영업 수법이었지만 다카하라는 치질로 고생하고 있었고 생리대의 냅킨에는 통증을 완화하는 효과가 있었다.

사카이 요시코坂井泰子와 다카하라 케이치로

당시 생리대 시장은 안네사의 독점 상태였지만 다카하라는 기술적으로는 금방 따라잡을 자신이 있었다. 안네사로부터 시장 지분을 빼앗는 것이 아니라 시장을 새롭게 개척하기로 하였다. 그리고 무엇보다 미국의 슈퍼마켓에서 본 '밝게 판매하는 법'을 일본에서 시도해 보고 싶었다.

> 정정당당히 안네와 싸움에 임하기 위해서 공식적으로 안네사를 방문하여 인사하였고, 그와 동시에 넉살 좋게도 공장 견학을 신청하였다. 사장은 나보다 3세 아래의 여성. 당시로써는 진귀한 존재로 매스컴으로부터 주목받는 사람이었다.
>
> 오해를 두려워하지 않고 도매업계의 축사교환회에서 "시코쿠의 촌놈이

지만 잘 부탁드립니다"라며 인사하였다. 거래를 하던 기계 생산업체의 사람에게 몇 번이고 부탁하여서 그 사람들이 한마디씩 보태 준 덕분에 드디어 공장도 견학할 수 있었다. 청결한 공장에 기계가 정연하게 늘어서 있는 것이 카와고에 공장과는 하늘과 땅 차이였다.[95]

'여자에게 지고는 못 살지!'까지는 아니더라도 '나중에 두고 봐라!'의 정신을 가진 다카하라가 이미 성공한 화제의 인물이었던 사카이 요시코에게 대항의식을 품은 것은 충분히 알 만하다.

여성의 생활을 쾌적하게 만들고 싶다는 마음으로 생리대를 발매하였지만 그다지 수익에 집착하지 않았던 사카이 요시코, 그리고 기업가로서 넘버원을 목표로 하였던 다카하라 케이치로의 긍정적 대조가 생리대의 발전을 궤도에 올렸던 것이다.

안네사에 선전포고를 한 직후에 다카하라의 아버지가 경영하고 있었던 구니미츠제지의 맹장지 공장에 불이 나고 말았다. 이제부터 맹장지보다는 생리대 쪽이 성장 가능성이 있다고 생각한 다카하라는 아버지에게 부탁하여 화재로 타버린 공장을 생리용품의 원지를 제조하는 공장으로 바꿨다. 이로써 원지의 조달에서 상품화까지가 한 번에 가능하게 되었다.

발매 다음 해인 1964년에 연 매상 1억 9,200만 엔[건설자재 부문은 1억 2,400만 엔]을 올렸고 생리대는 다이세이카코의 중심 사업이 되었다. 건설자재 사업도 순조로웠지만 회사명이 생리용품에는 어울리지 않았기 때문에 1965년에 생리용품 판매회사 '참'을 설립하였다. 현재 회사명 '유니참'이 된 것은 1974년의 일이다. '유니'에는 유니크[독특], 유나이티드

[협동], 유니버셜[국제]한 회사가 되겠다는 바람이 담겨 있었다.

새롭게 세운 회사 참은 다카하라가 미국시찰에서 경험하였던, 당시 일본에서 막 등장하기 시작한 대형 슈퍼마켓에 생리대를 납품하였다. 이것이 대성공이었다. '안네를 따라잡고 추월하라!'를 목표로 내걸었던 다카하라의 참은 1971년 드디어 매상액에서 안네를 따돌리게 된다.

1973년에 일어난 오일쇼크 당시에는 화장지나 티슈와 함께 생리대도 품귀 상태가 되었다. 하지만 참은 필사적으로 증산 체제를 유지하며 생리대를 공급하였고 유통, 소매업계의 신뢰를 얻어 시장점유율 확대로 이어지게 되었다.[96]

생리대의 기술을 살린 일회용 기저귀

1978년 또 다른 기업인 카오花王가 생리용품 시장에 참가하였다. 그로부터 2년 후 유니참은 처음으로 수익 감소를 경험하게 된다. 시장포화를 예견한 다카하라는 생리대의 개발로 키워온 부직포나 흡수체의 기술을 살려서 일회용 기저귀 제조, 판매에 도전하고자 하였다. 당시 일회용 기저귀 시장은 9할을 P&G가 점하고 있었다.

유니참은 P&G의 기저귀와의 차별화를 도모하기 위하여 일본의 천 기저귀에서 힌트를 얻은 입체형 기저귀를 제조하여 1981년 호쿠리쿠 지방北陸地方에서 발매하였고 이듬해에는 전국적으로 전개하였다. 그러나 이번에는 P&G가 역으로 생리용품 시장에 진출하였고, 카오도 일회용 기저귀 시장에 진출함에 따라 유니참은 다시금 수익 감소 상황에 빠진다.

거대 기업과의 경합에 피폐해진 다카하라를 구제해준 것은 친교가 있었던 카오의 사장[당시] 마루다 요시오丸田芳郎로부터 예전에 들었던 경영의 묘체妙諦에 대한 한마디였다.

"예지叡智는 무한히 퍼져갑니다. 품질을 향상시키면서 소비자가 요구하는 가치를 실현하는 것이 예지의 결정체입니다."[97]

거대 기업과 겨루기 위해서는 품질의 향상에 노력하는 것 이외에 방법이 없다고 생각한 다카하라는 개발의 전도를 지켜보기로 마음먹었다.

> 아기는 제품의 좋고 나쁨을 말하지 않는다. 그러니까 철저하게 사용한 종이 기저귀와 엉덩이의 상태를 관찰한다. 새는 것을 막으려고 하면 재질이 두꺼워져 기저귀 내부의 온도가 상승해 짓무르게 되고 가랑이에 염증이 생기고 만다. 이 이율배반에 개발진은 도전해 주었다.[98]

1년 후 유니참은 주름을 이용해서 통기성을 높이고 두께는 그대로 유지하며 흡수력을 3배로 증가시킨[자사 제품과 비교] 신제품을 발매. 폭발적으로 팔려 나가며 수익을 회복하였다.

다카하라의 다음 과제는 성인용 일회용 기저귀의 개발이었다.

> 아기라면 어머니가 소변이나 대변을 보고 건강 상태를 확인하거나 성장 과정을 즐기는 관용이 있지만 성인용은 절실함의 문제이다. 새게 되면 보살피는 사람의 수고가 늘어나게 된다. 용변이 새어 나온 본인은 자존심이 다치게 된다. 같은 종이 기저귀이지만 현장은 상황이 다르다. (중략) 어른용의 개발은 비즈니스라기보다는 사명감과 기업가의 낭만에 가까운 감각을 가지고 있었다. '용변 시중을 받게 되고 싶지는 않다'라는 말

이 있듯이 인간의 존엄에 관련된 것이다.[99]

이리하여 1987년 유니참은 성인용 기저귀 시장에 본격적으로 참여한다. 그 후 기저귀 속에 겹쳐서 부착함으로써 기저귀의 교환 횟수를 줄일 수 있는 '소변 흡수 패드', 스스로 입는 과정을 통하여 신체를 움직이게 되는 '재활 팬츠' 등 돌봄 노동을 하는 쪽과 받는 쪽 쌍방을 서포트하는 상품 개발을 진행시켜 왔다.

재활 팬츠를 발매한 같은 해 토요위재 주식회사トーヨー衛材株式会社[현 리두코퍼레이션]도 성인용 팬츠형 기저귀를 발매. 유니참, 리두코퍼레이션과 같이 종이 산업이 발전한 시코쿠에 거점을 둔 주식회사 치카자와제지소近澤製紙所도 이른 시기부터 생리대 그리고 성인용 기저귀 개발을 진행하여 왔다. 또한 성인용 기저귀만을 전문으로 생산하는 업체로 주식회사 코요株式会社光洋가 있다. 이들 기업의 견실한 활동이 제품의 질을 향상시키고 복지와 돌봄의 현장을 지탱하여 왔다.

뒤에서 다루겠지만 환경에의 배려를 비롯한 다양한 관점을 고려할 것에 대한 요구가 생리대에 있어서 점점 더 강해지고 있다. 그러나 인간의 존엄에 관련된 배설의 문제를 새롭게 바라보고 '3K[힘들고, 더럽고, 냄새나는 일을 뜻하는 きつい, 汚い, 臭い의 머리글자의 발음이 모두 K이다-옮긴이]'라고 불리는 복지 및 돌봄 현장에서의 부담을 경감하고자 하는 성인용 기저귀의 진화는 모든 사람이 바라는 바 아닐까?

안네사가 없어진 이후 '닦는[흡수하는]' 기술로 일회용 생리용품의 발전을 이끌어온 유니참이지만, 성인용 기저귀 개발을 통한 복지 및 돌봄 현장에 공헌해온 점도 놓쳐서는 안 된다.

모리베 하지메, 안네사에서 손을 떼다

이야기는 1970년으로 되돌아간다.

다카하라 케이치로가 세운 참[당시]이 업적을 계속하여 늘려가는 한편 안네는 이미 사양길로 접어드는 징조가 보이기 시작하였다.

1971년 3월, 미츠미 전기는 대미수출 불황과 컬러TV 불매운동의 영향으로 약 7억 엔이라는 큰 폭의 적자를 기록하였다. 모리베는 고마에의 본사 공장을 매각, 조후調布 공장으로 본사를 옮기고 16사였던 자회사 중 안네를 포함한 4개 회사에서 손을 떼기로 결정하였다.

미츠미 전기는 안네사의 주식 65퍼센트를 소유하고 있었는데 그 전부를 혼슈제지 주식회사本州製紙株式会社[당시], 라이온치약 주식회사ライオン歯磨株式会社, 토레이 주식회사東レ株式会社 3사에게 각각 2대 2대 1의 비율로 매각하였다. 혼슈제지와 토레이는 본래 안네사에 원료를 제공하고 있었고, 라이온치약은 상품의 유통 루트가 겹쳤기 때문에 공동으로 경영에 참가하게 되었다. 요시코는 대표권이 없는 회장으로 밀려나게 되었고, 새로운 사장은 혼슈제지로부터 파견된 사람들이 맞게 되었다.[100]

> 나카이中井 씨[혼슈제지 전무], 사사키佐々木 씨[라이온치약 상무]들이 입을 모아 '미츠미로부터 문제아가 아닌 우량아를 받아 왔다'고 말하는 것으로 보건대, 국내 점유율 30퍼센트를 쥐고 있고 높은 인지도를 가지고 있는 안네는 우먼 리브의 시대 배경도 있기에 손해 보는 인수는 아니었던 듯하다.[101]

이것은 당시의 신문 기사이다. 시대 배경이라고 말해버리면 마치 일시적인 것 같지만 그 후에도 생리용품은 여성들의 지지를 받아 성장을 계속하여 나간다.

생리용품의 진화와 안네사의 종언

당초 일회용 생리대의 주된 소재는 워딩지였지만 오일쇼크1973년 시기 종이가 부족해진 것을 계기로 면상펄프로 대체되고 그 결과 생리대의 두께는 반으로 줄게 되었다. 그 결과를 잘 살려 활용한 제품이 TV 광고에 켄 나오코를 기용한 것으로 유명한 '참냅미니[유니참]'이다.[102]

1978년에는 흡수체에 고흡수성 폴리머를 응용한 첫 생리대가 다이이치위재 주식회사第一衛材株式会社와 카오 주식회사로부터 발매되었고, 생리대의 박형화는 더욱 진전되었다. 이 시기 카오로부터 발매된 것이 오늘날까지 이어지고 있는 생리대 브랜드 '로리에'이다. 로리에는 시즈오카静岡 지역에서 선행 발매를 거쳐 이듬해 전국적으로 전개되었으며 널리 호평을 받았다.[103]

고흡수성 폴리머는 아크릴산과 그것을 중화한 아크릴산 나트륨을 함께 망사형으로 이은 것으로 망사의 그물코가 풍선처럼 부풀어 있어 수분을 가득 축적할 수 있는 구조로 되어 있다. 자기 무게의 100~1,000배의 수분을 흡수하는 것이 가능하기에 생리대뿐만이 아니라 일회용 기저귀의 진화에도 크게 공헌하였다.[104]

이후 고흡수성 폴리머는 일회용 생리대에 빠질 수 없는 소재가 된다. 일본 여성들이 월경 중에 생리혈이 새는 것을 신경 쓰지 않고 업무에 집중할 수 있게 된 것은 이 시기부터이지 않을까?

1979년『주부의 친구』에는 유니참이 만든 생리대 '참냅킨 사와야카'의 광고가 게재되었는데, 그 광고에 등장한 배우 마츠시마 토모코松島トモ子는 다음과 같이 말하였다.

> 일을 계속하는 여성에게 있어서 블루데이를 어떻게 극복하는가에 따라 살아남을 수 있는지 아닌지 분기점이 된다고 생각합니다. (중략) 오늘날의 일본만큼 생리용품이 제대로 갖추어진 나라는 적지 않을까요? 옛날에는 확실히 제대로 되지 않은 것들로 지내지 않으면 안 되었기 때문에 그것이 신경 쓰여서 매우 힘들었을 거라고 생각합니다. 특히 일을 하는 여자들에게 있어서는 큰 장애가 되었다고 생각합니다.
> 행사 진행도 보는데 그럴 때는 몇 시간이고 무대에 서 있게 됩니다. 그런데 지금의 생리용품은 성능이 우수하다 보니 걱정할 것이 없습니다.[105]

광고이다 보니 다소 과장이 있을지도 모르지만, 생리대의 성능 향상이 여성을 가정으로부터 직장으로 진출하도록 뒷받침하고 이미 일을 하고 있는 여성들에게 안도감과 적극성을 주었다는 것은 명확하다.

전후 얼마 지나지 않은 1947년에 노동기준법에 정해진 생리 휴가가 서서히 유명무실화되고 1986년에 시행된 남녀고용기회균등법으로 인하여 생리 휴가의 취득 조건이 축소되었지만[생리 휴가라는 용어의 기재도 없어졌다] 일련의 유명무실화의 배경에는 생리용품의 진화도 있었다 할 것이다. 노동기준법 제정 당시는 아직 정자대나 월경대를 탈지면과 함께 사용하고 있는 여성이 많았으며, 월경 중인 것을 신경 쓰지 않고 일에 몰두한다는 것은 어려운 일이었다. 또한 직장에 여성 전용 화장실이 없는 회사도 많았다.

생리용품 시장에 대기업이 속속 참가하여 상품 개발에 격렬한 경쟁이 일어났고, 여성들이 생리용품 선택에 고민하는 일은 있을지 몰라도 제품 자체가 부족하여 활동을 제약받는 일은 없어졌다. 그러한 모습을 마치 멀리서 조용히 지켜보듯 안네 냅킨과 안네사는 그 짧은 역사에 막을 내렸다.

'안네'라는 이름이 붙은 생리대는 1985년의 '안네 캐티냅킨'을 마지막으로 사라졌고 대표권 없는 회장이 된 요시코도 1988년에 회사를 떠났다. 그리고 1993년 1월 안네사는 라이온 주식회사에 흡수합병되었다.

요시코, 모리베, 와타루 그 후

미츠미 전기가 손을 뗀 후의 안네사와 사카이 요시코에 관한 잡지 기사는 야유하는 내용이 많다.

> 〈안네〉 그 자체는 1980년에 라이온의 자회사가 되어 현재는 제조만을 담당. 연구 개발도 라이온이 진행하고 안네 브랜드도 '향수를 안고 있는 사람을 위하여'[라이온 광고부] 겨우 1종류만이 있을 뿐.
> '안네라는 이름도 오늘날에는 네이밍이 촌스럽다' [라이온 광고부]
> 확실히 오늘날 '안네가 왔다'라고 말하는 것은 부끄럽다. 생리라고 명확히 말하는 편이 멋있다며. (중략) 요시코 여사는 1980년에는 회장에서도 물러나 현재는 상담 역할로 남아 있을 뿐.
> '신제품이 나오면 문자 그대로 상담이 있을 뿐입니다. 패키지 등에 대하

여 구체적인 의견을 받고 있습니다. 성격이 화려해서 그러한지 빨간색 계통을 좋아하는 것 같습니다' [라이온 광고부]
남편 히데야 씨는 일찍이 안네의 대리점 중 하나에 불과하였던 핍후지모토 부사장이 되었고, 요시코 씨는 전업주부로서 남편의 일을 서포트할 뿐.
55세가 되어 스스로 실험도 마음대로 되지 않고 지금은 해외여행으로 세월이 흐를 뿐이라고.[106]

이것은 흡수합병이 되기 조금 전의 기사이지만 요시코와 안네사의 공적에 대해서는 전혀 다루지 않고 있다. 어떤 전 사원은 이러한 기사에 대해서 "없어져버린 회사다 보니 때리기 쉽겠지요"라며 슬퍼하였다.

'더욱 쾌적한 생리용품을'이라는 일념에서 시작한 일이 쇠퇴하기 시작한 순간 야유와 조소의 표적이 되었다. '젊고 예쁜 여사장'이라고 치켜세우던 세상은 그녀가 궁지에 몰렸을 때는 더 이상 편을 들어주지 않았다. 당시는 아직까지 생리용품에 대한 비웃음이나 여성 사장에 대한 편견이 남아 있었던 것이다.

요시코는 은퇴 후 공적인 장소에 일절 얼굴을 비치지 않았다. 예외는 있을 수 없다는 방침으로 전 안네 사원의 관혼상제에도 출석하지 않았다. 왜 그렇게까지 세상과의 교류를 끊어버린 것일까? 안네사가 사라져가는 과정에서 복잡한 심정이 되었던 것이 원인일까? 아니면 안네사의 일들을 모두 과거의 것이라 생각하고 자신 속에서 오려내버린 것일까? 전 사원의 진술에 의하면 요시코에게는 이익을 올리고 싶다는 욕구나 회사를 계속해서 소유하고 싶다는 집착이 없었다고 한다. 그것이 미련 없는 은

퇴에서도 잘 드러난다.

저자가 생리용품에 대해서 조사를 시작하였을 때 모리베 하지메는 이미 세상을 떠나고 없었지만 생전 은행의 지도로 안네사의 주식을 매각한 것을 계속 후회했었다고 한다. 또한 그에 대해서 요시코는 많은 이야기를 하지 않았지만 모리베가 주식을 매각하리라고는 생각하지 않았던 것 같다.[107] 미츠미 전기는 2017년에 미네베아미츠미 주식회사ミネベアミツミ株式会社의 완전자회사가 되었다.

PR과장이었던 와타리 노리히코는 안네사에서의 활약으로 광고업계에 이름을 알렸고 안네사의 주인이 바뀌기 전에 토큐에이전시東急エージェンシー에 스카웃되어 고문으로서 2년 정도 근무하였다. 그 후 독립하여 경영컨설팅회사 '와타켄ワタケン'을 설립. 마케팅이나 광고에 관심이 있는 사람들을 모아 '리더의 모임'도 주재하였다. 처음부터 마지막까지 '리더의 모임'에 소속되어 있었던 멤버에 의하면 이 모임에서 와타리가 안네사에 대해서 이야기한 적은 없었다고 한다.

'나는 안네에 있을 동안은 독신이다'라고 선언하였던 와타리는 저서 『안네 과장』의 후기에 "나는 지금 점점 더 고독하다", "나는 공적으로도 사적으로도 모두 외롭다"라고 쓰고 있다. 와타리는 안네사가 흡수합병되기 이전에 암으로 타계하였지만 위독하다는 소식을 들은 전 사원들이 찾아왔을 때에 곁에는 부인이 있었다고 한다. 와타리의 고독은 해소되었던 것 같다.

안네 냅킨이 탄생하고 반세기 이상. 일회용 생리대는 당연한 듯이 일본 사회에 뿌리내리고 있다.

제4장
오늘날의 생리용품

냅킨을 둘러싼 '이데올로기'

제4장
오늘날의 생리용품 냅킨을 둘러싼 '이데올로기'

안네사가 없어진 이후에도 일본의 일회용 생리대는 진화를 계속해 왔지만, 일회용이기에 가지는 문제점도 있었다. 자원 문제와 환경 문제가 그것이다. 그것들을 해결할 수 있는 대안으로서 주목받고 있는 것이 천 생리대이다. 천 생리대를 사용하면 월경을 바라보는 태도나 관점은 물론 월경통까지 개선한다는 연구 결과도 있다.

이 장에서는 생산업체들의 새로운 대처를 알아보고 생리용품을 둘러싼 '이데올로기'도 살펴보아 유경 여성과 생리용품이 관계를 맺는 방식에 대해서 생각해 보고자 한다.

일회용 생리대의 부가 가치

오늘날 국내 생리용품 시장은 단카이 세대団塊世代[제2차 세계대전 이후 1947년부터 1949년 사이의 베이비붐 세대-옮긴이]와 단카이 주니어 세대[단카이 세대의 자녀 세대-옮긴이]의 폐경, 그리고 저출산에 의하여 축소 경향에 들어서 있다. 그래서 각 생리용품 생산업체는 부가적인 가치가 있는 일회용 생리대 발매를 통하여 국내 시장에서의 수익 확대를 도모하고 있다.

지금까지 빈번하게 생산업체들은 말할 것도 없고 대학 등 연구기관, 여성 잡지 등 미디어에 의하여 일회용 생리대의 사용감에 대한 조사가 이루어져 왔다. 그러나 생리대 발매 당초에 많이 접수되었던 생리혈이 새어 나온다거나, 생리대의 두께에 대한 불만 따위는 생산업체의 개발 경쟁에 의해서 격감하였고 현재 최대의 불만은 '염증'이나 '가려움'이다.[1]

따라서 생리대의 부가적 가치로서 기대되고 있는 것은 염증이나 가려움이 생기지 않는 표면재와 후술할 '환경에의 배려'일 것이다. 가령 생리혈이 새어 나오는 경우가 있다 하더라도 그런 문제는 가게 진열대에 나열되어 있는 다종다양한 생리대 중에서 개개인에게 맞는 사이즈나 두께의 상품을 찾는 것으로 해결되는 경우가 많다. 하지만 피부가 민감한 여성은 어떤 상품이라도 염증이나 가려움이 발생하기 쉽다.

생산업체가 생리혈이 새어 나오는 것을 막기 위해서 생리대의 사이즈를 크게 하거나 틈이 생기지 않도록 몸에 밀착시키는 등 다양한 방법을 연구한 결과, 또는 박형화 등 다른 기능을 우선시한 신소재를 채택한 결과, 오히려 습기로 뭉크러지기 쉬워져 초기의 생리대보다도 염증이나 가려움이 발생하기 쉬워졌다고 생각된다.

종래 일회용 냅킨의 표면재에는 부직포 또는 플라스틱 필름에 미세한 구멍을 뚫은 소위 '메슈 시트'가 사용되어 왔지만 두 가지 소재에는 각각 결점이 있었다.

> 부직포 타입은 푹신하고 피부에 부드러운 소재였지만 미세한 섬유질이 서로 얽힌 구조였기 때문에 표면에 생리혈이 남거나, 생리혈이 표면에서 역류하는 경우가 있어 짓무름이나 들러붙음의 원인이 되었다. 메슈 타입은 생리혈을 빨아들인 후의 매끈한 감촉으로 알려져 있지만 구조적으로는 플라스틱 필름에 작은 구멍을 뚫은 것으로 구멍이 뚫려 있지 않은 부분은 투과성이 없기 때문에 생리혈이 남아 염증의 원인이 된다. 또

한 피부 감촉도 부직포보다 떨어지는 단점이 있다.[2]

그래서 각 생산업체는 양쪽의 결점을 해소하기 위하여 표면재의 개발에 힘을 쏟아 왔다.

생산업체들의 개발 경쟁

'메슈 시트'라고 하면 남성들도 P&G의 '위스퍼'를 떠올릴 만큼 대대적인 광고전략을 통해 모두에게 각인된 것이 위스퍼의 '드라이 메슈 시트'이다. 표면재라고 하면 부직포 하나뿐이었던 1986년에 등장한 드라이 메슈 시트는 보기에도 참신했지만 실제 흡수력도 우수하였다. 하지만 부직포보다 통기성이 나빠 피부가 민감한 여성에게는 평가가 좋지 못했다.

그래서 P&G는 2003년에 '사라후와 에어리 시트'를 표면재로 채용. 이것은 드라이 메슈 시트와는 완전히 다른 소재로 시트의 울퉁불퉁한 요철 부분 중 튀어나온 부분에 요철을 추가함으로써 피부 접촉 부분을 감소시켰다. 거기에 더하여 염증이나 가려움의 원이 되는 짓무름을 억제할 수 있는 '6배 흡수 젤시스템'을 채택한 것이 2007년부터 전개되기 시작한 '위스퍼 사라후와 시리즈'였다.

발매 당시 업계 소식지에는 "위스퍼는 아직까지도 모든 상품이 드라이 메슈 시트라고 많은 소비자들께서 오해하고 있습니다만 그렇지 않다는 것을 어필하고 싶습니다"[3]라는 업체의 코멘트가 게재되었다. 그러나 위스퍼=드라이 메슈 시트라는 이미지를 불식시키는 것은 어려웠던 듯하다.

2012년에는 액체로 만들어진 신소재 '락트 플렉스'를 사용한 '위스퍼 코스모 흡수'가 발매되어 호평을 받았지만, 2018년 P&G는 일본의 생리용품 시장으로부터 철수. '위스퍼' 브랜드는 점포 진열대에서 모습을 감춰버렸다.

'위스퍼 사라후와 시리즈'가 발매된 2007년 유니참은 '소피 하다오모이はだおもい[피부 생각-옮긴이]'를 발매하였다. '하다오모이'에는 새롭게 개발된 'FCLFluid Control Layer[액체 컨트롤 층] 시트'가 응용되었다. 부직포의 표면에 직선 형태의 홈을 다수 만들고 그 홈을 따라 작은 구멍을 뚫은 'FCL 시트'는 홈의 구멍이 점도가 있는 생리혈을 신속히 흡수하고 가령 생리혈이 역류하여도 홈 부분에서 잡아 둘 수 있다. 또한 홈을 추가함으로써 만들어진 굴곡으로 인하여 부직포가 피부에 닿는 면적은 종래의 절반으로 줄어들었다. 유니참이 실시한 실험에 의하면 종래의 부직포 생리대의 생리혈 역류율은 16.3퍼센트, 이에 반해 FCL 시트의 역류율은 0.2퍼센트였다고 한다.

'하다오모이'의 광고에는 20~30대의 일하는 여성들에게 인기가 많았던 배우 세토 아사카瀬戸朝香가 기용되었다. 광고 발표회에는 1976년에 참냅미니의 광고에 기용되어 "아직도 두꺼운 게 좋아요?"라는 대사로 생리대의 박형화를 어필한 켄 나오코도 출석하였다.

세토가 "그 시절에 켄 씨 정도나 되는 분이 이 CM에 나오다니. 켄 씨 같은 배우분이"라고 말하자 켄은 "켄 씨 같은 배우분이라뇨? 난 배우가 아니라 탤런트라서요. 내[세토 씨 자신-옮긴이]가 더 예뻐서 채용되었다고, 이겼다고 생각하고 있지요?"라고 다그쳐 주위를 웃음바다로 만들었다.[4]

실제로 '그 시절', 생리용품의 광고에 유명 탤런트가 출현한다는 것은 생각하기 어려웠다. 켄 나오코의 소속 사무소도 출연에 난색을 표했었다고 한다. 그것을 유니참이 사정사정하여서 실현시킨 것이었다.[5] 지금은 인기 탤런트나 배우가 남녀 불문하고 속속 기용되고 있는데 거기에서도 월경을 바라보는 관점, 즉 월경관의 변화를 볼 수 있다.

앞서 설명하였듯이 1978년에 누구보다도 빨리 흡수체에 고흡수성 폴리머를 응용한 카오 주식회사의 '로리에'는 당시부터 표면재에 부직포를 사용하고 있었는데 '우수한 흡수성'과 '피부 쾌적성'을 양립시키기 위하여 지금도 개량을 거듭하고 있다.

예를 들어 2004년에 발매된 '로리에F'[2013년에 '로리에F 시아와세 스하다'로 개칭]의 표면재에는 탄력이 있는 미세한 돔 구조를 가진 고통기성 부직포가 채택되었다. 이를 통하여 생리용 반바지[쇼츠] 내의 습도가 경감되어 피부 팽윤皮膚膨潤[수분을 흡수하여 팽창하는 것-옮긴이]이 억제되는 효과가 일본피부과학회 중부지부 학술대회에서 보고되었다.[6]

2010년에는 부직포 섬유 사이에 공간을 유지시키는 구조를 개발, 이를 통하여 생리혈을 종래의 2배의 속도[동사 비교]로 통과시키는 것이 가능하게 된 '풀 스피드 흡수 시트'를 채택. 시트의 두께는 겨우 1밀리미터였다.[7] 이 정도면 두께라기보다는 얇기라고 하는 것이 적절하지도 모르겠다.

예전부터 여자 학생은 블루머를 입어야만 하였던 체육 시간에 생리대의 두께는 언제나 고민일 수밖에 없었다. 생리대의 박형화가 진행되어 착용하고 있는 것을 주위 사람들이 눈치채지 못하게 된 오늘날, 이제 블루머 그 자체도 과거의 것이 되었다.

생리용품의 진화와 여성 운동선수의 활약

그다지 잘 알려지지 않았지만 생리혈의 유출이나 냅킨의 두께에 대해서 딱히 주위 시선을 신경 쓰지 않아도 된다는 점은 여성들 자신의 가능성을 크게 높일 수 있게 만들어 주었다. 1996년에 발표된 카미스키 마사코紙透雅子의 논문「여성 스포츠선수 활약과 생리용품의 개발女性スポーツ選手の活躍と生理用品の開発」[8]에는 다음과 같은 기술이 있다.

> 여성의 경기식 스포츠는 1970년대부터 90년대에 걸쳐 비약적인 진보를 이루었다. 그것을 단적으로 나타내는 것은 여성이 참가하는 경기 종목의 증가이다. 하계 올림픽 대회의 정식 경기 종목 중에 여성이 참가 가능한 종목은 1968년에는 겨우 9종목이었지만 1979년에는 13종목, 1984년 17종목으로 착실히 증가하였고, 1992년에는 212종목에 이르고 있다. 이 동향은 물론 일본 국내에서도 똑같이 나타나는데, 현재 남성만 선수 등록을 할 수 있는 경기 종목은 극히 소수만 남게 되었다. 즉 유도, 축구, 레슬링, 역도 등 지난날까지 여성이 출전하리라곤 생각할 수도 없었던 스포츠 경기에 일본 여성도 진출하게 된 것이다. 일본에 있어서 이러한 여성 스포츠 경기의 발전이 실현된 배경에는 여성이 월경 기간에도 안심하고 경기에 참가 가능한 것을 보증하게 된 것을 들 수 있다. 양질의 생리용품의 개발이 이루어진 것도 중요한 요인 중 하나이지 않을까?

카미스키가 지적한 시기는 일본에서 생리대가 급속히 진화한 시기와 일치한다. 경기에 집중하기 위해서는 생리혈의 유출이나 스타일에 신경 쓰지 않을 수 있는 생리용품이 불가결하였을 터이다. 또한 카미스키는 같은 논문 내에서 탐폰의 이점에 대해서도 강조하고 있지만 오늘날에는 경구피임약으로 인하여 월경 자체를 컨트롤할 수 있는 운동선수도 적지 않다.

2020년 도쿄 올림픽은 출장 선수의 거의 절반이 여성으로 전체 33개 종목에 전부 여성이 출장한다. 오늘날 생리혈 처치에 성가셔하는 운동선수는 거의 없을 것이다.

다양한 상품 라인업

1961년에 발매된 안네 냅킨은 당초 같은 상자 안에 두꺼운 형태와 얇은 형태가 세트로 들어 있었다. 어느 쪽이나 사이즈는 그다지 크지 않았기에 생리혈 양이 많은 여성은 2장을 겹쳐서 사용하였다.

그 후 각 생산업체로부터 다양한 사이즈나 기능을 겸비한 생리대가 발매되었고 오늘날 그 라인업은 눈이 휘둥그레질 정도로 많다.

예를 들어 앞서 설명한 카오의 '로리에'는 '슬림가드' 시리즈가 가벼운 날용, 많은 날~보통용, 특히 많은 밤용, 날개형, 날개 없음, 스위트 로즈향 첨가 등 총 12종류. 'F 시아와세 스하다' 시리즈는 초 슬림과 폭신폭신 타입으로 크게 나뉘고 각각 사이즈와 날개의 유무에 6종류가 있어 총 12종류. '하다키레이 가드' 시리즈가 전부 4종류. 야간용 '아침까지 블록' 시리즈는 총 5종류, 이 이외에 '초 흡수가드'도 있어 모든 시리즈를 합치면 34종류에 달한다.[2019년 2월 기준][9]

여성의 요구에 맞춘 세심한 사이즈 개발 및 날개나 향기의 유무 등도 일회용 생리대의 부가적인 가치라고 부를 수 있을 것이다.

참고로 '아침까지 블록' 시리즈의 '안심 쇼츠 타입'은 그 이름 그대로 쇼츠형[반바지]이다. '팬츠형 기저귀'와 같은 모양이라고 말하는 것이 알기 쉬울지도 모르겠다. 흡수체의 길이는 무려 48센티미터. 이거라면 생리혈이 많은 여성도 여행지의 호텔이나 여관 또는 친척 집이나 친구 집에서 새하얀 시트에 기죽을 필요 없이 안심하고 잠들 수 있을 것 같다.

그런데 보기에는 팬츠형 기저귀인데 생리혈은 점성이 있기에 기저귀와는 표면재가 다르다. 각 생산업체로부터 생리혈 흡수용 냅킨과는 별도로 소변이 새어 나올 때를 위한 냅킨[라이너, 패드 등]이 발매되었는데, 전자에는 점성이 있는 생리혈에 대응 가능한 표면재, 후자에는 수분량에 대응 가능한 흡수재가 사용되었다.

늘어가는 천 생리대 애용자

반세기 전 일본에서 탄생한 일회용 생리대는 지금도 진화를 지속하고 있다. 탐폰의 사용률이 낮은 것도 생리용 반바지를 필요로 하지 않는 여성이 많은 것도 전적으로 생리대의 높은 성능 때문이라 말할 수 있다. 한편으로 일회용 생리대는 일회용이다 보니 문제도 가지고 있다. 자원과 쓰레기 문제이다.

후생노동성 통계에 의하면 최근 수년 생리 처리용품의 생산 수는 2015년이 75억 4천만, 2016년이 76억 4천만, 2017년이 74억 1천만이다.[10] 여성 1인당 생리대의 사용량을 생각하면 초경부터 폐경까지 1만 장 이상을 사용하고 버리고 있다는 계산이 되는 셈이다.[11]

일회용 사용으로 인한 환경에의 부담, 소재로 인한 염증이나 가려움을 해소하는 대안으로서 1990년대부터 주목받기 시작한 것이 '천 생리대'이다. 당초 천 생리대는 '환경과 신체에 다정한 생리대를 사용하자'라는 신념을 가진 여성들의 풀뿌리 활동에 의하여 널리 퍼져 나갔다. 그 후 서적이나 인터넷상에서 입소문 등을 통하여 서서히 알려졌고 지금은 통신판매나 잡화점 등에서 손쉽게 구할 수 있게 되었다. 천으로 만들긴 하였지만 전쟁 이전에 사용되었던 정자대와는 달리 일회용 생리대와 유사한 형태를 하고 있다.

2005년부터 천 생리대를 판매하고 있는 카탈로그 통신판매 업체 '페리시모'는 발매로부터 3년간 50만 장을 팔았고, 히트 상품이 되었다고 한다. 또한 천 생리대가 보급됨에 따라, 세탁을 위하여 생리대를 물에 불려두는 용기, 빨래판, 전용세제 세트를 파는 점포도 늘고 있다.

천 생리대의 '효용'에 대한 연구

천 생리대의 사용으로 인하여 염증이나 가려움뿐만이 아니라 월경 기간이 단축되었다거나 생리혈의 질이 변했다거나 월경통이 개선되었다는 등의 결과가 간호 계열의 연구자나 아로마 테라피스트, 천 생리대 업자들에 의하여 다수 보고되고 있다.

천 생리대 사용과 월경 기간의 단축, 생리혈 변화의 인과관계에 대해서 명확하게 설명하는 자료는 저자의 좁은 견식에서 살펴본 한 존재하지 않았지만, 월경통 개선에 대하여 설명하는 카이무라 미치코 甲斐村美智子, 쿠사가 마리 久佐賀眞理 의 논문「월경용 천 생리대의 사용이 여자학생의 부정 수소 不定愁訴[뚜렷하게 어디가 아프거나 병이 있진 않지만 병적 증상을

호소하는 것. 부정형 신체 증후군이라고도 불린다-옮긴이]에 미치는 영향 月経用布ナプキンの使用が女子学生の不定愁訴に及ぼす影響」[12]을 소개하고자 한다.

> 본 연구에서는 월경 처리 용기를 '오물통汚物入れ[생리용품 수거함의 일본 표기-옮긴이]'이라고 부르는 습관에 착목하여 일회용 생리대를 사용하는 일반적인 월경 처리 방법이 월경은 불결한 것이라는 의식을 젊은 여성에게 스며들게 하여 부정적 월경관 형성으로 연결되고 그것이 부정 수소의 전제가 되는 것이 아닌가 생각하였다. 그래서 월경 처리 방법을 재검토하고 반복 사용 가능한 천 생리대를 이용함으로써 월경관, 성의 수용, 자존감이 개선되어 부정 수소가 경감된다는 가설을 세우고 개입 연구를 진행하였다.

카이무라와 쿠사가가 조사 대상으로 설정한 것은 간호복지 계열 대학에 재적하고 있는 19~23세의 천 생리대 사용 경험이 없는 여학생 32명이다. 그들 "전원이 월경 주변기에 부정 수소를 가지고" 있으며 9할이 일회용 생리대를 사용하고 있었고[나머지 1할이 어떤 생리용품을 사용하고 있었는지 궁금하다], 그중 8할이 짓무름, 염증을 경험하고 있었다.

32명 중 31명[1명은 사용 중단]의 여학생이 약 7개월간 월경 때 천 생리대를 사용한 결과 "2개월 후에 월경관, 4개월 후에 월경통, 6개월 후에 부정 수소, 자존감 및 성을 수용하는 인식이 개선되었다"고 한다.

월경을 바라보는 관점, 즉 월경관은 "월경은 여성성의 확인, 신체에의 깨달음의 기회나 자연을 의미하는 <자연>, 월경에 의한 일상생활에의 영향을 부정하는 <영향의 부정>, 참음과 귀찮음을 의미하는 <성가

심〉, 병, 더러움, 쇠약을 의미하는 〈쇠약〉이라는 4가지 인자"로 이루어져 천 생리대의 사용으로 인하여 〈성가심〉, 〈자연〉, 〈쇠약〉의 항목에서 유의미한 개선이 나타났다고 한다.

이 결과에 대해서 카이무라와 쿠사가는 다음과 같이 고찰하고 있다.

천의 좋은 감촉을 8할의 학생이, 냄새나 피부 트러블의 개선을 일부 학생이 실감하고 있었고, 이것이 '월경에 대한 〈성가심〉'을 경감시켰다. 더하여 천 생리대 세탁 시에 생리혈을 관찰하는 횟수가 증가함에 따라 '월경은 〈자연〉이라는 의식'이 증가하고, '월경통이 경감함에 따라 〈쇠약〉해지지 않는다는 의식'을 낳았다.

월경통의 경감에 대해서는 '월경관의 긍정적 변화가 월경통을 경감시킨다'라는 선행연구[13]를 참고하여 "월경관의 긍정적 변화가 영향을 미쳤다"고 말하면서, "천의 보습성에 의해 온도가 차가워지지 않게 된 것도 일부 영향을 미쳤다"고 설명하고 있다. 더하여 월경통의 개선이 부정 수소의 개선으로 이어졌다고 보고 있다.

학생들의 기록과 발언록을 보면 '생리혈의 색깔이 종이일 때와 다르다', '양이 적어졌다', '핏덩어리가 적어졌다', '불규칙했었는데 때맞춰 오게 되었다', '월경혈을 더럽다고 생각하지 않게 되었다', '[생리는] 부끄럽다고 생각했었는데 그렇지 않다. 생리를 긍정적으로 받아들이게 되었다', '힘들다. 아무것도 하기 싫다고 느껴지던 게 적어졌다. 안된다. 아무것도 할 수 없다고 느끼던 것도 줄어들었다' 등 긍정적이고 적극적인 것들뿐이었다.

세탁의 수고가 월경에 대한 〈성가심〉을 늘렸다든가 천의 두꺼움이 패션을 제한한다는 등 부정적인 발언도 있을 법하였는데 일절 보이지 않았다. 생리혈의 색깔이나 양, 월경의 규칙성의 변화가 왜 일어나는지 그에 대한 특별한 설명은 없다. 이것도 '월경관의 긍정적 변화'에서 비롯된 선물이라고 봐야 할 것인가?

기록 및 발언록의 '여성 의식의 향상' 항목에는 '여자가 아니라면 천 생리대는 사용해 볼 수 없다'라는 의견이 하나. '여자라서 다행이다'라고 느끼는 것이 '여성 의식의 향상'에 해당하는 것이라 할 수 있으려나.

> 천 생리대의 사용으로 인하여 스스로의 신체에 대한 깨달음과 통제감이 생겨나 보다 합리적인 라이프스타일로 변화하고, 지금까지는 그다지 생각한 적 없었던 환경에 대하여 배려하고자 하는 마음이 생긴 것 등이 자존심의 기초인 유능감을 스스로 높였다고 생각된다. (중략) 천 생리대 사용이 가져온 다양한 의식, 인식의 확장은 협력자의 신체적, 심리적, 사회적 요구를 일관되게 채워 주는 것으로 자존감의 향상에 영향을 미쳤다고 생각한다. 성의 수용의 상승은 자존감의 상승과 함께 나타나고 있는 것으로 보건대, 천 생리대를 사용하는 경우에 성의 수용과 자존감은 상호 영향을 미치고 있을 가능성도 생각할 수 있다.

천 생리대는 월경통이나 부정 수소를 개선할 뿐만 아니라 계속하여 사용함으로써 '유능감'을 높여 "자존감이나 성의 수용의 개선에도 역할을 한다는 것이 명확해졌다"는 것이다.

조사 중 천 생리대의 사용을 중단한 학생이 한 명 있는데 이유에 대해서는 다루지 않았다. 조사 후에도 학생들이 천 생리대를 계속하여 사용하고 있는지 어떤지도 궁금하다.

조사에 응한 학생들은 졸업 후 간호나 복지 계열의 격무에 임하게 되더라도 흡수성이 우수한 일회용 생리대가 아닌 세탁을 해야 하는 천 생리대를 선택할 것인가? 오히려 격무이기에 월경통이나 부정 수소를 경감할 수 있는 천 생리대를 틀림없이 선택할 거라고 생각해야 할까?

어쨌든 이러한 천 생리대 사용에 대한 조사 보고는 대부분이 심신에 긍정적 영향을 가져온다는 결론에 이르고 있다.

미야자키공립대학에서는 "월경에 따른 여러 증상을 개선하기 위한 대처 방법의 하나로 천 생리대의 사용을 추천"하고 있는데, 6개월 이상 천 생리대를 사용하고 있는 학생 35명을 대상으로 조사를 해 보니 "80퍼센트 이상의 학생이 6개월 이내에 월경통의 경감, 생리혈 양, 생리 지속 일수의 감소, 규칙적인 생리주기 획득, 피부 트러블이나 냄새가 해소되었다고 회답하였다. 월경관이 긍정적으로 변화하여 부정 수소가 개선되었다는 점도 알았다"라고 한다.[14] 앞서 거론한 카이무라와 쿠사가의 조사 연구와 거의 같은 결과이다.

그렇다 치더라도 단지 생리대를 일회용에서 천으로 바꾸는 것만으로 월경관이 변화하여 그로 인해 월경통도 개선되다니. 게다가 유능감이나 자존감까지 높아진다고 하면 이미 천 생리대는 단순한 일용품의 영역을 넘어선 것이 되어버린다 할 것이다.

실은 저자도 5년에 걸쳐 150명 이상의 여성에게 천 생리대의 모니터를 부탁하여 조사를 실시한 적이 있는데 월경을 보는 관점이 변화하였다거나 월경통이 개선되었다거나 하는 감상은 듣지 못하였고 '움직이기 어렵다', '생리혈이 샌다', '세탁이 귀찮다'와 같은 부정적인 감상뿐이었다. 가려움증이 생긴 여성도 있었고, 이야기를 들어 보니 흡수성이 나빠 짓무름이 발생하기도 하였다.

저자 본인이 천 생리대에 다양한 효용을 기대하고 있지 않다 보니 그것이 그대로 모니터 요원들의 감상으로 나타난 것일까? 모니터 조사를 시작하기 전에 천 생리대를 사용함으로써 얻을 수 있을지도 모르는 효용에 대하여 설명을 좀 했더라면 다른 감상을 얻었을지도 모른다. 물론 그것은 암시에 의한 효용에 지나지 않겠지만. 지인인 산부인과 의사로부터 "천 생리대가 원인으로 질염이 발생하는 경우가 있다"는 말을 듣고 천 생리대의 모니터 조사는 그만두었다[일회용 생리대에서도 질염이 발생하는 경우는 있다].

자궁내막증 증가의 원인

카이무라와 쿠사가는 천 생리대 사용으로 월경통이 경감된 이유로서 '천의 보습성에 의해 온도가 차가워지지 않게 된 것'을 꼽고 있다. 또한 일회용 생리대의 흡수재로 이용되고 있는 고흡수성 폴리머는 발열 시에 이마에 붙이는 냉각 시트에도 사용되고 있기에, 몸을 식히고 월경통의 원인이 된다는 의견도 있다.

이에 대해서 생산업체에 물어보니 냉각 시트도 생리대도 고흡수성 폴리머를 사용하고 있지만 "냉각 시트는 수분이나 멘톨 성분 등을 포함시킨 상태로 그것을 기화시켜서 냉각시키는 구조", "이에 반해 생리용 냅킨은 부직포 시트나 펄프로 감싸 흡수체의 내부에서 생리혈을 흡수하는 구조이기 때문에 열을 식히거나 하는 작용은 없습니다"[15]라는 답이 돌아왔다.

카이무라와 쿠사가의 견해와 생산업체의 회답을 전제하고 보면 일회용 생리대가 몸을 식힌다기보다는 천 생리대에 보습성이 있다 보니[16] 월경통을 경감시킬 가능성이 있다고 해석하는 것이 타당할 듯하다.

이 예가 보여 주듯이 천 생리대의 효용을 설파할 때 그 메리트를 중시하는 입장과 일회용 생리대의 단점을 중시하는 입장이 있다.

예를 들어 「주목받고 있는 오가닉 코튼 생리대에 대해서」[17]라는 잡지 기사는 일회용 생리대의 유해성을 주장하고 있는데, 오가닉 코튼을 사용한 천 생리대[이하 OC생리대]로 바꿈으로 인하여 자궁계 질환이 발생하기 어렵게 되고 월경통도 경감된다고 설명하고 있다.

> 현재 일본에서 우리들이 구입할 수 있는 생리대의 대부분은 석유로부터 만들어진 화학 합성 폴리머로 만들어져 있습니다.
> 이 석유 계열 폴리머가 들어간 생리대가 세상에 나돌게 되면서 자궁내막증 등의 자궁 계열 질환이 그에 비례하듯이 많아졌다고 합니다. (중략) 이렇듯 점막은 체내와 체외의 경계를 지켜 주고 있습니다만 생식기도 똑같이 바이러스나 휘발성 성분이 간단하게 들어오기 쉬운 구조로 되어 있습니다. 생리대를 착용하면 그만큼 습기가 차기도 쉬워집니다. 피를 굳게 하기 위한 폴리머 성분이 휘발하여 땀과 함께 질 내에 들어올 가능성이 높고, 그로 인해 피가 굳어 끈적한 덩어리 상태의 출혈이나 경우에 따라서는 자궁근종의 원인이 될 수 있다고도 생각됩니다.

'~라고 합니다', '~라고도 생각됩니다'라며 단정하고 있지는 않지만, 실제로 고흡수성 폴리머를 사용한 일회용 생리대의 보급과 자궁내막증 등 자궁계 질환의 증가 사이에 과연 인과관계가 있을까?

또한 이 기사에서는 월경통 경감의 이유에 대해서 특별히 다루고 있지는 않지만 후생노동성의 연구팀이 여성 1만 명을 대상으로 시행한 앙케이트[18]에 의하면 월경통으로 진단을 받고 어떠한 형태로든 진단명이 나온 여성들 중 자궁내막증이 약 27퍼센트, 자궁근종이 약 17퍼센트, 난소낭종이 약 11퍼센트로 나타났다.

즉 월경통을 호소하는 여성의 4분의 1 이상이 자궁내막증이기 때문에 가령 OC생리대를 사용함으로써 자궁내막증이 발생하지 않게 된다면 'OC생리대를 사용하면 월경통이 가벼워진다'라고 말해도 지장이 없을 터이다.

확실히 자궁내막증인 여성은 증가하고 있다.

2012년 4월에 설립된 '일본 자궁내막증 계발회의'의 설립 기념 세미나에서 강연을 한 코가 카오리甲賀かをり 의사[도쿄대학 의학부 부속병원 준교수]에 의하면 "도쿄대학분원에서 산부인과 수술을 받은 환자 중 자궁내막증이 확인된 비율은 과거 40년간 약 30배로 증가"하였다고 한다. 그러나 코가가 자궁내막증의 환자가 증가한 이유로 거론한 것은 "여성의 라이프스타일의 변화에 따른 월경 횟수의 증가"뿐이었다.[19]

이 책의 제1장 '월경 횟수와 월경용품의 진화'의 절에서도 다루었듯이 아이를 많이 낳았고 모유만으로 키웠던 시대의 여성에 비하면 현대 여성의 월경 횟수는 크게 증가하였다. "자궁내막증은 월경을 반복하는 것이 원인이 되어 발생하기 때문에 현대 여성은 자궁내막증의 위험이 높아"지고 있는 것이다.[20] 즉 의학적으로는 일회용 생리대의 고흡수성 폴리머를 자궁내막증의 원인으로 보지 않고 있는 것이다.

그렇다고 하더라도 OC생리대의 기사에는 "생리대가 직접 자궁 계열 질환의 원인이 되고 있다는 데이터는 아직 확인된 것이 없습니다만 OC생리대로 바꾼 많은 여성이 월경에 관한 불쾌감이 경감되고 월경이 번거로운 것이라고 생각하지 않게 되었다는 사실은 놓칠 수 없습니다"라고 나온다. 의학적 근거가 없더라도, 가령 그것이 플라시보[위약] 효과와 같은 암시에 의한 것이라 하더라도, 사용하고 있는 여성 자신에게 증상 경감의 실감이 있다고 한다면 그것은 장점이라고 말할 수 있을 것이다.

그러나 천 생리대의 판매업자가 '월경통이 가벼워지고 자궁계 질환을 예방합니다'라고 선전하면 의약품의료기구등법 제66조의 '효능, 효과 또는 성능에 관하여 명시적인가 암시적인가를 불문하고 허위 또는 과대한 기사를 광고, 기술, 또는 유효하여서는 안 된다'라는 규정에 위반될 우려가 있다.

일회용 생리대 '유해설'

OC생리대에 대한 기사 속에서 "휘발하여 땀과 함께 질 내에 들어올 가능성이 높고, 그로 인해 피가 굳어 끈적한 덩어리 상태의 출혈이나 경우에 따라서는 자궁근종의 원인이 될 수 있다고도 생각됩니다"고 설명되는 고흡수성 폴리머. 일회용 생리대뿐만 아니라 기저귀에도 사용되고 있는 고흡수성 폴리머는 과연 인체에 유해한 것일까?

사단법인 일본위생재료공업연합회[이하 일위연]의 웹사이트에 의하면 '고분자흡수재[고흡수성 폴리머]'는 흡수성수지공업회를 통해 다음 4개 항목의 시험에 있어서 안전성이 확인되었다.

급성독성시험[고분자 흡수재를 잘못하여 삼켰을 경우 급성독성에 대한 안전성 평가법]

피부자극성시험[직접 피부에 부착한 경우 자극성에 대한 안전성 평가법]

접촉감작성시험[직접 피부에 부착한 경우 알레르기에 대한 안전성 평가법]

질점막자극성시험[직접 국부 점막에 접촉한 경우 질점막자극성에 대한 안전성 평가법]

따라서 가령 실수로 먹었다 하더라도 독성은 없다. 단 대량으로 입에 넣는다면 수분을 빨아들이며 팽창하여 인후를 막을 가능성이 있기 때문에 그 점에 대해서는 주의가 필요하다고 쓰여 있다.

혹시나 하는 마음에 '폴리머 휘발설'에 대해서 생산업체에 문의해 보니 "고흡수성 폴리머는 액체가 아니기 때문에 끓는 점이 없고 휘발하지 않습니다. 고열로 가열하면 분해되어 재가 됩니다. 체내로 들어와 생리혈을 굳게 하거나 하는 경우는 없습니다. 더하여 생리대는 약사법의 의학부외품의 규제를 받고 있고, 동법에 기반하여 사용 재료나 제품의 규격이 규정되어 있기 때문에 안심하셔도 좋습니다"[21]라는 회답을 받았다.

일회용 생리대의 유해성을 설파할 때 고흡수성 폴리머와 함께 자주 문제시되는 것이 바로 다이옥신이다. OC생리대의 기사도 '석유 폴리머[고흡수성 폴리머]'의 유해성에 이어서 다이옥신 문제를 다루고 있다.

> 생리대나 탐폰 등 생리용품의 주요 소재인 면이나 레이온의 염소 표백이 원인이 되어 다이옥신이 검출되는 등 파문이 일어났고 생산업체에서는 산소계 표백으로 바꾸는 등 대응하고 있습니다.

파문을 일으켰다고 하니 번득 떠오른 것은 과거『주간금요일』기사이다. 보관하고 있었던 해당 잡지를 펼쳐 보니 '생리용품-생리대&탐폰-과 여성의 몸'이라는 특집이 편성되어 있었고, 「일본의 생리용품은 괜찮은가?」라는 기사 안에 '미량의 다이옥신 생리대로부터 검출!'이라는 표제가 있었다.[22]

거기에는 당시 발매되었던 두 가지 일회용 생리대에 대해서 편집부가 대학약학부 연구실에 조사를 의뢰한 결과가 실렸는데 각각 총 다이옥신류 농도 0.33피코그램, 0.62피코그램이 검출되었다고 되어 있고, 연구실의 담당 교수의 "1피코그램 이하인 비교적 낮은 농도이기에 걱정할 필요는 없을 것이다"라는 코멘트가 게재되었다[1피코그램은 1조분의 1그램].

또한 생리대나 종이 기저귀의 원료가 되는 펄프의 표백 방법은 1998년까지 염소가스를 사용하는 방법에서 이산화염소를 사용하는 방법으로 바뀌었다. 게다가 이미 사용한 생리대를 소각할 때 발생하는 다이옥신에 대해서는 일위연의 웹사이트에 다음과 같이 기재되어 있다.

> 생리대는 피부에 닿는 표면재, 생리혈을 흡수하는 면상펄프와 고분자 흡수재 등으로 구성되는 흡수체, 방루재, 고정재 등으로 되어 있습니다. 이들의 재료에는 다이옥신을 발생시킬 우려가 있는 성분은 기본적으로 포함되어 있지 않습니다. 이미 사용한 생리대에는 생리혈이 부착되어 있기 때문에 사용 후에는 위생상으로도 소각 처리가 적절한 방법이라고 생각됩니다.
>
> 생리대는 종이 기저귀와 똑같은 구성 재료를 사용하고 있기 때문에 일위연이 위생용품의 소각에 의한 다이옥신의 발생량을 확인하기 위하여 1998년 4월, 독자적으로 이미 사용한 성인용 기저귀를 사용하여 소각 실

험을 실행하였습니다. 사용한 종이 기저귀 소각에 의한 배기 중, 또는 소각 잔재의 다이옥신량은 후생노동성의 폐기물 소각로의 가장 엄격한 다이옥신 규제기준치 0.1ngTEQ/m3N보다도 크게 낮다는 결과를 얻었습니다. 따라서 사용한 생리대를 소각 처리하더라도 환경에의 영향은 없다고 생각하고 있습니다.

고흡수성 폴리머에 대해서도 다이옥신에 대해서도 걱정할 것은 없을 듯하다.

생산업체에 의한 환경 대책

다이옥신이 발생하지 않더라도 일회용 생리대를 소각 처분하는 것은 펄프의 원료가 되는 삼림자원을 지속적으로 사용한다는 이야기가 된다. 일위연의 웹사이트에는 원료가 되는 펄프와 재활용에 대해서 다음과 같이 설명하고 있다.

종이 기저귀에 사용되고 있는 펄프는 계획적인 식수에 의해 관리되고 있는 침엽수가 원료입니다. 게다가 침엽수의 간벌재나 가지치기를 한 것 등도 유효하게 활용하고 있습니다. 일부 보고되고 있는 열대우림의 남벌된 재목과는 관계가 없습니다. (중략) 소각 처리되는 종이 기저귀가 소각에 의해 발생하는 열이나 전기로 바뀌어 에너지로서 유효하게 재이용되고 있는 것도 훌륭한 재활용이라고 생각됩니다.

생산업체에 의한 식림의 일례를 살펴보면 생리대 '앨리스' 시리즈를 발매하는 다이오제지 주식회사大王製紙株式会社는 칠레에 도쿄 23구에 상당하는 5만 9천 헥타르의 토지를 확보하여 그 절반을 식림, 남은 반은 생물 다양성을 배려하기 위한 천연림으로 사람 손을 타지 않은 자연 상태 그대로 남겨 두고 있다. 호주에도 광대한 토지를 확보하여 매년 계획적으로 식재, 보육, 벌채의 사이클을 순환시키는 식림사업을 전개하고 있다. 천연림나 멸종위기종이 생식할 가능성이 있는 지역에서는 정기적인 모니터링도 시행하고 있다고 한다.[23]

또한 유니참은 2015년부터 이미 사용한 기저귀에서 '프라펄프[플라스틱]'라는 저품질의 펄프를 추출하고 있는데, 프라펄프는 고형연료 등으로 재활용하고 있다. 또한 새롭게 개발된 재활용 시스템에서는 사용한 기저귀를 회수하여 세정, 분리한 후 거기에서 추출한 펄프에 독자적인 오존 처리를 함으로써 배설물에 포함된 균을 사멸시켜 원목펄프와 동등한 고품질의 펄프로 재자원화가 가능하다고 한다.

월경에 대한 과도한 의미 부여

이러한 생산업체의 견해나 대처에 대한 비판도 있다. 예를 들어 논문 「생리용품의 수용과 그 의의生理用品の受容とその意義」[24]를 쓴 요코세 리에코横瀬利枝子는 펄프의 원료가 되는 침엽수에 대해서 "남벌에 의한 원생림의 회복에는 백 년 단위의 세월이 필요하고, 천연림에서 식림으로의 전환은 생태계의 완전한 소멸로 이어진다"고 설명하며 자원 문제, 쓰레기 문제, 그 외 다양한 시점에서 천 생리대를 추천하고 있다.

> '오물'로서 취급되었던 사용한 생리대가 '세탁물'로 바뀜으로 인하여 여성은 생리 자체를 보다 긍정적으로 포착할 수 있게 되고, 생리에 내생하는 신체관, 자연관, 생명관을 되찾고 더하여 자기 자신을 해방해간다고 생각된다.

'세탁물로 바뀌는' 것에서 생기는 수질오염을 고려하면 천 생리대와 일회용 생리대의 환경에의 부담은 거의 같다는 보고도 있기 때문에[25] 환경에 대한 배려를 중시해서 천 생리대를 사용하는 것이라면 세탁 방법에 대해서도 주의 환기가 필요할 것이다. 그건 그렇다 치고 요코세는 천 생리대를 사용함으로써 월경을 '보다 긍정적으로 포착할 수 있게' 된다고 설명하고 있다.

OC생리대의 기사에도 "월경은 통상적이라면 매월 찾아오는 여성만의 이벤트이기에 보다 긍정적으로 쾌적하게 살고 싶습니다"라고 나와 있는 것을 보건대, OC생리대의 사용을 통하여 월경에 대한 생각이 긍정적으로 바뀐다는 것일까?

앞서 다루었던 카이무라와 쿠사가의 연구에 의하면 월경을 바라보는 관점이 긍정적으로 변화하면 월경통이나 부정 수소에 개선이 나타나기 때문에 그것이 사실이라면 월경 기간을 긍정적으로 지내는 것은 중요하다고 말할 수 있다.

그러나 이 책에서 밝혀 왔듯이 여성이 월경 기간을 긍정적으로 쾌적하게 지낼 수 있게 된 것은 일회용 생리대의 등장에 빚진 바가 크다. 유사시에는 흡수성이나 방루성에 우수한 일회용 생리대를 사용하고 그렇지 않을 때에는 천 생리대를 사용하는 여성도 적지 않다. 일회용 생리대가 있었기 때문에 천 생리대를 사용하고자 하는 여유가 생겨난 측면도 부정할 수 없다.

요코세 자신도 같은 논문 안에서 일회용 생리대의 등장이 "음울하고 불쾌하며, 불안하고 긴장감으로 가득 찬 생리 때의 여성의 신체 감각을 일상과 그다지 다르지 않은 생활이 가능한 신체 감각으로 변화시키는데 영향을 끼치고" 그 보급으로 인하여 "여성은 생리에 대한 적극적인 의식을 가지기 시작하고 부정적인 관점을 약화시키며 스스로를 해방시켜 나가고 있고", "생리용품의 변화가 여성의 의식을 바꾸는 하나의 요인이 되었다고 추찰된다"고 설명하고 있다.

이와 같이 요코세는 일회용 생리대가 끼친 영향을 평가하면서도 "그런 고로 생산업체 간의 치열한 경쟁을 낳았고, 그 한편으로 피부장애 등[26] 여성 신체에의 영향과 원료를 위한 자원 확보, 쓰레기 처리 등으로 인한 환경에의 영향 등 새로운 많은 문제가 나타나고 있다"며 현재의 일회용 생리대의 존재 방식을 문제시하고 있다. 더하여 "생리용품으로 인한 피부병 증상 발현 등 현황에 대하여, 사회는 제품을 개량하고자 하는 태도보다도, 여성 전용 가려움 약을 판매하는 등 증상을 치료하고자 하는 식의 방향에 치우쳐 있다"고 지적하고 있다.

확실히 일회용 생리대가 염증이나 가려움을 발생시키는 경우는 있지만 앞서 설명하였듯이 생산업체는 이러한 증상을 막는 것이 생리대의 부가적 가치라고 인식하고 개량에 힘을 쏟고 있다. 즉 생산자 간의 치열한 경쟁이 피부장애가 발생하기 어려운 생리대를 탄생시켰다고 말할 수 있다.

더 나아가 요코세는 일회용 생리대를 피부장애를 일으킨다는 한 가지 부분을 들어 '안전성'이 결여된 것이라고 파악하여 다음과 같이 정리하고 있다.

> 생산자의 광고 리듬에 따라 여성 자신마저 생리용품이 신체에 미치는 영향보다도 편리성을 요구하고 안전성을 추구하지 않게 된다면, 여성의 인식에 있어서 자신의 생리를 통하여 얻을 수 있는 신체, 자연, 더 나아가서는 생명과 교류하고 있다고 하는 무엇과도 바꿀 수 없는 감각도 옅어져 생리혈이 본래 가지는 의의도 잊혀 사라져가리라 생각된다. 여성은 자신의 생리를 통하여 감득感得하고 있었던 생리에 내생하는 신체관, 자연관, 생명관을 재인식하는 것을 통하여 진정한 사회 진출, 자기실현을 이룰 수 있을 것이다.

천 생리대라는 선택지도 존재하는 현재, 그런데도 일회용 생리대를 선택한다는 것은 거기에 '편리성'을 우선하는 의지가 작용하고 있기 때문이지 광고 리듬[상업주의]의 탓은 아닐 테다.

또한 '생리에 내생하는 신체관, 자연관, 생명관'에 대해서 설명이 없기 때문에 무엇을 지향하고자 하는 것인지는 불분명하지만 그것을 '여성은 자기의 생리를 통하여 감득하고' 있었을까? 어떤 시대에 있어서도 여성의 경험을 일괄적으로 표현하는 것은 불가능하고, 월경에 대해서도 '일찍이 여성은 이러하였다'라고 가정하는 것은 환상의 단계를 벗어나지 못하는 것이다.

'생리혈이 본래 가지는 의의'도 무엇을 가리키는 것인지 불분명하지만 어쨌든 요코세는 '생리에 내생하는 신체관, 자연관, 생명관'이나 '생리혈이 본래 가지는 의의'를 소홀히 하면 "도구적 신체관을 낳아 사랑, 성, 생식의 분단이라고 하는 새로운 문제에도 적잖이 영향을 미친다"고 생각하고 있다.

애당초 '사랑, 성, 생식'은 하나의 연결고리로 이어져 있는 것인가? 그 '분단'은 과연 '새로운 문제'인가라는 의문은 차치하더라도, 사용하는 생리대와 신체관, 자연관, 생명관 사이의 관련성을 찾으려는 관점은 비단 요코세의 논문뿐만이 아니다.

'플라스틱 생리대' 비판

앞서 다루었던 미야자키공립대학에 의한 천 생리대 사용에 대한 조사연구에서는 일회용 생리대를 '케미컬 냅킨[화학 생리대-옮긴이]'이라고 부르고 있다. 또한 논문 「천 생리대를 통한 월경관의 변용에 관한 연구-'존재하는 월경'에의 선택지를 요구하며布ナプキンを通じた月経観の変容に関する研究 -「存在する月経」への選択肢を求めて」[27]를 저술한 오노 치사코小野千佐子는 일회용 생리대를 '플라스틱 생리대'라고 부르고 있다. 어느 쪽이든 아무리 봐도 그다지 몸에 좋지 않을 것 같은 호칭이다.

오노는 플라스틱 생리대라는 호칭에 대해서 "고분자 흡수체, 부직포, 방루재로 되어 있는 일회용 기저귀를 영어로는 plastic pants 또는 plastic diapers라고 부르며 천 기저귀와 구별하고 있다. 일본에서는 종이 기저귀라고 불리고 있지만 엄밀하게 원재료라는 점에서부터 검토해 보면 적절하지 않다. 그래서 같은 형태의 일회용 생리대를 플라스틱 생리대라고 명명하고 천 생리대와 구별해 두기로 한다"라고 쓰고 있다.

영어에서도 일회용 기저귀는 그대로 disposable diaper, disposa-ble nappy이고 plastic pants는 기저귀 커버나 또는 전혀 다른 것을 가리키는 말이라고 생각하는데[참고로 일회용 생리대는 sanitary napkin 또는 sanitary pad], 그건 일단 차치하자.

오노는 "플라스틱 생리대에 부속하는 용어인 처리와 오물에 대해서도 설명하겠다"라며 다음과 같이 논문을 전개하고 있다.

> 약사법에서 사용하고 있는 월경 처치에 관한 용어가 '월경 처리'이다. (중략) 처리라는 용어는 사후 처리를 하다는 의미가 있고, 불필요한 것의 사후 정리를 한다는 것이다. 이미 앞장에서 월경의 메커니즘에 대하여 확인하였듯이 월경은 주기성이 있는 여성의 뇌에 의하여 발생하는 신체적 생리 기능이며, 필요불가결한 것이라는 점에 입각하면 처리는 부적절한 용어라고 말할 수 있다.

약사법[2013년에 '의약품의료기구등법'으로 개정]에서 사용되고 있는 용어는 '생리처리용품'이고 '생리혈을 처리 흡수하는 것을 목적으로 하는 것'이라고 설명하고 있다. 따라서 처리의 대상은 월경이 아니라 배출된 생리혈이다.

생리혈은 '오물'인가 아닌가

오노는 사용한 생리대를 오물로서 처리하는 것은 "월경을 생리라고 불러 여성의 건강한 신체적 특성을 부정하는 것과 똑같은 것이며, 월경의 수용을 여성 자신이 방해하는 것과 같다"고 비판한다.

> 사용한 플라스틱 생리대는 오물로서 처리된다. 더하여 생리혈도 플라스틱 생리대와 함께 오물이 되어 많은 여성이 생리혈과 플라스틱 생리대를 눈앞에서 빨리 소거하기를 원한다. 이것은 앞 절에서 설명한 '안네 냅킨'의 7개의 개발 목표[28] 중 하나로 수세식 화장실에 흘려보낼 수 있다는 것이 거론되고 있는 것으로 상징된다. 또한 높은 흡수성을 가진 플라스틱 생리대로 인하여 여성은 생리혈이 새어 나오는 것을 신경 쓰지 않고 월경이 없는 날과 똑같이 행동할 수 있게 되었다. 그러나 신체적 생리적 기능에 의한 출혈은 여전히 존재하고, 그 출혈을 성가신 것으로 간주하여 오물이라고 부르고 있다. 월경을 생리라고 불러 여성의 건강한 신체적 특성을 부정하는 것과 똑같은 것이며, 월경의 수용을 여성 자신이 방해하는 것과 같다고 말할 수 있다.

앞서 인용한 요코세 리에코의 논문에서도 천 생리대를 사용함으로써 "오물로서 취급된 사용한 생리대가 세탁물로 변한다"는 말이 있었다. 이러한 견해는 천 생리대의 장점과 일회용 생리대의 단점을 다루는 여러 문헌들에서 공통적으로 나타나고 있는 것들이다.

그러나 천 생리대 사용자 중에도 생리혈을 오물로서 인식하고 있는 여성은 존재한다. 생리혈을 '더러움', '오물'로 간주하는가 어떤가는 천 생리대를 사용하는가 일회용 생리대를 사용하는가와는 관계가 없다.

또한 일회용 생리대가 등장하기 이전부터 생리혈 처리에 사용된 탈지면이나 종이는 오물통이나 재래식 변소에 버려졌는데 이것은 소거하는 것이 아니란 말인가? 안네 냅킨은 생리혈 처치에 사용된 탈지면이 수세식 화장실을 막히게 한다는 문제의식에서 착상한 상품이다.

게다가 높은 흡수력을 가진 일회용 생리대로 인하여 생리혈이 성가신 것이라고 간주하게 되었다는 부분인데, 오히려 성가신 것으로 생각하지 않게 된 여성들이 더 많지 않을까?

'생리혈을 불결하게 보는 것'과 '월경을 부정하게 보는 것' 사이의 혼동

사용한 생리대를 오물이라고 부를지 어떨지에 대해서 조금 더 생각해 보고자 한다.

천 생리대의 사용이 월경관을 긍정적으로 변화시켜 월경통이나 부정 수소를 경감시키고 유능감도 높인다고 결론지은 카이무라 미치코, 쿠사가 마리에 의한 논문은 "본 연구에서는 월경 처리 용기를 '오물통'이라고 부르는 습관에 착목하여 일회용 생리대를 사용하는 일반적인 월경 처리 방법이 월경은 불결한 것이라는 의식을 젊은 여성에게 스며들게 하여 부정적 월경관 형성으로 연결되고 그것이 부정 수소의 전제가 되는 것이 아닌가"라는 가설을 세우고 있었다.

요코세 리에코의 논문은 "새니터리 박스의 명칭도 용기도 변화하지 않고 있고 여전히 사용한 생리용 처치 용기를 오물통이라고 하는 현실"을 문제시하였으며, 오노 치사코의 논문은 생리혈을 오물이라고 부르는 것이 "월경의 수용을 여성 자신이 방해하는 것과 같다"고 설명하고 있다.

사용한 생리대를 버리는 용기를 오물통이라고 부르는 것에 대한 비판은 『여성들의 리듬-월경, 몸으로부터의 메시지』 이래 누차 눈에 띄고 있다. 그 책이 집필된 80년대는 아직 일상 속에서 월경을 천시하는 풍조가 존재하고 있었기 때문에 나도 그다지 위화감이 들지는 않았다. 그러나 그 후에는 생리혈이 HIV나 B형간염 바이러스 등을 매개할 우려가 있기 때문에 오물로서 취급하는 편이 안전하지 않을까 생각하게 되었다.

오늘날 '새니터리 박스'나 '토일렛 코너'라는 상품명으로 시중에 돌고 있는 것들은 어른들 사이에서는 '사용한 생리용품을 넣는 통'이라는 암묵의 이해가 있지만 어린아이에게 있어서는 수수께끼의 용기이다. 공원이나 상업시설 등의 화장실에서 호기심을 이기지 못하여 내용물을 만지지 않으리라는 법도 없다. 아이들에게는 오물통이라고 말하더라도 이해가 되지 않을 수 있으니 만지지 않도록 대비를 할 필요가 있다. 최근에는 사용자와 청소하는 이의 쌍방의 위생을 배려한 제품도 늘어나고 있다.

자신의 생리혈은 그렇다 하더라도 타인의 생리혈을 불결한 것으로 간주하는 것은 당연한 것이다. 병원에서는 혈액이 묻은 거즈나 붕대, 탈지면 등을 감염성 폐기물로 취급한다.

생리혈을 불결하다고 간주하는 것과 월경이라는 생리 현상을 불결, 부정하다고 간주하는 것은 전혀 다른 것인데 혼동하여 논하는 경우가 종종 있다.

이 책의 제2장의 '월경은 왜 부정한 것으로 인식되게 되었는가?' 절에서 소개한 바 있는 쿠누기 유키코의 설명에서도 확인할 수 있었듯이, 생리혈로 인한 감염증 매개가 월경을 부정하게 생각하는 인식을 발생시킨 요인이라고 한다면 그 위험성을 불식시키고자 하는 노력이야말로 월경을 부정하게 바라보는 인식을 근절할 수 있는 길이 아닐까? 생리혈에 대한 적절한 취급을 부정한 것으로 취급하는 것과 혼동하여 비판하는 것은 오히려 월경에 대한 기피를 그대로 방치하는 것이라 할 것이다.

요코세는 오물통의 호칭뿐만이 아니라 생리용품 구입시에 불투명한 포장이 이용되는 것[일본에서는 생리용품을 구매하면 검은 봉투 또는 불투명한 종이 봉투에 별도 포장하여 건네준다-옮긴이]도 더럽게 보는 관점, 즉 부정하다고 바라보는 인식의 한 징후로서 포착하고 있다. 하지만 그렇다면 똑같이 불투명 포장으로 건네지는 콘돔이나 발모제도 부정하다는 인식의 대상이 되고 있는 것인가? 생리용품이 지금까지 숨겨야만 하는 것으로 취급되어 온 것은 인정한다. 하지만 그것이 월경을 부정한 것으로 취급하는 인식에서 비롯된 것이라고 할 수는 없다.

종교 세계 등 극히 한정된 범위에서 뿌리 깊게 남아 있는 '월경을 부정하다고 보는 인식'과 이를 혼동하는 것은 해당 문제를 생각할 때 혼란을 불러온다.

생리혈이나 사용한 생리대를 오물로 간주하는 것은 적절치 않다며 비판하는 배경에는, 예전부터 이어져온 '월경[생리혈]을 부정한 현상이라 생각하는 것'에 대한 반동이 있다고 생각된다. 그러나 너무 반대에 집중한 나머지 생리혈로부터 의의를 찾아내고자 하거나, 신비화하거나 하는 것은 결국은 부정한 것이라 인식하는 것과 종이 한 장 차이이지 않을까? 월경이나 생리용품에 이데올로기를 가져오는 것은 여성성에 대하여 과잉 의미 부여를 시도하는 것이 되고 결국은 여성들 자신을 옥죄게 된다.

생리는 월경의 '대용어'인가?

오노 치사코는 월경을 '생리'라고 부르는 것이 '여성의 건강한 신체적 특성을 부정하는' 것이라고 설명하고 있었는데 이 용어의 문제에 대해서도 생각해 보고 싶다.

월경이라는 '정식 용어'가 아닌 생리라는 '대용어'를 사용하는 것에 대한 비판도 『여성들의 리듬-월경, 몸으로부터의 메시지』(1982년)에서 볼 수 있다. 그러나 오물통이라는 호칭에 대한 비판과 똑같이 해당 책이 집필된 당시를 고려하면 그다지 위화감이 들지는 않았다.

그 후 오노 키요미小野清美가 『안네 냅킨의 사회사アンネナプキンの社会史』(1992년)에서 월경은 예전부터 "여러 가지 이름으로 불리어 왔지만 본래 가장 익숙한 <월경>이라는 말은 정확하게는 의학용어이다. 이 말은 메이지 시대부터 정착되었다. 그런데 1947년쇼와 22년 4월 7일에 공포된 노동기준법 제67조에 처음으로 <생리일>, <생리 휴가>라는 용어가 사용되었고 월경은 생리라는 용어로 바뀌게 되었다"고 설명하고 있다. 그리고 그 이후에 해당 설명에 의거하여 노동기준법 제정 이래 생리라고 하는 대용어가 사용되게 되었다고 쓰고 있는 문헌이 끊임없이 생산되고 있다. 오노 치사코의 논문도, 요코세 리에코의 논문도 예외가 아니다.

그러나 생리라는 용어는 이미 1920년대에 생리 휴가 획득 운동에 있어서 사용되고 있었고 활자로도 남아 있다. 노동기준법에서 '처음으로' 사용된 것이 아니다.

동법에 있어서 월경이 아닌 생리라고 하는 용어가 채택된 이유에 대해서는 생리 휴가를 신청할 때 여성의 수치심을 배려한 측면이 컸었던 듯하다.[29]

또한 동법 제정의 책임자였던 후생성 노동보호과장 테라모토 코우사쿠 寺本廣作 가 초안 작업 중 "그런 지저분한 것까지 써야 합니까?"라며 생리 휴가 규정을 넣는 것에 반대하였다는 기록이 남아 있는 것을 보면[30] 당시는 생리라고 하는 용어에 월경에 대한 부정적 인식, 부정적 가치관이 나타나고 있다고 말할 수 있다. 그러나 오늘날에는 해당되지 않을 것이다.

부정하다는 인식이나 수치심에 때문에 '월경'이라고 입에 담는 것을 꺼렸던 시대가 있었다. 1960년대 '안네'라고 하는 대용어를 거쳐 망설임 없이 '생리'라고 말할 수 있는 시대가 되었다. 오늘날 생리야말로 여성의 출혈 현상을 가리키는 가장 일반적인 용어가 되어 있다.

생리에는 다른 의미도 있기 때문에 정확하게 말하고 싶다면 월경이라는 말을 사용하면 된다. 그러나 생리라는 말을 쓴다고 하여서 '여성의 건강한 신체적 특성을 부정하는' 것이라 할 수는 없다.

광고는 생리혈을 리얼하게 표현해야만 하는가?

오노 치사코는 또한 "매스미디어와 플라스틱 생리대 생산업체에는 월경을 노골적으로 표현하는 것을 꺼리는 풍조가 있다"고 말하며 일본민간방송연맹의 방송 기준['비밀리에 사용하는 것이나 가정 내의 화제로서 부적절한 것은 취급에 주의한다'라는 조문]이나 일위연이 만든 생리용품에 대한 광고자숙요강[31]을 인용하며 "이러한 것은 월경을 여성의 신체적 생리 기능으로서 자연스러운 것이라고 인정하지 않고 (중략) 숨겨야만 하는 개인적 문제로서의 월경관"을 계속되게 만든다고 비판하고 있다.

그러나 TV 광고라는 것은 방송의 사이사이에 일방적으로 보이는 것이기에 시청자에게는 선택의 여지가 없다. 개인적으로 민간방송연맹의 방송 기준은 광고의 취급에 관한 부분뿐만이 아니라 전체적으로 보수적 경향이 강하다고 느끼지만 규제는 있어야 마땅하다고 생각한다. 그리고 생산업체 측은 오히려 이 기준 때문에 고민을 거듭하여 왔다.[32] 방송국이나 생산업체가 다양한 가치관을 배려하여 최대공약수적 대응을 하는 것은 기업으로서는 어쩔 수 없는 일이다.

2017년에 유럽의 생리용품 브랜드가[33] '월경의 터부를 없앤다', '있는 그대로를 전한다'라는 콘셉트하에 샤워 중에 생리혈이 흘러내리는 모습 등 월경 중인 여성을 있는 그대로 인식시키고자 하는 캠페인 동영상을 공개하여 일본에서도 화제가 되었다. 가장 주목받은 것은 생리혈을 표현하는 액체의 색을 파란색이 아닌 본래의 색깔이기도 한 빨간색으로 표현한 것이었다.

확실히 월경이 터부시되어온 역사를 되돌아보면 있는 그대로 전달한다는 것은 중요하며 이 동영상은 그 전달이라는 측면에 있어서 마땅히 평가받아야 한다. 그러나 모든 것을 속속들이 드러내지 않더라도 터부는 불식시킬 수 있다는 점을 짚어 두고 싶다.

애당초 일본의 월경 터부시를 단기간에 크게 감소시킨 안네사의 콘셉트는 광고에 "혈액이라든가 생리혈이라든가 요컨대 피라고 하는 글자도 사용하지 않는다"였다. "출혈이 많은 날, 적은 날이 생리 기간 중에 있지만 그 표현은 '날과 양에 따라 나누어 사용하여 주세요'가 된다. 결코 출혈이라고 말하지 않는다. 시각에 비치는 '피'라는 글자는 처참할지언정 결코 맑고 평화롭지는 않다." 광고에서 푸른 액체를 사용한 것도 안네사가 최초였다.

피로부터 상처나 죽음 등 좋지 않은 것들을 연상하는 사람도 있을 것이다. 또한 생리혈을 배설물이라고 생각하는 사람들에게 있어서는 리얼한 생리혈을 보여 주는 것은 기저귀 광고에서 분뇨를 보여 주는 것과 같은 것이다.

'광고 탓으로 생리혈은 파랗다고 생각하는 남자들도 있다!'라며 문제인 것처럼 말하는 사람도 있지만 그것은 사소한 것이다. 당연한 이야기지만 생산업체는 상품을 팔기 위하여 광고를 만들고 있다. 대상들은 유경 여성이기에 상품의 장점[흡수력이나 사용감, 사이즈 등]이 전달되면 충분하다.

유럽에서 공개된 캠페인 동영상에서는 월경 중인 여성의 피곤해 보이는 표정도 비춰진다. 이에 비하여 일본 생산업체의 광고에서는 생리대를 착용한 여성들이 보통 때보다 더욱 생기 있는 모습으로 시내를 활보하거나 숙면을 취하거나 한다. 오노는 일본의 생리용품 생산업체의 광고가 부정적인 월경관을 형성하였다고 주장하지만 오히려 '부자연스러울 정도로 긍정적인 이미지'를 부여하고 있는 것이다. 그러나 광고란 그런 것이다.

'월경의 터부를 없앤다', '있는 그대로를 전한다'는 것을 목적으로 한 유럽의 캠페인 동영상은 월경에 대한 자세를 부정적 또는 긍정적 등의 개념으로 단순화하는 것이 난센스라는 것을 단적으로 보여 주고 있다.

오노는 또한 생리용품 구입시에 '불투명한 포장을 하여 건네주는 것'에 대해서도 "기업 주도로 월경을 노골적으로 표현하는 것을 꺼리는 풍조를 만들어내고 그것을 유지하고 있다"며 비판하고 있는데 이것도 다양한 가치관에 대한 최대공약수적 대응이라고 말할 수 있다. 생리용품을 불투명한 봉투에 넣어 주지 않는 것에 불만을 제기하는 손님도 있을 것이다. 가게 측은 그러한 손님에게 '월경을 여성의 신체적 생리 기능으로서 자연스러운 것으로 인식하세요'라고 말할 수 있는 입장이 아니다. 다른 상품과 똑같이 취급해 줄 것을 요구하는 손님이 늘어난다면 가게도 바뀌어갈 것이다.

생산자 음모설

오노는 "플라스틱 생리대를 사용한 월경 처치는 월경을 존재하지 않는 것으로 만드는 것을 지향해 온 것이고, 이에 비하여 천 생리대를 사용하는 월경 처치는 존재하는 월경을 지향하는 것"이라고 설명하고 있다.

확실히 생리혈이 새지 않고, 움직임을 제한받지 않으며, 패션을 제한받지도 않고, 세탁할 필요도 없기 때문에 일회용 생리대는 월경을 존재하지 않는 것으로 만들어버렸다고 말하지 못할 것도 없다. 그러나 그것은 많은 여성이 원했던 것이다.

제1장의 마지막에서 설명하였듯이 생리대가 진화함으로써 생리혈이 새어 나오는 것이 있을 수 없는 일로서 인식되는 경향이 있는데 그것은 도를 넘은 '월경의 투명화'이다. 그러나 생리혈이 새어 나오는 것을 없앴다는 것이 월경을 '존재하지 않는 것'으로 만들었다고는 말할 수 없다.

그리고 잊지 말아야 할 것은 이 책의 제3장에서 명확하게 하였듯이 지금까지 '숨겨져 있던' 즉 '존재하지 않았던 것으로 되어 있던' 월경이 당연한 생리 현상으로서 간주될 수 있었던 것은 일회용 냅킨의 등장에 빚진 바가 매우 크다는 점이다.

오노는 "장치산업에 의하여 속속 신상품이 발매되어 생리혈을 오물로서 처리하고 월경을 숨기려고" 하는 사회에서는 "가령 월경통이 있더라도 참으며 견디거나 또는 진통제를 복용하게 하여 개인의 신체적 문제로서 대처하기를 요구받는다"고 설명한다. 과연 그러할까? 플라스틱 생리대가 등장하기 이전, 예를 들어 메이지나 다이쇼 시대의 여성들도 월경통에 고민하였고 부인 잡지의 상담란에 문의도 하고 있었지만 그 대답들은 어쩐지 불안하고 미덥지 않은 것들뿐이었다. 같은 날 발간된 같은 호『부인위생잡지』에는 "얼음주머니로 하복부를 식히고 또는 거머리를 붙이거나 하라"며 차갑게 하는 것을 추천하는 답변과 "하복부에 찜질을 하거나 식염수 또는 겨자씨를 넣은 온수 등으로 좌욕을 하라"며 따듯하게 하는 것을 추천하는 답변이 병기되어 있는 경우도 있었다.[34]

또한 "의사에게 부탁하여 모르핀 주사 또는 모르핀 0.01을 증상이 있을 때 복용하세요. 그와 함께 그것은 어떤 쪽이든 의사의 지도를 받지 않으면 혹시 분량이라도 잘못 되었을 때는 생명에 관계가 있기 때문에 그럴 작정으로"[35]라는 회답도 있었다. 생명에도 관계가 있다는 등 이야기를 들으면 그때야말로 월경통이 있더라도 참았을 것이다.

오늘날에는 '장치산업에 의하여 속속' 안전하고 유효한 진통제가 발매되고 있고 드럭스토어에서 손쉽게 입수할 수 있게 되었다. 이것은 환영받아야 할 일이 아닐까? 물론 안이하게 약물에 기대는 것을 추천하는 것이 아니다. 그러나 월경통에도 경중이 있고 약에 기댈 수밖에 없는 여성도 있다. 시판되는 약으로는 효과가 없어 부인과에서 처방을 받는 여성도 적지 않다. 물론 이러한 여성들이 부정적인 월경관의 소유자라고 할 수 없다는 점도 덧붙이고 싶다.

오노는 "월경은 여성의 신체적 생리 기능이고 여성이 살고 있는 모든 지역에서 시대를 넘어 여성의 신체에 발생하는 현상임에도 불구하고, 그 처치용품은 장치산업에 있어서 기업의 이윤 추구 시장의 하나가 되어 있다"며 계속하여 플라스틱 생리대 생산업체를 비판한다.

이러한 비판은 요코세의 논문이나 카이무라와 쿠사가의 논문에서도 보인다.

요코세는 "상품으로서의 생리용품은 거듭 표면적인 편리성을 강조하고 여성의 생리를 상품화해간다고 생각된다"고 말하고 있고, 카이무라와 쿠사가는 "기업은 일회용 생리대 없이는 월경의 수습이 불가능하다는 의식을 여성들에게 심었으며, 생식에 직결되는 월경을 시장화해버렸다. 일회용 생리대는 많은 은혜를 가져온 것도 사실이지만 조용히 여성들의 월경에 대한 의식을 지배하여 무의식 속에서 여성성을 부정하는 방향으로 진행되어온 것 같기도 하다"라고 설명하고 있다.

그러나 기업이란 애당초 이윤 추구를 목적으로 하는 조직이며 세금을 납부함으로써 사회에 공헌하고 있다. 저자가 취재한 바로는 어떤 생리용품 생산업체도 보다 쾌적한 제품을 제공하고자 노력하고 있다고 느껴졌다.

적어도 천 생리대에는 '반복해서 사용할 수 있다', '쓰레기가 나오지 않는다'라는 확실한 장점이 있다. 쓰레기를 줄이고 싶다거나 세탁이 수고스럽지 않은 여성이라면 한번 시험해 볼 가치가 있을 것이다. 이러한 장점을 많은 여성들에게 알려 천 생리대를 보급시키는 것에는 의의가 있다.

그러나 그것을 위하여 일회용 생리대를 부당하게 폄하하거나 생산업체를 비판하거나 하는 것은 도리어 천 생리대 보급의 족쇄가 되어버리지 않을까?

'폴리머 휘발설'로 상징되는 일회용 생리대 유해설이나 생산업체 음모설을 주장하며 천 생리대와 일회용 생리대에 있어서 이항대립 형태의 도식을 그려내는 것이 유경 여성들을 위한 것이라고는 생각지 않는다.

천 생리대의 자연스러운 확장

천 생리대의 제작과 판매를 하고 있는 'Natural*Eco'를 운영하는 시바가키 카오루柴垣香는 천 생리대에 과잉된 의미 부여를 하지 않는다. 자신이 천 생리대 사용을 통하여 오랜 기간 고생하였던 월경통에서 해방되었는데 그 이유를 "염증이 나아서 스트레스가 없어졌기 때문에"라고 분석하고 있다. 일회용 생리대에 대해서는 "아직 역사가 얕고 데이터가 없다"라고 하며 그 유해성을 부정하지는 않지만 편리성도 인정하며 그때그때 상황에 맞추어 사용하기를 주장하였다.

'Natural*Eco'의 천 생리대는 심플한 것부터 컬러풀한 것까지 다양하고 맞춤 제작도 가능하다. 꽃무늬 생리대는 꼭 누군가에게 선물하고 싶을 만큼 화려하다. 초기 투자와 세탁의 수고를 저울질해 보더라도 사용해 보고 싶다고 생각하는 여성이 많지 않을까?

Natural*Eco 주문 천 생리대

천 생리대는 스스로 만드는 것도 가능하다. 야마우라 아사코山浦麻子의 저서『천 생리대 첫 Book-생리를 기분 좋게布ナプキンはじめてBook–生理をここちよく』는 타올이나 입지 않는 셔츠 등 가까이 있는 천으로 간단하게 생리대를 만드는 방법을 가르쳐 준다. 무엇보다 "[천 생리대가] 신경 쓰여서 마음이 차분해지지 않는다…… 그럴 때에는 고민하지 말고 일회용 생리대를 선택하면 됩니다! 기분 좋게 생리 기간을 지내기 위해서는 천이든 일회용이든 그때그때 자신에게 있어 안심할 수 있는 것을 선택하는 것이 가장 중요합니다"라며 천 생리대를 강요하지 않는다. '자연관', '생명관' 등을 높이 치켜세우지 않고 자신이 사용하고 싶은 생리용품을 사용하면 되는 것이다. 맞춤 제작뿐만이 아니라 직접 만들거나 세탁하거나 하는 시간적, 정신적 여유를 생각하면 천 생리대는 오히려 사치품이라 말할 수 있을지도 모른다.

또한 만약을 대비하여 천 생리대를 가지고 있으면 일회용 생리대가 가게에서 없어지는 예측 불가능한 사태[지금까지는 오일쇼크, 동일본 대지진 시기]에도 대응 가능하다. 재해 지역에서는 수도를 사용할 수 없는 경우도 있기 때문에 재해 지역 이외의 지역에서는 천 생리대를 사용하면서 재해 지역에 우선적으로 일회용 생리대를 보낼 수 있다면 적게나마 재해지에 대한 지원이 될 것이다.

잡화점에서 귀여운 천 생리대를 발견하여 시험 삼아 사용해 보니 사용감이 좋았다든가, 초경 시에 선물로 받은 이래 애용하고 있다든가, 특별한 문제를 느끼지 않는다는 이유로 천 생리대에 익숙해져간다면, 장시간 외출이나 여행 때에는 일회용 생리대를 이용하는 임기응변식 사용법이 자연히 퍼져감으로써 불필요한 일회용 사용은 서서히 줄어갈 것이다.

일회용 생리대와 '지속가능성'

이미 다루었듯이 일회용 생리대를 사용하는 것은 환경 파괴로 이어지기 때문에 천 생리대를 사용해야만 한다는 의견이 있다. 그러나 일본 유경 여성의 압도적 다수가 일회용 생리대를 사용하고 있는 현황을 고려한다면 일회용을 사용하면서 환경에 대한 배려도 모색할 필요가 있을 것이다.

오늘날에는 어떤 생산업체라 하더라도 지속가능성을 의식하고 있으며 그에 대한 대처를 웹사이트 등에 공개하고 있다. 상품 선택을 할 때 성능이나 가격뿐만이 아니라 이러한 정보도 참고한다면 생산업체는 '환경에의 배려'가 상품의 부가적 가치가 된다는 점을 재인식하게 될 것이며 보다 높은 수준의 대응을 보여 줄 것이다.

천 생리대 사용자의 증가, 즉 일회용 생리대에서 사람들이 멀어져가는 것도 생산업체의 대처를 더욱 촉진하게 될 것이다. 생산업체가 일회용 생리대의 기술을 부분적으로 활용한 천 생리대를 개발, 판매하는 상황이 일어날지도 모른다.

일회용 생리대와 천 생리대에 대해서 이항대립의 도식을 그리기보다도 각각의 장점, 단점을 바르게 인식하고 생활 속에서 살려가는 것이 중요하지 않을까?

국내에서는 수요가 계속 감소하고 있기 때문에 생리용품 생산업체는 새로운 시장을 찾아 아시아로 진출하고 있다. 그 결과 일본 국내와는 비교도 되지 않을 규모의 자원이나 쓰레기 문제가 부상할 것은 불을 보듯 뻔한 일이다. 이미 일회용을 문제시하며 천 생리대라는 선택지도 주어져 있는 일본 유경 여성들의 현재 취하는 태도와 대처들이 이후 일회용 생리대의 존재 방식에 다소간이라도 영향을 미치게 될 것이다.

렌털 생리대 - 일본인에게는 저항이 있다?

현대 일본에서 애용자가 지속적으로 늘어가고 있는 천 생리대는 자기 전용을 구입하거나 또는 직접 만들어서 사용 후에는 스스로 세탁하는 것이 일반적이지만 '업자로부터 정기적으로 배달되어 오는 생리대[천 생리대]를 필요에 따라 사용하고, 그것을 사용하여 더러워지면 그대로 쌓아 두었다가 월경이 끝나면 기름종이에 싸서 다시 반송'하는 '대여 생리대' 제도가 일찍이 프랑스에 존재하였다.

평론가 와타나베 케이가 1980년에 쓴 「생리용품 국제비교生理用品国際比較」라는 기사에 따르면 그것은 일본의 다이쇼 시대에 해당하는 시기에 이미 시행되고 있었고 "바로 수년 전까지 프랑스 시골 지역에서는 계속되고 있었다고 한다. 매우 보수적이고 검소한 프랑스 사람다운 강한 인내심이다"[36]라고 나와 있다.

일회용 생리대가 한 걸음 한 걸음씩의 진화를 이루어 냈던 1980년경의 일본인에게 있어서는 아직 '천 생리대?'라는 느낌이었을 것이다. 그러나 천 생리대가 환경과 신체에 긍정적이라며 애용자가 증가하고 있는 오늘날의 감각에서 보자면 천 생리대의 결점이라고 할 수 있는 세탁의 수고가 해결된 이 대여 생리대 제도는 보수적이라기보다는 오히려 획기적이다[물론 생리혈과 마주하는 것에 의미를 발견하는 입장에서는 지지받지 못하리라 생각하지만].

사용한 생리대를 가정에서가 아닌 업자가 세탁하는 이 제도의 배경에는 물 문제가 있었다. 당시 프랑스에서 생활하고 있었던 일본인 여성은 와타나베에게 "프랑스는 물이 경수硬水잖아요. 그러니까 세탁을 해도 잘 지워지지 않아요. 그래서 전문적인 곳에서 빨아 주는 거예요"라고 설명하고 있다.

> 그래도 말이에요. 아무리 일이라고 하더라도 다른 사람 것을 빨아 주다니. 우리들은 도저히 할 수 없어요. 거기다 어떤 사람이 썼을지도 모르는 것을 쓰다니 당신도 기분 나쁘겠지요? 그러니까 저는 한 번도 써 본 적이 없어요. 그래도 그쪽 분들은 살균 처리를 해 주기 때문에 스스로 씻는 것보다도 훨씬 위생적이라고 말해요. 꽤 이용하고 있었어요.

혹시 일본의 물이 경수였다 하더라도 대여 생리대 제도는 유행하지 않았을 것이다. 와타나베도 지적하고 있지만 거기에는 월경이나 생리혈에 대한 사고방식이 영향을 미치고 있다.

프랑스에서 대여 생리대가 꽤 이용되고 있었던 다이쇼 시대, 일본에서는 월경대가 발매되었지만 많은 여성들이 손수 만든 정자대와 종이나 탈지면을 조합한 처치를 행하고 있었다.

제1장의 생리혈 처치의 기억에서 소개하였던 1923년에 초경을 맞이한 여성은 "생리 이야기를 한다는 것은 완전히 터부여서 어머니나 언니와도 이야기한 적이 없었다." 사용한 정자대를 "양동이 물에다가 씻어서 헛간 안에다가 말렸었어. 제대로라면 햇볕에 말려서 소독을 해야 좋지만 그 당시는 부정한 것이니까 태양님에게 내보이면 안 된다고 어머니가 말했었어. 물론 사람들에게 대놓고 보여 줄 수 있는 것도 아니기도 하지만,

그렇지만 이후로 나는 헛간에서 말리는 게 영 찜찜해서 조금이라도 햇볕이나 바람을 쐬고, 아무에게도 들키지 않을 장소를 찾아서 거기서 말렸지만서도"라고 말하고 있다.

부정한 데다가 사람에게 대놓고 보여 줄 수 있는 것도 아닌 것을 업자에게 맡긴다는 발상이 떠오를 리가 없다. 생리용품에 대해서는 오랜 기간 위생 관념보다도 숨긴다는 것이 우선되어 왔던 것이다.

그러면 월경 금기가 거의 과거의 것이 되고 천 생리대 애용자가 점점 늘어나고 있는 오늘날의 일본이라면 대여 생리대 제도는 성립할 수 있을 것인가? 조사해 본 바 현재 '렌털 기저귀' 업자는 있지만 '렌털 생리대' 업자를 찾을 수는 없었다[테이블 냅킨의 렌털업자는 많이 있었다].

렌털 생리대가 성립하지 않는 배경에는 금기나 위생, 비위생의 관념이 아닌 '수치심'이 있을지도 모른다. 기저귀를 빌리거나 돌려주거나 하는 것은 사용하는 본인이 아니지만 생리대의 경우는 여성 본인이다. 이후 천 생리대 사용자의 증가를 배경으로 해서 렌털 생리대 업자가 등장한다고 한다면 어느 정도 수요가 있을지 매우 흥미롭다.

다양한 생리혈 처치법

와타나베 케이는 기사 「생리용품 국제 비교」에서 '월경컵'을 다루고 있다.

월경컵이란 질 내에 장착하여 일정량의 생리혈을 저장할 수 있는 실리콘 재질 또는 고무 재질의 작은 컵을 말한다. 1930년대에 미국에서 개발, 제품화되었다. 와타나베가 다루고 있는 것은 미국의 '타사웨이'라는 상품으로[현재는 판매되지 않는다] "최근 수년간에 있어서 무화과 잎[성경의 아담과 이브가 무화과 잎으로 나체를 가렸다는 내용으로부터 원용한 부끄러운 것을 무해한 것으로 감춘다는 의미의 비유적 표현-옮긴이] 이래의 발명이라고 평판이 높다"고 나와 있다.

현재 미국에서는 십 대 소녀들도 사용하는 등 상당히 보급되어 있다. 일본에서는 생리대나 탐폰을 기본으로 하고 있는 '생리처리용품'의 기준에 해당되지 않기 때문에 드럭스토어의 생리용품 코너에서는 찾아볼 수 없지만 미국에서 만든 '키퍼[천연고무 재질]'나 영국에서 만든 '문컵[실리콘 재질]', 캐나다에서 만든 '디바컵[실리콘 재질]' 등을 전문점 또는 통신판매로 입수할 수 있다. 일본인에게 잘 맞는다고 주장하는 상품도 있지만 맞는가 맞지 않는가는 개인차가 있기 때문에 반드시 그것이 좋다고 할 수는 없다.

월경컵 애용자들에 의하면 '생리혈이 새어 나올 걱정이 없다', '장시간 동안 교환할 필요가 없다[예를 들어 디바컵은 12시간 장착이 가능]', '습기가 차

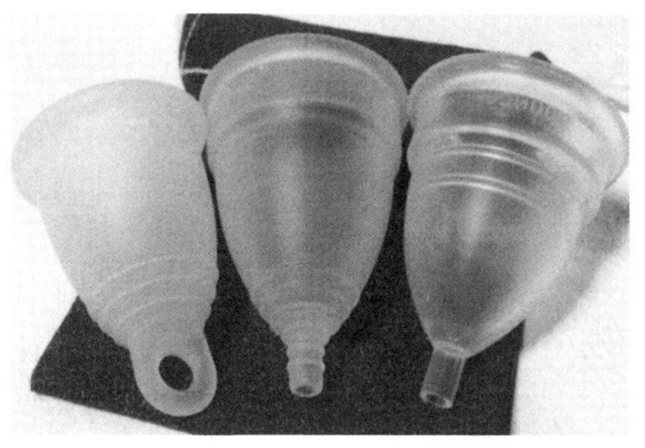

각종 월경컵[사진은 Natural*Eco 제공]

지 않는다', '수영장이나 온천에도 그대로 들어갈 수 있다', '생리혈이 공기와 접촉하지 않기 때문에 냄새가 나지 않는다' 등 좋은 점은 다 가지고 있으면서 가장 제한이 적은 생리용품이라고.

1개 수천 엔으로 생리대나 탐폰과 비교하면 비싸지만 10년은 사용 가능하기 때문에[사용 방법에 따라 반영구적] 길게 보면 경제적이다.

또한 월경컵은 압도적으로 환경적인 생리용품이기도 하다. 월경컵 생산업체에 의하면 "미국에서는 반년간 약 135억 장의 생리대와 65억 개의 탐폰이 쓰레기 처리장에 버려지고 있다. 이로 인해 동제품으로 바꿈으로써 최종적으로 버려지는 생리대나 탐폰[이미 사용한], 생리용품을 버릴 때 둘둘 감싸는 화장지, 생리용품의 포장 등을 대폭 감소시키는 것이 가능하다."[37]

월경컵이 일본에서 거의 보급되어 있지 않은 것은 먼저 정보가 적기 때문일 것이다. 더하여 질 내에 장착한다는 점에 거부감을 느끼는 여성이 적지 않다. 탐폰조차도 그다지 사용하지 않는 일본 여성에게 있어서 월경컵은 진입장벽이 높고 또한 그다지 필요성을 느낄 수 없는 존재일지도 모른다.

미국에서는 최근 월경컵보다 더욱 제한이 적다고 하는 '월경 디스크'라는 생리용품이 등장하였다. 이것은 얇은 고무로 만들어져 있고 외자궁구에 장착하여 생리혈을 저장하는 구조이다.

와타나베 케이는 더하여 미국에서 시행되고 있었던 '15분 월경법' 즉 "월경이 시작되면 자궁에 관을 통과시켜 본래라면 2~3일 걸려 떨어져 나오는 내막을 한 번에 빨아들여버리는" 방법도 소개하고 있다. "현재 그 안전성이나 '미니 중절'이라고 불릴 만큼 중절도 가능한 방법이기 때문에 그 법률적 견해 등을 둘러싸고 다양한 의견이 충돌하고 있다”라고 한다.

이것은 ‘월경흡인법’ 또는 ‘월경조절법’이라고 불리는 방법으로 1970년대 초반 미국의 페미니스트들에 의해서 시작되어 1973년에 미국에서 임신 중절이 합법화될 때까지 중절 방법으로 잘 알려져 있었다. 오늘날에도 중절이 인정되지 않고 있는 나라에서는 강하게 지지받고 있다. 임신중절에 비교적 관용적인 역사를 가진 일본이지만 월경흡인법은 거의 알려져 있지 않다.

와타나베 케이는 기사 「생리용품 국제 비교」의 마지막을 “80년대에는 월경 처치 방법도 대변혁을 이룰지 모른다”며 매듭짓고 있다. 그러나 일본에서는 월경컵이 일반화되지도 않았고 오늘날에는 천 생리대가 인기를 모으고 있다. 일회용 생리대가 매일 진화하고 있었던 80년대의 일본을 살았던 와타나베 케이는 오히려 21세기에 천 생리대 애용자가 늘어나게 될 거라고는 생각지도 못했음이 틀림없다.

생리혈 처치법의 대변혁이 일어나지 않았던 이유는 전적으로 일회용 생리대의 성능 향상에 있다. 가까운 것에 부족함을 느끼지 못하면 새로운 것에 손을 내밀고자 생각지 않는다.

어쨌든 생리용품은 여성의 가장 가까운 서포터로서 이후에도 계속해서 활약할 것이다.

마치며

오랜 기간 떳떳지 못한 존재였던 생리용품을 급속히 진화시킨 것은 말할 것도 없이 상업주의이다. 전후 화장실의 수세식화에 따라 개발된 일회용 생리대는 고도 경제성장기에 사회에 진출한 여성들로부터 압도적인 지지를 받았고, 그 수요가 한층 더 개발을 불러왔다. 애당초 인구의 절반에 달하는 여성의 대부분이 장기간에 걸쳐 정기적으로 사용하는 생리용품은 거대한 시장을 가지고 있었다.

TV 광고, 슈퍼마켓이나 편의점에서의 판매를 통해 생리용품은 서서히 비밀스러운 것이 아니게 되었으며 월경을 터부시하거나, 월경을 부정적으로 바라보는 태도도 옅어졌고 생리대의 성능 향상도 이에 공헌하였다. 즉 박형화나 흡수력 향상으로 인하여 월경 중인 것을 주위에 들키지 않게 되었으며 꺼리고 피할 것을 요구받지 않게 되었다. 게다가 꺼리지 않아도 아무런 지장이 없다는 것을 당사자인 여성, 그리고 주위에서도 믿게 되었다.

이렇듯 당사자조차도 월경 중인 것을 그다지 의식하지 않고서 지낼 수 있게 되었다는 것과 월경을 소홀히 하는 것은 전혀 다르다. 물론 생리혈을 오물로 보든, 월경을 생리라고 부르든, 그것이 월경을 소홀히 하는 것이 되진 않는다. 일회용 생리대에 대해서는 환경 보호를 비롯하여 여러 시점으로부터 비판도 있지만 여성을 물리적, 심리적으로 해방시켜온 '실적'은 결코 무시할 수 없고 그 실적 위에 오늘날의 천 생리대가 존재한다고 말할 수 있다.

일본의 여성들은 고성능 생리용품을 적당한 가격으로 손에 넣을 수 있게 되었는데 이것들을 그저 막연히 소비하는 것이 아니라 가능하다면 월경의 상태나 생활환경에 맞춰 적절히 구별하여 사용하고, 그 경험으로부터 솔직한 의견을 발신하였으면 한다. 나 자신은 더욱 많은 여성이 쾌적한 생리용품을 만날 수 있도록 노력해 나가고 싶다. 세계에는 지금도 불충분한 생리혈 처치법으로 인하여 활동을 제한받거나 감염증에 걸리거나 하는 여성이 다수 존재하고 있기 때문이다.

한국에서 탈북 여성들을 취재한 저널리스트 칸노 토모코菅野朋子에 의하면 그녀들이 "한국에 와서 가장 감격한 것은 실은 생리용품인 생리대의 존재"였다고 한다. 북한에서는 월경 중일 때 거즈나 오래 입은 속옷을 잘라 그 조각을 겹쳐서 사용하였고 "다른 사람들에게 보이지 않도록 음지에서 말린다." 몇 번이고 반복하여 사용하기 때문에 비위생적이고 병에 걸리는 여성도 많다고 한다. "한국에 오기 전까지 이렇게 편리하고 쾌적한 것이 있다는 것을 몰랐습니다." "식량도 물론 중요하지만 북한 여성들의 고통을 완화시키기 위해서라도 우선 생리대를 보내 주었으면 합니다."(「북한 여성의 화장·속옷·섹스 北朝鮮女性の化粧·下着·SEX」, 『슈칸분슌』)

생리용품은 여성에게 있어서 가장 가까운 것인 만큼 저 여성들의 가혹한 상황이 더욱 리얼하게 다가온다. 이러한 상황을 알게 되면 생리용품을 둘러싼 이데올로기 따위는 그저 사소한 것으로 느껴질 뿐이며, 모든 유경 여성들의 생리혈 처치로 인한 고민이 사라지기를 기원하지 않을 수 없다.

여성과 생리용품을 둘러싼 환경에는 그 사회의 월경관이나 여성관뿐만 아니라 정치나 경제도 반영된다. 생리용품은 사회를 읽는 지표라 말할 수 있겠다.

문고판 후기

20년 정도 전, 생리용품이나 월경관에 대해서 사료를 모으기 시작했을 무렵에 평론가 이타사카 겐板坂元씨가 쓴 "일본에서 월경사를 연구하는 사람이 있습니까?"(『멋진 여성素敵な女性』 1980년 5월호)라는 문장을 만났다. 거기에는 일본에서는 "생활지生活誌적인 여성사는 결코 많다고 할 수 없다"고 나오며, 월경의 명칭이나 생리혈 처치법, 월경 금기의 관습에 대해서 "사라져버리기 전에 어서 기록을"이라고 쓰고 있다.

확실히 생리용품이나 월경관의 역사에 대해서 언급한 문건은 제한적이다. 그래서 이것들에 대해서 가장 상세하고 정확한 책을 정리하고 싶다고 생각하여 2013년에 출판한 것이 『생리용품의 사회사 터부에서 일대 비즈니스로生理用品の社会史 タブーから一大ビジネスへ』(미네르바쇼보)이다.

이번의 문고화에 있어서 국제적으로 문제시되고 있는 네팔의 월경 오두막 관습이나 생리용품 광고를 둘러싼 최신의 논란 등에 대해서 추가하였다. 더하여 본문 중에 경칭은 생략하였다. 인용문에는 새로운 신한자로 다시 쓴 부분이나 읽기 쉽게 점을 추가한 부분이 있다. 또한 오늘날의 인권 의식에 비추어 볼 때 부적절한 용어가 있지만 인용 문헌의 시대 배경에 준거하여 따로 수정을 하지는 않았다.

단행본을 막 간행했을 때는 남성으로부터 "서점에서는 사기 어렵다"라고 들은 적이 있는데 그 후 코야마 켄 小山健 씨의 만화 〈생리 짱 生理ちゃん 〉이나, 인도의 생리대 보급 과정을 그린 영화 〈패드맨-5억 인의 여성을 구한 남자〉가 화제가 되어 상당히 분위기가 변하였다. 이 책도 서점에서 집어 들기 쉬워졌다면 다행이다.

마지막으로 취재에 응하여 자료를 제공해 준 생리용품 각 생산업체 여러분, 『천 생리대 첫 Book-생리를 기분 좋게』의 저자 야마우라 아사코 씨, 천 생리대 가게 'Natural*Eco'의 시바가키 카오루 씨, 문고화를 가능하게 해 준 KADOKAWA문예국의 하라 타카토시原孝寿 씨와 아사다 에리코麻田江里子 씨, 띠지에 추천문과 〈생리 짱〉의 일러스트도 그려 준 코야마 켄 씨, 그리고 이 책을 읽어 주신 여러분에게 진심으로 감사의 예를 올린다.

2019년 2월

다나카 히카루

제1장 생리대가 없었던 시대의 생리혈 처치 - 식물에서 탈지면까지

1 『일본사사전』 제3판, 오분샤, 2000, '삼베' 항목.

2 리노이에 마사후미, 『분뇨와 생활 문화』, 타이류샤, 1987.

3 마키 사치코, 『약 세시기-고의학의 지혜를 배우다』, 치쿠마쇼보, 1989.

4 주석 1과 동일. '종이' 항목.

5 '여성들의 리듬' 편집 그룹, 『여성들의 리듬-월경, 몸으로부터의 메시지』, 겐다이쇼칸, 1982.

6 『부인위생잡지』 제137호, 1901.

7 『부인위생잡지』 제177호, 1904.

8 『부인위생잡지』 제116호, 1899.

9 『부인위생잡지』 제245호, 1910.

10 주석 6 동일.

11 주석 9 동일.

12 주석 6 동일.

13 주석 7 동일.

14 『부인위생잡지』 제379호, 1926.

15 『부인위생잡지』 제253호, 1910.

16 주석 14 동일.

17 주석 16 동일.

18 주석 15 동일.

19 『부인위생잡지』 제1호, 1888.

20 『부인위생잡지』 제88호, 1897.

21 사단법인 일본위생재료공업연합회 작성 자료.

22 주석 6 동일.

23 주석 7 동일.

24 주석 7 동일.

25 『부인위생잡지』 제246호, 1910.

26 『부녀신문』 제26호, 1900.

27 주간아사히 편, 『속속 가격의 메이지 다이쇼 쇼와 풍속사』, 아사히신문사, 1982, '스킨' 항목.

28 『부녀신문』 제62호, 1901.

29 주간아사히 편, 『가격의 메이지 다이쇼 쇼와 풍속사』, 아사히신문사, 1981. 『속속 가격의 메이지 다이쇼 쇼와 풍속사』, 아사히신문사, 1982.

30 이 책에서는 당시의 각종 부인 잡지나 저서 등 인용문헌에 맞춰서 여공女工이라는 용어를 사용고자 한다. [메이지 시대에 만들어진 용어로 오늘날에는 사용되지 않는다. 현재는 '일하는 여성', '여성 노동자', '워킹 우먼' 등의 용어를 사용한다-옮긴이]

31 『부인위생잡지』 제219호, 1908.

32 다구치 아사, 『생리 휴가의 탄생』, 세이큐샤, 2003.

33 『부인위생잡지』 제319호, 1916.

34 주석 33 동일.

35 주석 15 동일.

36 호소이 와키조, 『여공애사』, 신닛뽄슛판샤, 1988.

37 주석 5 동일.

38 『여학세계』 1909년 12월호.

39 가와무라 구니미츠, 『처녀의 신체-여자의 근대와 섹슈얼리티』, 키노쿠니야쇼텐, 1994.

40 『부인세계』 1908년 4월호.

41 주간아사히 편, 『속 가격의 메이지 다이쇼 쇼와 풍속사』, 아사히신문사, 1981. 『속속 가격의 메이지 다이쇼 쇼와 풍속사』, 아사히신문사, 1982.

42 『부인세계』 1909년 10월호.

43 『부인세계』 1912년 7월호.

44 『부인세계』 1912년 9월호.

45 주간아사히 편, 『속속 가격의 메이지 다이쇼 쇼와 풍속사』, 아사히신문사, 1982.

46 주석 5 동일.

47 사노 신이치, 『성의 왕국』, 분계슌쥬, 1981.

48 『여학세계』, 『부인세계』, 『부녀신문』 게재의 광고.

49 주석 39 동일.

50 『부인세계』 1911년 11월호.

51 주석 52 동일.

52 주석 29 동일.

53 『여학세계』, 『부인세계』, 『부녀신문』 게재의 광고.

54 주석 5 동일.

55 『부인공론』 1973년 8월호.

56 주석 21 동일.

57 오노 키요미, 『안네 냅킨의 사회사』, JICC출판국, 1992.

58 시타가와 코우시 편, 가족종합연구회, 『증보판 쇼와·헤이세이 가족사 연표 1926→2000』, 카와데숏판샤, 2001.

59 에자이 제공 자료.

60 주간아사히 편, 『가격의 메이지 다이쇼 쇼와 풍속사』, 아사히신문사, 1981.

61 주석 55 동일.

62 『주부의 친구』 1938년 10월호.

63 주석 21 동일.

64 주석 55 동일.

65 주석 5 동일.

66 히로세 카츠요, 『여성과 범죄』, 콘고슛판, 1981.

67 주석 21 동일.

68 돗토리대학의학부 하라다 타스쿠原田省 내용 감수, '알려줘요 생리통おしえて生理痛' 일본신약 웹사이트. [메이지 시대의 여성 평균 수명이 약 46세이고 일반적으로 7~8명의 자녀를 낳았던 것을 생각하면 월경 횟수는 더 적었을 가능성도 있다-옮긴이]

제2장 생리용품의 진화를 막은 월경 부정시 – '더러운 피'의 역사

1 오모리 모토요시, 「금기의 사회적 의의-피의 금기 습속을 둘러싼 추론」, 『전통과 현대』 1972년 11월호.

2 주석 1 동일.

3 쟈니스 델러니, 메리 제인 루프톤, 에밀리 토스, 이리에 쿄코 옮김, 야마자키 토모코 일본어판 감수, 『안녕 블루데이–월경의 터부를 넘어서』, 코우단샤, 1979.

4 혼고 모토요시, 『일본의 바이테크 조류–신대로부터 현대를 넘어서』, HJB출판국, 1988.

5 『성서 구약성서속편 속』, 일본성서협회, 2001.

6 『일아대역 주해 성코란』, 일본무슬림협회, 1996.

7 미야다 노보루, 『더러움의 민속지–차별의 문화적 요인』, 진분쇼인, 1996.

8 쿠누기 유키코, 「성차의 생물학적 의미를 둘러싼 일고찰」, 『여성사학』 제12호, 2002.

9 후지타 키미에, 「월경과 피의 더러움 사상」, 『여성사학』 제13호, 2003.

10 대표적인 연구는 세가와 키요코, 『여자의 민속지』(도쿄쇼세키, 1980). 오노 키요미, 『안네 냅킨의 사회사』(JICC출판국, 1992)는 "본디 우리나라에는 선사 시대부터 혈예의 금기가 있었고 불교 전래와 함께 남존여비 사상이 퍼져 부정의 의식이 한층 강해졌다"라고 설명한다.

11 대표적인 연구로는 나리키요 히로카즈, 『여성과 부정함의 역사』, 하나와쇼보, 2003.

12 주석 3 동일.

13 샤머니즘이란 샤먼을 중심으로 하는 종교현상. 샤먼이란 탈혼, 빙의와 같은 특이한 심리 상태로 신령, 선조령 등과 직접적으로 접촉 교섭하며 복점, 예언, 병의 치료 등을 행하는 주술적, 종교적 직능자(『대사전』). 오키나와의 유타, 동북 지방의 이타코도 샤먼으로 분류된다. 히미코의 '귀도'에 대해서는 '샤머니즘' 이외에도 다양한 해석이 있다.

14 『컨사이스 일본인명사전』 제4판, 산세이도, 2001.

15 키우치 치사토, 「PMS로 인한 부등교 호소로 진단을 받은 고교생 3례의 검토」, 『산부인과의 진보』 제57권 1호, 2005. 아카마츠 타츠야, 「산부인과 임상에서 보이는 울병」, 『일본의사신보』 4201호, 2004.

16 『신편 일본고전문학전집1 고사기』, 쇼가쿠칸, 1997.

17 주석 16 동일.

18 주석 16 동일.

19 주석 16 동일.

20 오리구치 시노부, 『오리구치 시노부 전집』 노트편 제2권, 츄오코우론샤, 1970.

21 나리키요 히로카즈, 『여성과 부정함의 역사』, 하나와쇼보, 2003.

22 "코우닌시키에서 이르길 부정한 금기에 닿아 삼가 하여야만 하는 기간은, 사람의 죽음은 30일에 한하고, 출산은 7일, 육축의 죽음은 5일, 육축의 출산은 3일, 그 고기를 먹는 것, 상을 치르는 것, 병자를 방문하는 것은 3일" 『연중행사비초』(『군서유종』 제6집, 속군서유종완성회, 1960).

23 "죠우칸신키시키貞観神祇式에 이르길 (중략) 일반적으로 관녀가 회임하면 제사 이전에 퇴출한다. 월경이 있다면 제사일 전에 숙소로 물러나 있는다" 『서궁기』(『개정증보 고실총서』 7권, 메이지토쇼, 1993).

24 "일반적으로 관녀가 회임하면 제사일 전에 퇴출한다. 월경이 있다면 제사일 전에 숙소로 물러나 있으며, 제전에 오를 수 없다. 그 3월, 9월의 목욕재계는 그 전에 궁외로 퇴출한다" 토라오 토시야 편, 『엔기시키 상-역주일본사료』, 슈에이샤, 2000.

25 주석 21 동일.

26 주석 21 동일.

27 주석 9 동일.

28 우시야마 요시유키, 『고대 중세 사원조직의 연구』, 요시카와코우분칸, 1990. 타이라 마사유키, 『일본 중세 사회와 불교』, 하나와쇼보, 1992.

29 『분포키』(『군서유종』 제29집, 속군서유종완성회, 1959).

30 미야다 노보루, 이토 히로미, 『여자의 민속학』, 헤이본샤, 1986. 마키노 카즈오, 코우다테 나오미, 「혈분경의 수용과 전개」, 『여자와 남자의 시공 III』, 후지와라쇼텐, 1996.

31 주석 30 「혈분경의 수용과 전개」.

32 주석 7 동일.

33 사카모토 카나메, 「민간 염불 법문가와 안산 기원-도네가와 유역에 대해서」, 후지이 마사오 편, 『정토종의 제문제』, 유잔카쿠, 1978.

34 주석 31 동일.

35 주석 21 동일.

36 『일본서민생활사료집성』 제1권, 산이치쇼보, 1968.

37 오카다 시게키요, 『제금의 세계-그 기구와 변용』, 국서간행회, 1989.

38 오키우라 카즈테루, 미야다 노보루, 『더러움-차별사상의 심층』, 카이호슛판샤, 1999.

39 세가와 키요코, 『여자의 민속지』, 도쿄쇼세키, 1980.

40 타니가와 켄이치, 「민속학으로 본 일본인의 월경관」, 『현대성교육연구』 1979년 8월호.

41 타니가와 켄이치, 니시야마 야요이, 『우부야의 민속–와카사만에 있어서 우부야의 기록』, 국서간행회, 1981.

42 문화청 편, 『일본민속지도 V 출산, 육아』 해설서, 국토지리협회, 1977.

43 주석 41 동일.

44 『여성사학』 제11호, 2001.

45 '적절한 생리용품'이 일회용 생리대인지 천 생리대인지 또는 월경컵인지는 현지의 수도 사정, 쓰레기 처리 사정 등에 따른다.

46 신무라 타쿠, 『고대의료관인제의 연구-전약요의 구조』, 호세이대학출판국, 1983.

47 나가노 히토시, 「임상한방부인과총서해제」, 『임상한방부인과총서 I』, 오린엔트슛판

샤, 1996.

48 코소토 타케오, 하마다 토시유키, 『의역 황제내경소문』, 츠키지쇼칸, 1971.

49 진자명, 『부인대전양방』 1권 (전술 『임상한방부인과총서1』).

50 가지하라 쇼젠, 『돈의초』 (전술 『임상한방부인과총서2』).

51 코소토 타케오, 하마다 토시유키, 『의역 황제내경영추』, 츠키지쇼칸, 1972.

52 마키 사치코, 『의심방 21권 부인제병편』, 치쿠마쇼보, 2005.

53 주석 50 동일.

54 주석 49 동일.

55 주석 50 동일.

56 마스다 토모마사, 쿠레 슈우조, 후지카와 유우, 『일본산과총서』, 시분카쿠, 1971.

57 주석 56 동일.

58 『일본부인과학회잡지』 제19권 6호, 1924.

59 『부인위생잡지』 제89호, 1879.

60 『부인위생잡지』 제219호, 1908.

61 제1장 주석 5 『여성들의 리듬-월경, 몸으로부터의 메시지』.

제3장 생리용품이 바꾼 월경관 – 안네 냅킨의 등장

1 아마노 마사코, 「물건으로 보는 여성의 쇼와사–역사 속의 생리용품」, 『춘추생활학』 제4호, 1989.

2 『부인의 친구』 1960년 4월호.

3 주석 2 동일.

4 사단법인 일본위생재료공업연합회 작성 자료.

5 『부인공론』 1980년 3월호.

6 제1장 주석 5 『여성들의 리듬-월경, 몸으로부터의 메시지』.

7 주석 5 동일.

8 주석 4 동일.

9 와타리 노리히코, 『안네 과장』, 일본사무능률협회, 1963.

10 『주부의 친구』 1963년 5월호.

11 카타야나기 타다오, 『안네의 비밀-생각할 때 성공이 시작된다』, 오리온사, 1964.

12 『부인공론』 1961년 11월호.

13 주석 11 동일.

14 주석 12 동일.

15 주석 10 동일.

16 주석 11 동일.

17 주석 11 동일.

18 주석 11 동일.

19 주석 11 동일.

20 주석 9 동일.

21 주석 9 동일.

22 주석 11 동일.

23 '선전과장'이라고 표기된 자료도 있지만 'PR과장'이 맞는 표현이다.

24 전 안네 사원으로부터의 인터뷰 조사.

25 주석 9 동일.

26 주석 9 동일.

27 주석 24 동일.

28 주석 9 동일.

29 주석 12 동일.

30 주석 11 동일.

31 주석 9 동일.

32 안네 프랑크, 후카마치 마리코 옮김, 『안네의 일기』, 분슌분코, 2003.

33 주석 9 동일.

34 『부인위생잡지』 제319호, 1916년.

35 『부인위생잡지』 제323호, 1916년.

36 『부인위생잡지』 제202호, 1906년.

37 주석 35 동일.

38 다카하시 토시에, 『여아의 성교육』, 메이지토쇼, 1925.

39 「인생의 선물」, 『아사히신문』 2011년 12월 26일.

40 주석 9 동일.

41 주석 9 동일.

42 주석 9 동일.

43 주석 12 동일.

44 주석 12 동일.

45 주석 9 동일.

46 주석 10 동일.

47 주석 9 동일.

48 주석 9 동일.

49 주석 9 동일.

50 주석 9 동일.

51 『주부의 친구』 1965년 7월호.

52 주석 9 동일.

53 주석 9 동일.

54 주석 11 동일.

55 주석 11 동일.

56 복수의 전국지에 일면 광고가 게재되었다고 쓰는 문헌들도 있지만 와타리가 전국지에 계약한 것은 한 곳뿐이다.

57 주석 9 동일.

58 주석 9 동일.

59 주석 11 동일.

60 주석 24 동일.

61 주석 11 동일.

62 주석 11 동일.

63 주석 24 동일.

64 주석 11 동일.

65 주석 24 동일.

66 주석 9 동일.

67 주석 9 동일.

68 주석 24 동일.

69 『마이니치신문』 1963년 3월 10일.

70 『선데이 마이니치』 1993년 1월 3, 10일호.

71 주석 24 동일.

72 주석 9 동일.

73 『부인공론』 1973년 8월호.

74 『부인공론』 1974년 11월호.

75 주석 4 동일.

76 주석 4 동일. 『주간금요일』 1999년 12월 17일호.

77 유니참 조사.

78 『주간금요일』 1999년 12월 17일호.

79 주석 11 동일.

80 『부인공론』 1964년 1월호. 전 안네 사원 제공 자료.

81 『주간요미우리』 1995년 9월 10일.

82 『문예춘추』 1990년 2월호.

83 주석 82 동일.

84 주석 24 동일. 미키 토리로 기획연구소 제공 자료.

85 주석 24 동일.

86 『주간신조』 1979년 9월 20일호.

87 『일본은행 20세기 1961년』 1997년 5월 6일호.

88 주석 24 동일.

89 주석 24 동일.

90 『아사히신문』 『니혼케이자이신문』 『마이니치신문』 1964년 10월 30일.

91 다카하라 케이치로, 「나의 이력서」, 『니혼케이자이신문』 2010년 3월 3일. 이후 다카하라 케이치로에 대해서는 주로 이 연재 기사를 참고로 하고 있다.

92 주석 81 동일.

93 주석 91 동일. 2010년 3월 12일.

94 주석 91 동일. 2010년 3월 13일.

95 주석 91 동일. 2010년 3월 14일.

96 『일본회사사총람 상권』, 도요케이자이신보샤, 1995년.

97 주석 91 동일. 2010년 3월 22일.

98 주석 91 동일. 2010년 3월 22일.

99 주석 91 동일. 2010년 3월 24일.

100 『아사히신문』『니혼케이자이신문』『요미우리신문』 1971년 3월 11일.

101 『요미우리신문』 1971년 3월 11일.

102 주석 4 동일.

103 주석 4 동일. 카오 주식회사 코퍼레이트 커뮤니케이션 부문 광고부.

104 공익사단법인 일본화학회 웹사이트.

105 『주부의 친구』 1979년 4월호.

106 『주간문춘』 1989년 5월 4, 11일호.

107 주석 24 동일.

제4장 오늘날의 생리용품 – 냅킨을 둘러싼 '이데올로기'

1 코가 유우코, 스즈키 유미, 타베이 치아키, 야마모토 사오리, 오오타케 아야코, 「생리용품에 의한 불쾌 현상과 대처방법에 대해서–간호계 여자학생 대상의 조사로부터」, 『키류대학기요』 제22호, 2011. 「표면소재에 착목하기 시작한 생리용 냅킨 피부에 부드러운 부직포, 필름 이것저것」, 『콤바텍』 2007년 10월호.

2 주석 1 동일. 『콤바텍』.

3 P&G 발신의 보도자료.

4 유니참 발신 보도자료.

5 다카하라 케이치로, 「나의 이력서」, 『니혼케이자이신문』 2010년 3월 12일.

6 타노우에 하치로우, 사토우 노리코, 토요시마 야스오, 「피부 팽윤 억제 생리대 'F'의 피부 트러블 저감 효과」, 제57회 일본피부과학회 중부지부 총회 학술대회.

7 카오 발신 보도자료.

8 『자유』 38권 9호, 1996.

9 카오 웹사이트.

10 후생노동성 약사공업생산동태 통계. '생리 처리용품'에는 탐폰도 포함된다.

11 「생리용 냅킨에 새로운 흐름 '천 생리대'가 매상을 늘린다生理用ナプキンに新しい流れ『布ナプキン』が売り上げ伸ばす」, 『닛케이 비즈니스 온라인』.

12 『여성심신의학』 13권 3호, 2008.

13 마츠모토 키요이치 감수, 『월경 쉬운 강좌-더욱 능숙하게 함께하고, 훌륭하게 살아가기 위해서』 분코샤, 2004. 카와세 카즈미, 『월경의 연구-여성발달심리학의 입장에서』, 카와시마쇼텐, 2006 등.

14 마츠모토 미호, 시호 유미, 미나미 요스케, 「월경용 천 생리대를 사용한 QOL향상의 검증」, 『Campus Health』 48권 1호, 2011.

15 유니참 고객상담 센터.

16 천 생리대는 생리혈이나 땀으로 일단 젖어버리면 오히려 몸을 차갑게 식혀버리는 경우도 있다.

17 히와타리 시노부樋渡志のぶ, 「주목받고 있는 오가닉 코튼 생리대에 대해서注目されているオーガニックコットン生理用ナプキンについて」, 『Aromatopia』 80호, 2007.

18 후생노동과학연구성과 테이터베이스.

19 일본 자궁내막증 계발회의 웹사이트.

20 주석 19 동일.

21 유니참 조사.

22 『주간금요일』 1999년 12월 17일호.

23 다이오제지 웹사이트. 다이오제지 에리엘 고객상담실.

24 『인간과학연구』 제22권 제1호, 2009년.

25 영국 환경성 라이프사이클 어세스먼트 보고서 등.

26 '등'이라고 되어 있지만 논문 중 요코세는 '피부장애' 이외의 신체에의 영향을 들고 있지 않다.

27 『도시샤정책과학연구』 제11권 제2호, 2009.

28 '개발 목표'라는 것은 잘못된 표현으로 완성한 제품의 장점이다.

29 마츠오카 사부로, 『합리화와 노동기준법』, 로우도준포샤, 1968.

30 마츠모토 이와키치, 『노동기준법이 세상에 나오기까지』, 노무행정연구소, 1981.

31 2014년에 개정. 일반적인 식사 시간에는 방송하지 않는다는 규정이 있다.

32 제2장 주 86 동일.

33 스톡홀름에 본사를 둔 글로벌 기업 Essity가 전개한 'Libresse'나 'Bodyform' 등의 브랜드.

34 『부인위생잡지』 제189호, 1905년.

35 『부인위생잡지』 제184호, 1905년.

36 제3장 주석 5 동일.

37 「몇 번이고 사용 가능한 생리용 디바컵何度でも使用できる生理用品ディーバカップ」, 『닛케이 우먼온라인』.

인용 참고문헌

서적, 논문

가와무라 구니미츠川村邦光, 『처녀의 신체-여자의 근대와 섹슈얼리티オトメの身体-女の近代とセクシュアリティ』, 키노쿠니야쇼텐紀伊國屋書店, 1994.

가지하라 쇼젠梶原性全, 『돈의초頓医抄』(『임상한방부인과총서臨床漢方婦人科叢書 2』, 오리엔트슛판샤オリエント出版社, 1996).

나가노 히토시長野仁, 「임상한방부인과총서해제臨床漢方婦人科叢書解題」, 『임상한방부인과총서臨床漢方婦人科叢書 1』, 오린엔트슛판샤, 1996.

나리키요 히로카즈成清弘和, 『여성과 부정함의 역사女性の穢れの歴史』, 하나와쇼보塙書房, 2003.

다구치 아사田口亜紗, 『생리 휴가의 탄생生理休暇の誕生』, 세이큐샤青弓社, 2003.

다나카 미츠코田中光子, 「시로키의 우부고야와 출산 습속-일본해 측 2개의 습속조사 비교로부터白木の産小屋と出産習俗-日本海辺二つの習俗調査対比から」, 『여성사학女性史学』 제11호, 2001.

다나카 히카루田中ひかる, 『월경과 범죄-여성범죄론의 진위를 묻다月経と犯罪-女性犯罪論の真偽を問う』, 히효우샤批評社, 2006.

다카하라 케이치로高原慶一郎, 「나의 이력서私の履歴書」, 『니혼케이자이신문日本経済新聞』, 2010년 3월 연재.

다카하시 토시에高橋寿恵, 『여아의 성교육女児の性教育』, 메이시토쇼明治図書, 1925.

리노이에 마사후미李家正文, 『분뇨와 생활문화糞尿と生活文化』, 타이류샤泰流者, 1987.

마스다 토모마사増田知正, 쿠레 슈우조呉秀三, 후지카와 유우富士川游, 『일본산과총서日本産科叢書』, 시분카쿠思文閣, 1971.

마츠모토 미호松本美保, 시호 유미四方由美, 미나미 요스케南洋介, 「월경용 천 생리대를 사용한 QOL향상의 검증月経用布ナプキンを使用したQOL向上の検証」, 『Campus Health』 48권 1호, 2011.

마츠모토 이와키치松本岩吉, 『노동기준법이 세상에 나오기까지労働基準法が世に出るまで』,

노무행정연구소労務行政研究所, 1981.

마츠모토 키요이치松本清一 감수, 『월경 쉬운 강좌-더욱 능숙하게 함께 하고, 훌륭하게 살아가기 위해서月経らくらく講座-もっと上手に付き合い、素敵に生きるために』, 분코샤文光社, 2004.

마츠오카 사부로松岡三郎, 『합리화와 노동기준법合理化と労働基準法』, 로우도준포샤労働旬報社, 1968.

마키 사치코槇佐知子, 『약 세시기-고의학의 지혜를 배우다くすり歳時記-古医学の知恵に学ぶ』, 치쿠마쇼보筑摩書房, 1989.

마키 사치코, 『의심방 21권 부인제병편医心方巻二十一婦人諸病篇』, 치쿠마쇼보, 2005.

마키노 카즈오牧野和夫, 코우다테 나오미高達奈緒美, 「혈분경의 수용과 전개血分経の受容と展開」, 『여자와 남자의 시공 女と男の時空 III』, 후지와라쇼텐藤原書店, 1996.

문화청文化庁 편, 『일본민속지도 V 출산, 육아日本民俗地図 V 出産·育児』「해설서概説書」, 국토지리협회国土地理協会, 1977.

미야다 노보루宮田登, 『더러움의 민속지-차별의 문화적 요인ケガレの民族誌-差別の文化的要因』, 진분쇼인人文書院, 1996.

미야다 노보루, 이토 히로미伊藤比呂美, 『여자의 민속학女のフォークロア』, 헤이본샤平凡社, 1986.

사노 신이치佐野真一, 『성의 왕국性の王国』, 분게슌쥬文藝春秋, 1981.

사다 이네코佐多稲子, 『맨발의 소녀素足の娘』, 카도카와분코角川文庫, 1955.

사카모토 카나메坂本要, 「민간 염불 법문가와 안산 기원-도네가와 유역에 대해서民間念仏和讃と安産祈願-利根川流域について」, 후지이 마사오藤井正雄 편, 『정토종의 제문제浄土宗の諸問題』, 유잔카쿠雄山閣, 1978.

세가와 키요코瀬川清子, 『여자의 민속지女性の民族誌』, 도쿄쇼세키東京書籍, 1980.

센다 가코우千田夏光, 『성적비행-여자중고생의 비행을 따라서性的非行-女子中·高生の飛行を追って』, 쵸분샤汐文社, 1978.

시타가와 코우시下川耿史 편, 가족종합연구회家庭総合研究会, 『증보판 쇼와·헤이세이 가족사 연표昭和·平成家庭史年表 1926-2000』, 카와데숏판샤河出出版社, 2001.

신무라 타쿠新村拓, 『고대의료관인제의 연구-전약요의 구조古代医療官人制の研究-典薬寮の構造』, 호세이대학출판국法政大学出版局, 1983.

아마노 마사코天野正子, 「물건으로 보는 여성의 쇼와사-역사 속의 생리용품モノ』に見る女性の昭和史-歴史の中の生理用品」, 『춘추생활학春秋生活学』 제4호, 1989.

안네 프랑크Anne Frank, 후카마치 마리코深町眞理子 옮김, 『안네의 일기アンネの日記 』 증보 신정판, 분슌분코文春文庫, 2003.

아카마츠 타츠야赤松達也, 「산부인과 임상에서 보이는 울병産婦人科臨床で見られる抑うつ」, 『일본의사신보日本医師新報』 4201호, 2004.

야나기다 구니오柳田国男, 『금기습속어휘禁忌習俗語彙』 복각판, 국서간행회国書刊行会, 1975.

야마우라 아사코山浦麻子, 『천 생리대 첫 Book-생리를 기분 좋게布ナプキンはじめてBook-生理をここちよく』, 이즈미쇼보泉書房, 2012.

'여성들의 리듬' 편집 그룹女性たちのリズム編集グループ, 『여성들의 리듬-월경, 몸으로부터의 메시지女たちのリズム 月経·からだからのメッセージ』, 겐다이쇼칸現代書館, 1982.

오노 치사코小野千佐子, 「천 생리대를 통한 월경관의 변용에 관한 연구-『존재하는 월경』에의 선택지를 요구하며布ナプキンを通じた月経観の変容に関する研究-「存在する月経」への選択肢を求めて」, 『도시샤정책과학연구同志社政策科学研究』 제11권 제2호, 2009.

오노 키요미小野清美, 『안네 냅킨의 사회사アンネナプキンの社会史』, JICC출판국JICC出版局, 1992.

오다 마코토小田実, 『무엇이든 봐주겠다なんでも見てやろう』, 가와데쇼보신샤河出書房新社, 1961.

오리구치 시노부折口信夫, 『오리구치 시노부 전집折口信夫全集』 노트편 제2권, 츄오코우론샤中央公論社, 1970.

오모리 모토요시大森元吉, 「금기의 사회적 의의-피의 금기 습속을 둘러싼 추론禁忌の社会的意義-血禁忌習俗をめぐる推論」, 『전통과 현대伝統と現代』, 1972년 11월호.

오카다 시게키요岡田重精, 『제금의 세계-그 기구와 변용斎忌の世界-その機構と変容』, 국서간행회, 1989.

오키우라 카즈테루沖浦和光, 미야다 노보루, 『더러움-차별사상의 심층ケガ-差別思想の深層』, 카이호숏판샤解放出版社, 1999.

와타리 노리히코渡紀彦, 『안네 과장アンネ課長』, 일본사무능률협회日本事務能率協会, 1963.

요코세 리에코横瀬利枝子, 「생리용품의 수용과 그 의의生理用品の受容とその意義」, 『인간과학연구人間科学研究』 제22권 제1호, 2009.

우시야마 요시유키牛山佳幸, 『고대 중세 사원조직의 연구古代中世寺院組織の研究』, 요시카와코우분칸吉川弘文館, 1990.

이노우에 쇼이치井上章一, 『팬티가 보인다-수치심의 현대사パンツが見える。羞恥心の現代史』, 아사히센쇼朝日選書, 2002.

쟈니스 델러니Janice Delaney, 메리 제인 루프톤Mary Jane Lupton, 에밀리 토스Emily Toth, 이리에 쿄코入江恭子 옮김, 야마자키 토모코山崎朋子 일본어판 감수, 『안녕 블루데이-월경의 터부를 넘어서さよならブルーデイ-月経のタブーをのりこえよう』, 코우단샤講談社, 1979.

주간아사히週間朝日 편, 『가격의 메이지 다이쇼 쇼와 풍속사値段の明治大正昭和風俗史』 아사히신문사朝日新聞社, 1981.

주간아사히 편, 『속 가격의 메이지 다이쇼 쇼와 풍속사続 値段の明治大正昭和風俗史』, 아사히신문사, 1981.

주간아사히 편, 『속속 가격의 메이지 다이쇼 쇼와 풍속사続続値段の明治大正昭和風俗史』, 아사히신문사, 1982.

진자명陳自明, 『부인대전양방婦人良方大全』 1권 (『임상한방부인과총서 臨床漢方婦人科叢書 1』, 오리엔트숏판샤, 1996).

카미스키 마사코紙透雅子, 「여성 스포츠선수 활약과 생리용품의 개발女性スポーツ選手の活躍と生理用品の開発」, 『자유自由』 38권 9호, 1996.

카와세 카즈미川瀬良美, 『월경의 연구-여성발달심리학의 입장에서月経の研究: 女性発達心理学の立場から』, 카와시마쇼텐川島書店, 2006.

카이무라 미치코甲斐村美智子, 쿠사가 마리久佐賀眞理, 「월경용 천 생리대의 사용이 여자학생의 부정수소에 미치는 영향月経用布ナプキンの使用が女子学生の不定愁訴に及ぼす影響」, 『여성심신의학女性心身医学』 13권 3호, 2008.

카타야나기 타다오片柳忠男, 『안네의 비밀-생각할 때 성공이 시작된다アンネの秘密-考えるとき成功がはじまる』, 오리온샤オリオン社, 1964.

코가 유우코古賀裕子, 스즈키 유미鈴木由美, 타베이 치아키田部井千昌, 야마모토 사오리山本沙織, 오오타케 아야코大竹亜矢子, 「생리용품에 의한 불쾌 현상과 대처방법에 대해서-간호계 여자학생 대상의 조사로부터生理用品による不快現状と対処方法について-看護系女子学生対象の調査より」, 『키류대학기요桐生大学紀要』 제22호, 2011.

코소토 타케오小曽戸丈夫, 하마다 토시유키浜田善利, 『의역 황제내경소문意訳黄帝内経素問』, 츠키지쇼칸築地書館, 1971.

코소토 타케오, 하마다 토시유키, 『의역 황제내경영추意訳黄帝内経霊枢』, 츠키지쇼칸, 1972.

쿠누기 유키코功刀由紀子, 「성차의 생물학적 의미를 둘러싼 일고찰性差の生物学的意味をめぐる一考察」, 『여성사학女性史学』 제12호, 2002.

키우치 치사토木内千暁, 「PMS로 인한 부등교 호소로 진단을 받은 고교생 3례의 검토PMSのために不登校であるとの訴えで受診した高校生3例の検討」, 『산부인과의 진보産婦人科の進歩』 제57권 1호, 2005.

타노우에 하치로우田上八郎, 사토우 노리코佐藤紀子, 토요시마 야스오豊島泰生, 「피부 팽윤 억제 생리대 'F'의 피부 트러블 저감 효과皮膚膨潤抑制ナプキン『F』の皮膚トラブル低減効果」, 제57회 일본피부과학회 중부지부 총회 학술대회.

타니가와 켄이치谷川健一, 「민속학으로 본 일본인의 월경관民俗学から見た日本人の月経観」, 『현대성교육연구現代性教育研究』 1979년 8월호.

타니가와 켄이치, 니시야마 야요이西山やよい, 『우부야의 민속-와카사만에 있어서 우부야의 기록産屋の民俗-若狭湾における産屋の聞書』, 국서간행회, 1981.

타이라 마사유키平雅行, 『일본 중세 사회와 불교日本中世の社会と仏教』, 하나와쇼보塙書房, 1992.

토라오 토시야虎尾俊哉 편, 『엔기시키 상-역주일본사료延喜式 上-訳注日本史料』, 슈에이샤集英社, 2000.

하기노 큐사쿠萩野久作, 「배란의 시기, 황체와 자궁점막의 주기적 변화와의 관계, 자궁점막의 주기적 변화의 주기 및 수태일에 대해서排卵の時期、黄体と子宮粘膜の周期的変化との関係。子宮粘膜の周期的変化の周期及び受胎日について」, 『일본부인과학회잡지日本婦人科学会雑

誌』 제19권 6호, 1924.

호소이 와키조細井和喜蔵, 『여공애사女工哀史』(일본 프롤레타리아 문학집日本プロレタリア文学集 33 르포르타주집ルポルタージュ集 1), 신닛뽄슛판샤新日本出版社, 1988.

혼고 모토요시本江元吉, 『일본의 바이테크 조류-신대로부터 현대를 넘어서日本のバイテク潮流-神代から現代を超えて』, HJB출판국HJB出版局, 1988.

후지타 키미에藤田きみゑ, 「월경과 피의 더러움 사상月経と血の穢れ思想」, 『여성사학女性史学』 제13호, 2003.

히로세 카츠요広瀬勝世, 『여성과 범죄女性と犯罪』, 콘고슛판金剛出版, 1981.

『대사전大辞泉』 제2판, 쇼가쿠칸小学館, 2012.

『부인위생婦人衛生』(주부의 친구 가정강좌主婦之友家庭講座), 슈우후노토모샤主婦の友社, 1950.

『분포키文保記』(『군서유종群書類従』 제29집, 속군서유종완성회群書類従完成会, 1959).

『서궁기西宮記』(『개정증보 고실총서改訂増補故實叢書』 7권, 메이지토쇼明治図書, 1993).

『성서 구약성서속편 속聖書 旧約聖書続編つき』, 일본성서협회日本聖書協会, 2001.

『신편 일본고전문학전집1 고사기新編 日本古典文学全集 古事記』, 쇼가쿠칸, 1997.

『연수촬요延寿撮要』(『근대한방의학서집성近世漢方医学書集成 마나세 겐사쿠曲直瀬玄朔』, 메이쵸슛판名著出版, 1979).

『연중행사비초年中行事祕抄』(『군서유종』 제6집, 속군서유종완성회, 1960).

『일본사사전日本史事典』 제3판, 오분샤旺文社, 2000.

『일본서민생활사료집성日本庶民生活史料集成』 제1권, 산이치쇼보三一書房, 1968.

『일본회사사총람 상권日本会社総覧 上巻』, 도요케이자이신분샤東洋経済新報社, 1995.

『일아대역 주해 성코란日亜対訳·注解 聖クルアーン』, 일본무슬림협회日本ムスリム協会, 1996.

『컨사이스 일본인명사전コンサイス日本人名事典』 제4판, 산세이도三省堂, 2001.

『화한삼재도회 和感三才図会 3』, 헤이본샤, 1986.

『회사연감 상장회사판 상권会社年鑑 上場会社版 上巻』, 니혼케이자이신문사日本経済新聞社, 2002.

신문, 잡지

『문예춘추文藝春秋』 1990년 2월호.

『부녀신문婦女新聞』 제26호, 1900.

『부녀신문』 제62호, 1901.

『부인공론婦人公論』 1961년 11월호.

『부인공론』 1964년 1월호.

『부인공론』 1973년 8월호.

『부인공론』 1974년 11월호.

『부인공론』 1980년 3월호.

『부인세계婦人世界』 1908년 4월호.

『부인세계』 1909년 10월호.

『부인세계』 1911년 11월호.

『부인세계』 1912년 7월호.

『부인세계』 1912년 9월호.

『부인위생잡지婦人衛星雜誌』 제1호, 1888.

『부인위생잡지』 제88호, 1897.

『부인위생잡지』 제89호, 1879.

『부인위생잡지』 제116호, 1899.

『부인위생잡지』 제137호, 1901.

『부인위생잡지』 제177호, 1904.

『부인위생잡지』 제184호, 1905.

『부인위생잡지』 제189호, 1905.

『부인위생잡지』 제202호, 1906.

『부인위생잡지』 제219호, 1908.

『부인위생잡지』 제245호, 1910.

『부인위생잡지』 제246호, 1910.

『부인위생잡지』 제253호, 1910.

『부인위생잡지』 제319호, 1916.

『부인위생잡지』 제323호, 1916.

『부인위생잡지』 제379호, 1926.

『부인의 친구婦人の友』 1960년 4월호.

『선데이 마이니치サンデー毎日』 1993년 1월 3, 10일호.

『아사히신문朝日新聞』『니혼케이자이신문日本経済新聞』『마이니치신문毎日新聞』『요미우리신문読売新聞』 1964년 10월 30일.

『아사히신문』『니혼케이자이신문』『마이니치신문』『요미우리신문』 1971년 3월 11일.

『아사히신문』 2011년 12월 26일.

『아사히신문』 1963년 3월 10일.

『여학세계女学世界』 1908년 4월호.

『여학세계』 1909년 12월호.

『일본은행 20세기 1961년日銀20世紀 1961年』 1997년 5월 6일호.

『주간금요일週間金曜日』 1999년 12월 17일호.

『주간문춘週間文春』 1989년 5월 4, 11일호.

『주간신조週間新潮』 1979년 9월 20일호.

『주간요미우리週間読売』 1995년 9월 10일.

『주부의 친구主婦の友』 1938년 10월호.

『주부의 친구』 1963년 5월호.

『주부의 친구』 1965년 7월호.

『주부의 친구』 1979년 4월호.

『콤바텍コンバーテック』 2007년 10월호.

『현대성교육연구現代性教育研究』 1979년 8월호.

『Aromatopia』 80호, 2007.

기타

카오花王 웹사이트.

공익사단법인 일본화학회日本化学会 웹사이트.

닛케이 비즈니스日経ビジネス 온라인.

닛케이 우먼日経ウーマン 온라인.

다이오제지大王製紙 웹사이트.

『다이옥신류 2012ダイオキシン類 二〇一二』 관계성청 공통 팸플릿.

미키 토리로 기획연구소三木鳥郎企画研究所 제공 자료.

사단법인 일본위생재료공업연합회日本衛生材料工業連合会 작성 자료.

에자이エーザイ 제공 자료.

영국 환경성 라이프사이클 어세스먼트ライフサイクルアセスメント 보고서.

유니참ユニ·チャーム 발신 보도자료.

유니참ユニ·チャーム 제공 자료.

일본신약日本新薬 웹사이트.

일본자궁내막증계발회의日本子宮内膜症啓発会議 웹사이트.

전 안네アンネ 사원 제공 자료.

카오花王 발신 보도자료.

후생노동과학 연구성과 데이터베이스.

후생노동성 약사공업생산동태 통계.

P&G 발신 보도자료.

생리용품 관련 연표

서력 일본 연호	사 건
1886년 메이지19	탈지면이 『일본약국방』에 지정됨
1901년 메이지34	기노시타 세이츄에 의하여 '위생대'가 발매
1908년 메이지41	야마다 이츠코에 의하여 '츠키노오비' 광고가 부인 잡지에 게재 메이지 시대에는 그 이외에 '고무 반바지식 월경대', '츠키코로모', '안전대' 등의 월경대가 발매
1910년대 무렵	미국산 '빅토리아'의 수입 판매 개시
1913년 다이쇼2	국산 '빅토리아' 발매 다이쇼 시대에는 그 이외에 '프로텍터', '부인보호대', '로얄 월경대', '파인더 복권부 월경대', '카츄샤 밴드', '엔젤 월경대', '부인 사루마타', '비노린 월경대' 등 월경대가 속속 등장 '청결구', '월경구', '니시탐폰' 등 구형 탈지면도 발매
1921년 다이쇼10	미국 킴벌리 클라크사가 세계 최초로 워딩지 재질 생리용품 '코텍스' 발매
1930년 쇼와5	롤식 탈지면 '시로보탄' 발매 쇼와에 들어서면 '프렌드 월경대', '월경대 메트론', '노블밴드', '스이타니야 월경대' 등이 양산. 탈지면이 이것들과 병용
1938년 쇼와13	사쿠라가오카연구소[현 에자이]가 '산폰'을 발매 다나베겐시로상점[현 다나베미츠코시제약]이 '샤폰'을 발매

서력 일본 연호	사 건
1941년 쇼와16	전시 중 탈지면이 배급제가 됨. 카미와타[워딩지] 개발
1948년 쇼와23	후생성[당시]이 탐폰을 의료용구[현재는 의료기구]에 지정
1951년 쇼와26	탈지면의 배급제가 해제. 이후 일회용 생리대가 개발될 때까지 탈지면과 정자대나 월경대, 고무 팬츠를 병용하는 월경 처치가 주류가 됨 코우고쿠위생재료 주식회사가 워딩지 재질 생리용품 '프리실라 패드'를 발매
1961년 쇼와36	안네 주식회사 설립. 안네 냅킨 발매
1962년 쇼와37	안네, 케미카, 코오고쿠위생재료, 토요위생재료, 니혼특수지공, 리리상회, 루나텍스제조 이상 7개 회사가 '일본위생워딩지협회'를 설립[1968년에 발전적 해체. 새롭게 '일본워딩지간화회'를 결성 '전국제지위생재료공업회'에 이름]
1963년 쇼와38	유니참의 전신 다이세이카코 주식회사가 생리대의 제조 판매를 개시
1964년 쇼와39	에자이가 스틱식 탐폰 '제로폰'을 발매 안네사의 생리대 제조 공정이 약사법에 저촉, 일주일간 제조 업무 정지 처분
1965년 쇼와40	다이세이카코가 생리용품 판매 회사 참을 설립

서력 일본 연호	사 건
1966년 쇼와41	후생성[당시]이 '생리처리용품기준'을 고지 [2008년에 폐지. '생리처리용품제조판매승인기준'에 의하여 도도부현의 지사가 승인하는 방식이 됨]
1968년 쇼와43	중앙물산이 '탐팩스 탐폰'의 수입 판매 개시 안네가 '안네 탐폰 o. b.' 발매 에자이, 중앙물산, 쥬죠킴벌리, 안네 4사가 '탐폰협의회' 설립 [이후 에자이와 중앙물산의 '일본위생워딩지협회' 가입으로 인해 사라짐]
1971년 쇼와46	미츠미 전기가 안네의 주식을 매각
1973년 쇼와48	오일쇼크를 계기로 생리대의 주 소재가 워딩지에서 면상펄프로 교체, 박형화가 진행
1974년 쇼와49	참이 사명을 유니참으로 변경. 탐폰 제조 판매 개시
1976년 쇼와51	유니참이 박형 생리대 '참냅미니' 발매
1978년 쇼와53	흡수체에 고흡수성 폴리머를 사용한 박형 생리대가 다이이치위재[스나냅미니]와 카오[로리에]로부터 발매
1970년대 후반	미국의 탐폰 사용자가 TSS[톡식 쇼크 신드롬] 발병
1980년 쇼와55	안네가 라이온 주식회사의 자회사가 됨
1982년 쇼와57	유니참이 입체 재단 생리대 '소피'를 발매 다이오제지가 생리대의 제조 판매를 개시

서력 일본 연호	사 건
1986년 쇼와61	P&G가 '드라이 매슈 시트'를 이용한 '위스퍼' 발매
1993년 헤이세이5	안네가 라이온에 흡수합병
1995년 헤이세이7	유니참이 입체 쿠션 구조 생리대 '참 바디잇' 발매
2001년 헤이세이13	'탐팩스 탐폰'의 일본 판매 중지
2003년 헤이세이15	에자이가 탐폰의 제조 판매를 중지
2004년 헤이세이16	카오가 고통기성 부직포를 이용한 '로리에F' 발매
2007년 헤이세이19	유니참이 'FCL시트'를 이용한 '소피 하다오모이' 발매 P&G가 '사라후와 에어리 시트'를 이용한 '위스퍼 사라후와 시리즈' 발매
2012년 헤이세이24	P&G가 '락트 플렉스'를 이용한 '위스퍼 코스모 흡수' 발매
2013년 헤이세이25	유니참이 탐폰을 '소피' 브랜드로 통일
2018년 헤이세이30	P&G가 일본의 생리용품 시장에서 철수

1962년

안네의 날

'여성 모임의 스폰서가 되겠습니다' 30인~1,500인까지의 여성 그룹에 샘플을 나누어 주는 것을 조건으로 5천 엔~10만 엔의 찻값을 지급. '자매품 새로운 생리용 팬티 판네트 150엔' 컬러는 5색. 100센티미터까지 프리 사이즈.

새로운 패키지를 보내 드립니다!

안네 발매 후 1년, 젊은 여성의 4할 이상이 안네 냅킨을 사용하였다는 수치가 나와 있다. 종래의 12개들이 100엔에 더하여 20개들이 150엔의 안네 냅킨이 신발매. 요시코의 얼굴 사진과 소비자에게 1주년을 기념한 감사의 말이 함께 첨부되어 있다.

'BG[비즈니스걸의 약자-옮긴이]와 하이틴을 위한 와이드 음악 프로그램 <안네 전화 리퀘스트> 문화방송 매주 화요일 7시 반~8시 반'. 안네사는 라디오 방송 프로그램도 운영하고 있었다.

1963년

안네가 밤을 바꾸다

'신발매 안네 나이트 냅킨' 5개들이 100엔.

조마조마해하지 마요…

새로운 생리용 쇼츠 '그레이스 안네' 등장.
판네트도 계속 판매, 사이즈는 프리 사이즈였던 것이 M사이즈와 L사이즈로.

FOR THE FIRST TIME IN THAILAND

태국에도 안네 냅킨과 판네트가 발매.

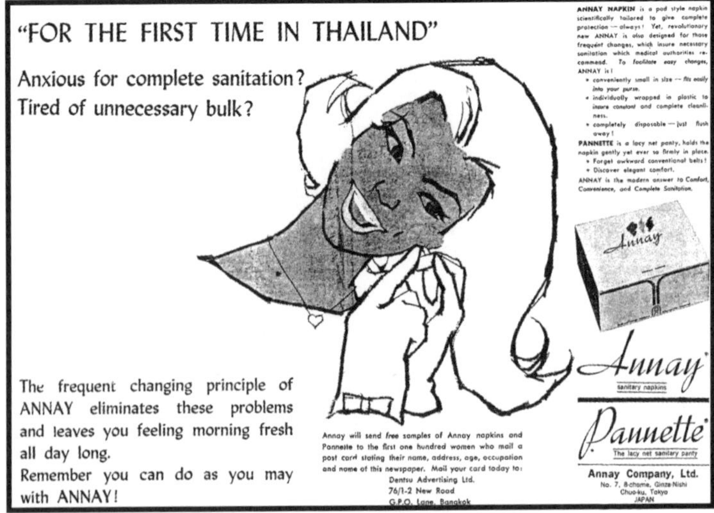

제6회 일본잡지광고상 활자인쇄 부문 제1위

걱정 없는 5일간 세이프티 파이브

매월 5일간의 우울과 불안을 걷어내고, 활동하는 여성의 핸디캡을 안전한 방식으로 해소한 안네 냅킨. 그리고 5색 컬러 판네트의 멋진 색채.

1964년

안네 냅킨 F

'푸에르토 펄프'를 신발매. 흡수성이 향상.

이코노미 팩을 보내 드립니다

12개들이에서 20개들이로, 그리고 36개들이가 신발매.

안네 3주년 축하합니다

각계의 여성 저명인 23인의 얼굴을 넣은 신문 1면 광고. 아즈사 미치요梓みちよ, 이케우치 준코池内淳子, 카미사카 후유코上坂冬子, 더 피너츠ザ·ピーナッツ, 츠카사 요우코可葉子, 토가와 마사코戸川昌子, 닥터 치에코ドクトル·チエコ, 나카무라 메이코中村メイコ, 바이쇼 치에코倍賞千恵子, 모리 하나에森英恵, 야마노 아이코山野愛子, 요시나가 사유리吉永小百合 등.

“조금 전까지 그 날이 싫다는 분들이 많이 있었습니다. 3년이 지난 지금 <안네의 날>로서 그 날이 신경 쓰이지 않게 되었습니다.”

“지금 매일의 생산량을 쌓아 올리면 후지산 4배의 높이가 될 정도입니다.” “판네트와 냅킨을 함께 하였을 때 습기가 차지 않는 쾌적함도, 3년 전까지는 생각할 수 없었던 것입니다.”

제7회 일본잡지광고상 활자인쇄 부문 1위

안네는 친구입니다. 선생님입니다

"학교에 갈 때 가방 속에도 들어가는 작은 상자. <스쿨 냅킨>은 매월 그 날의 마스코트입니다. 상쾌하게 느긋하게 지낼 수 있습니다. 오랜 수업 시간에도 안심하세요. 상자 속에는 당신의 고민에 답하는 카드도 들어 있습니다."
"구매는 문구점이나 학교 구매부에."

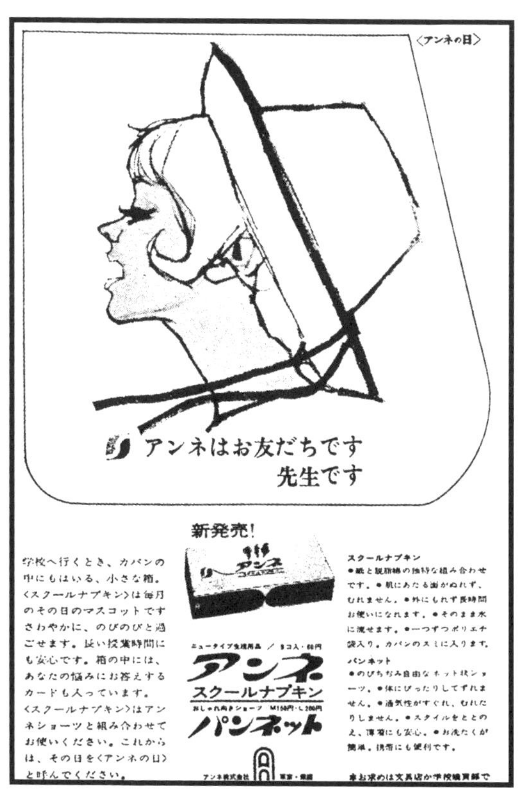

제7회 일본잡지광고상 활자인쇄 부문 1위

전원이 '딱'이라고 답했습니다

새로운 소재의 생리용 쇼츠 '안네 크리스탈' 신발매. 패키지는 LP쟈켓형. M사이즈 900엔, L사이즈 1,000엔.

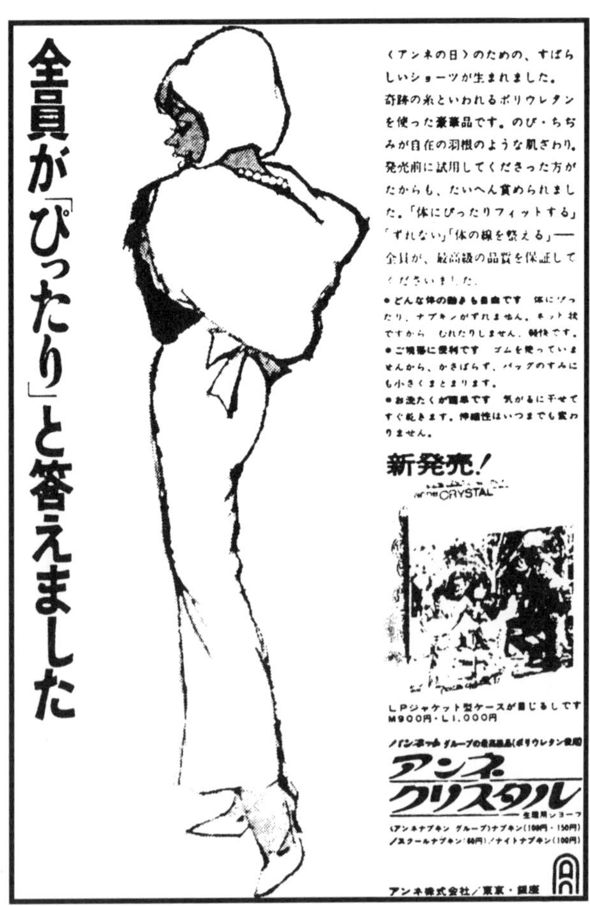

1965년

'4년간… 연구의 전부를 이 <스페리아>로 보내 드립니다'
사카이 요시코

요시코의 웃는 얼굴 사진을 커다랗게 게재.
이 해부터 '위생적인 오토 패킹[자동 포장]입니다'라는 문장이 나온다. 약사법 저촉에 의한 제조 업무정지 처분을 받았기 때문일 것이다.

제8회 일본잡지광고상 활자인쇄 부문 제2위

<안네의 날> 세 가지를 약속!

세 가지는 '안전', '청결', '편리'
"멋 내는 감각도 생활의 감각도 이제 구미의 여성에 뒤지지 않는 일본 여성에게 딱 하나 남아 있는 것. 그것을 누구보다도 빨리 포착하여 해결한 것이 안네."
"몇백 명의 모니터로부터 보고. 안네에 접수된 30만 통이 넘는 애용자 의견. 안네에는 많은 여성의 바람들이 다양하게 모여들고 있음을 반드시 아시게 될 것입니다."

원하는 길이로 자르는 안네 롤 <신발매>

1장의 긴 냅킨을 롤 상태로 말아 사용할 때에 원하는 길이로 잘라 쓰는 신제품. 안네 냅킨을 모방한 값싼 제품이 시중에 돌았기 때문에 가성비가 좋은 제품을 만들겠다는 의도로 만들어졌다. 그러나 마치 쿠페빵을 닮은 외견은 사내에서도 평판이 좋지는 않았고 요시코도 고개를 갸우뚱하였다고 한다. 결국 잘 팔리지 않아 생산이 중지되었다[전 안네 사원의 인터뷰].

1966년

제9회 일본잡지광고상 활자인쇄 부문 제1위

안네의 <타운웨어>… 안네의 <레저웨어>

타운웨어로 '안네 냅킨 F' 레저웨어로 '안네 스페리아'.

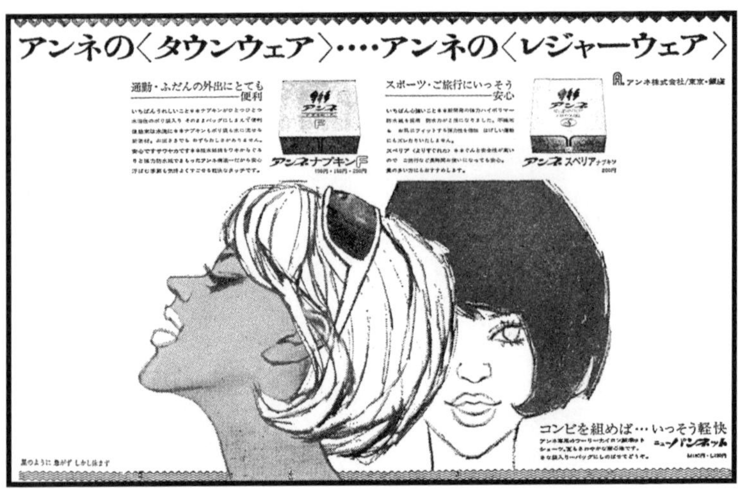

드라이브에도 파티에도 음악회에도 영화에도
전부 가고 싶어

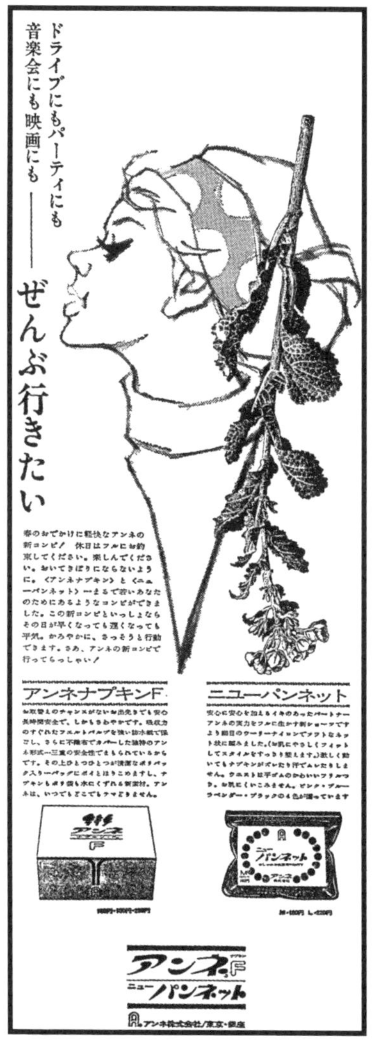

1967년

안네와 안네식은 다릅니다

안네 냅킨의 유사품을 타사가 속속 발매. '안네'가 생리용품의 대명사가 되는 것은 안네사로서도 기쁜 일이었다. 하지만 '안네 주세요'라고 말한 여성에게 유사품을 판매하는 업자들로 인하여 파문이 일기도 하였다[전 안네 사원 인터뷰].

<오늘 신발매>
예쁜 것을 좋아한다면 화이트 안네

20개들이 120엔, 32개들이 180엔.

제10회 일본잡지광고상 활판인쇄 부문 제1위

8시간이 신경 쓰이지 않아.
언제나 밝은 나

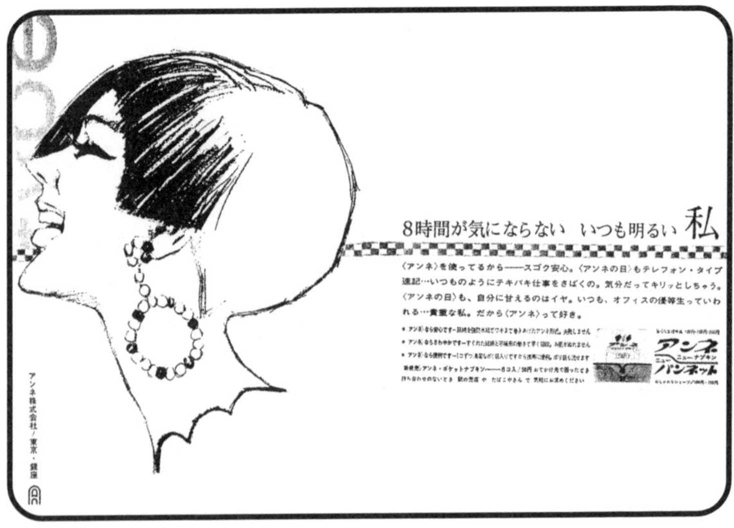

하얀 드레스도 문제없어.
언제나 자유로운 나

"<신발매> 외출하여 곤란하게 되었을 때... 마침 갖고 있는 것이 없을 때... 안네 포켓 냅킨 6개들이 50엔, 미용원, 역 매점, 담배 가게 등에서 어서."

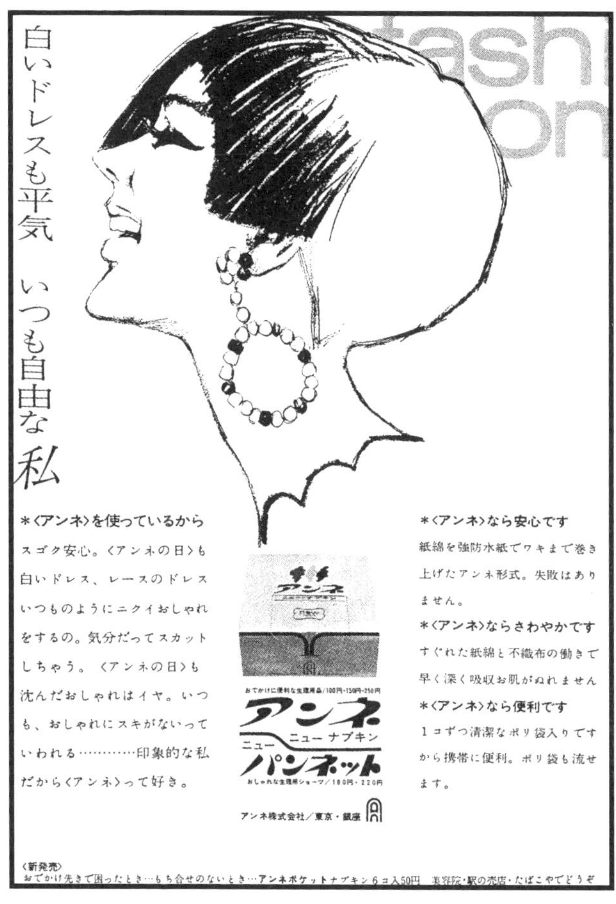

초대받아도 고민하지 않아.
언제나 활발한 나

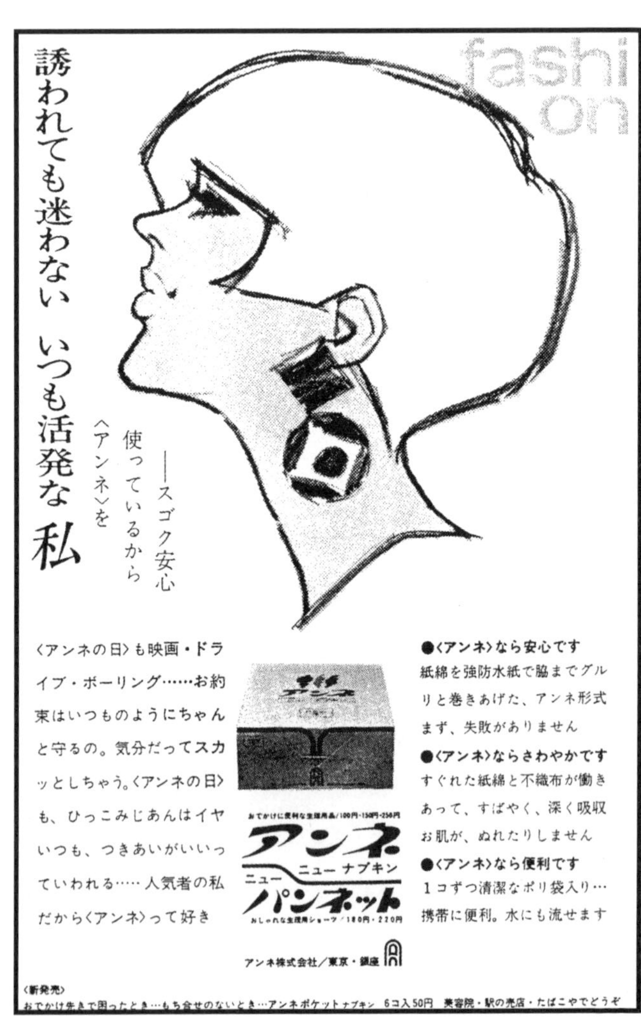

제11회 일본잡지광고상 다색인쇄 부문 제2위

사실은 립스틱 색깔을 고르는 것보다 중요한 것

이 무렵부터 단도직입적인 캐치프레이즈가 세련된 것으로 변화하였다.

1968년

옷이 얇아지는 계절은 안네입니다

이 이후 일러스트가 아닌 여성 모델을 기용.

薄着の季節はアンネです
ホワイト・アンネは今年から
大きなセフティー・サイズになって
います。フエルトパルプに
新しくクッションが加わり
ふくよかな厚さも
生んでいます
衛生的なサニタリーベールが
いちばん外を包んでいます
世界でもアンネだけしか作れない
とくべつの構造です
夏こそさわやかに
20コ入120円・32コ入180円
54コ入300円

'…해서는 안 되는 것'을 없앤 안네

'안네 탐폰 o.b'가 독일의 칼한사와의 기술 제휴를 통해 신발매. o.b.는 독일어의 ohne binde['냅킨 없이'라는 의미]의 약어. 10개들이 170엔.

"목욕도 수영도 신경 쓰이지 않아… 내장식 생리용품."

"그 장점에 대해서는 몇백만 명에 이르는 구미의 여성들도 인정하고 추천하고 있습니다."

시제품의 서비스도.

이하 안네 탐폰o.b.의 시리즈 광고.

"점심시간까지는 여유롭게 괜찮으니 과장의 날카롭게 번쩍하고 빛나는 안경도 신경 쓰지 않고 일할 수 있습니다."

"기쁜 마음으로 의지할 수 있으니까 상연 시간 장장 4시간에 달하는 대예술드라마도 함께할 수 있습니다."

"손바닥으로 감춰질 만큼의 안네니까… 당신의 비밀은 이것저것 알아보기 좋아하는 그녀에게도 들키지 않습니다."

"가방 포켓에 1개월분 넣어 둘 수 있으니까 스케줄대로 4박 5일 여행을 가요."

안네트

거들 타입의 생리용 쇼츠 신발매.
M사이즈 600엔, L사이즈 650엔.

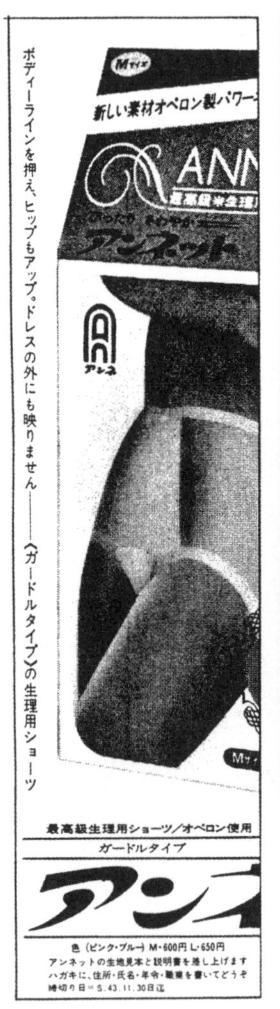

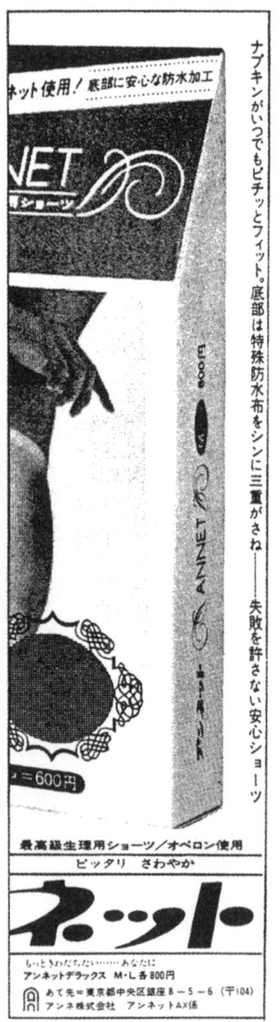

주말은 스포츠? 여행?
의지할 수 있는 엘입니다

장시간 전용 생리대 '엘' 신발매.

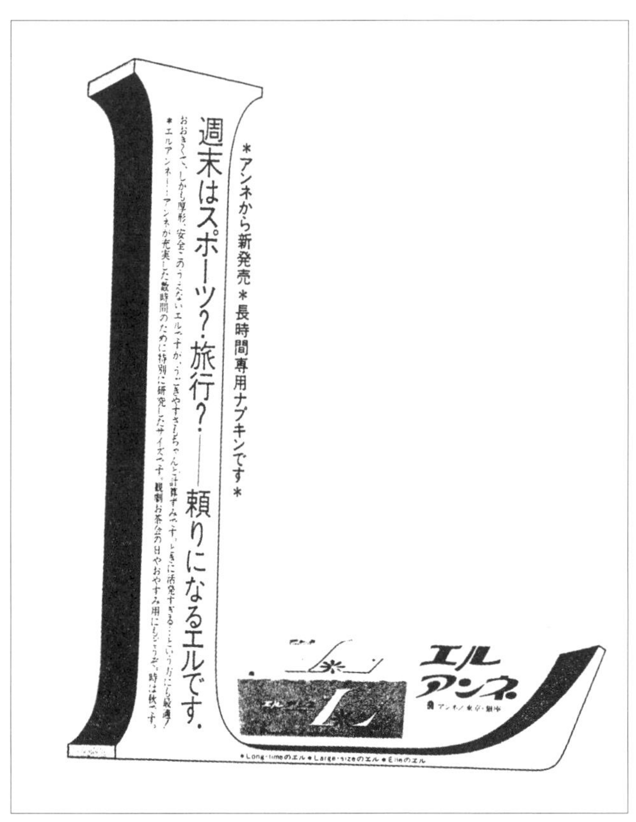

불만족이 한 달 20엔에 대체됩니까?

타사의 값싼 유사품을 의식했다[전 안네 사원 인터뷰].

不満足が、ひと月20円に代えられますか

なぜ、もっと早く気づかなかったかと後悔なさっているヒトもいらっしゃいます。きょ年の10月から大きなセフティーサイズになっています。フエルトパルプに新しくクッションが加わって、ふくよかな厚さになっています。浸透しない不織布ベールがいちばん外を包んでいます。肌ざわりも安心なことも申し分のない5層構造です。世界中でアンネだけしかつくれません。ふつうの品と何10円しかちがいません。夏をさわやかに。

20コ入 120円 · 32コ入 180円
54コ入 300円 アンネ株式会社

찻값을 한 달 딱 한 번 절약하지 않겠습니까?

"안네는 세계에서 처음으로 창작한 <여성을 위한 걸작>,
(중략)
한 달, 고작 10엔 정도의 차이로
당신 자신을 럭셔리하게 돌볼 수 있습니다."

お茶代をひと月たった1回、節約しませんか?

アンネは、世界で初めて創作された〈女性のための傑作〉、その後アンネのようなものが続出したのに、追いつけません。ひと月、わずか何10円かの違いで、あなた自身をゼイタクにいたわれます。〈アンネの日〉を忘れてしまうくらい快調。今年から大きなセフティーサイズになりましたフエルトパルプに新しいクッション層が加わり、ふくよかな厚さになっています。独特のサニタリーベールが外を包んでもいます。肌ざわりのよさや安心なことも申し分のない5層構造です。すがすがしい夏をどうぞ

デリケートなあなたの

20コ入 120円・32コ入 180円
54コ入 300円・アンネ株式会社

1969년

목욕도 하세요…의 안네입니다
할머니 시절의 관습을 지키겠습니까?
미용과 건강을 존중하겠습니까?

"터부로부터의 해방입니다-그렇습니다.
그 날의 입욕도 이제 괜찮습니다.
오히려 그 날이니까 목욕하세요!"
"모처럼 진정한 자유가 찾아오려고 하고 있습니다.
'망설임'은 '손해'라고 말할 수 있겠죠."

제12회 일본잡지광고상 활자인쇄 부문 제1위

그렇습니다…
목욕도 할 수 있습니다.
그렇습니다…
어디든 갈 수 있습니다

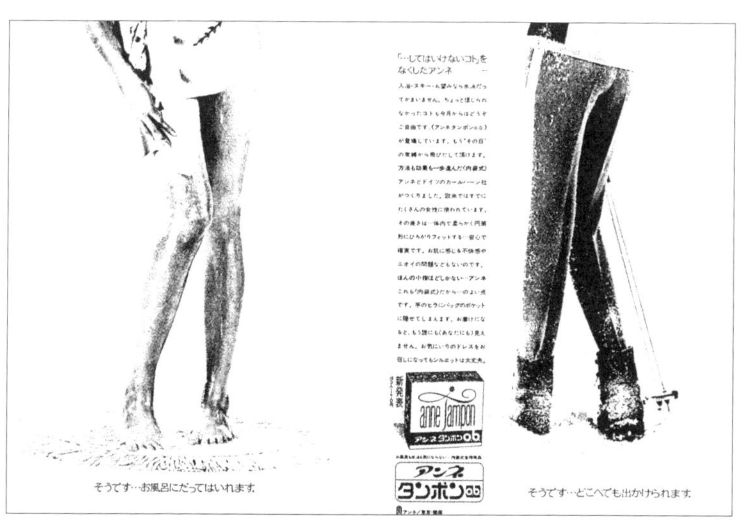

수영할 수 있는 안네입니다

"내장식-터부로부터의 해방입니다. 생리 때는 목욕도 못 가고 수영도 안 돼… 라는 터부는 의학적으로는 그 어떤 근거도 없습니다. 오히려 입욕은 필요하고 적당한 운동은 건강을 약속하는 것입니다. 단 지금까지의 생리대로는 '할 수 없었을 뿐'입니다."

"미신을 믿고 있지는 않습니까? (중략) '뱃속에 생리혈이 고인다' 이건 아주 틀린 말. 탐폰은 마개가 아닙니다. 스펀지처럼 적극적으로 흡수하여 분비의 진행마저 도와주는 것입니다. 또한 '미스는 쓸 수 없다'라는 생각, 이것도 의사에게 상담해 보면 금방 확실해집니다. 모처럼 자유로운 여름을 보낼 수 있다…라고 하는데 고리타분한 옛날 여자처럼 포기해버린다니 재미없네요."

'수영할 수 있는 안네입니다'라는 캐치프레이즈에 대해서 타사로부터 '탐폰은 튜브입니까'라며 야유를 당했다고 한다[전 안네 사원 인터뷰].

1970년

발표합니다. 늘었다 줄었다 하는 목면

'안네트 목면' 신발매.
M 사이즈, L 사이즈 모두 500엔.

<안네 탐폰 o.b.>를 사용하기에는 당신은 '너무 젊은'가요?

"그대가 6살 소녀면 너무 빠릅니다. 하지만 그 신비로운 변화를 맞이하였다면 몸은 이미 훌륭한 여성. 여성에게 탐폰 적령기 따위 없습니다. (중략) <처녀막은 막이 아니라 주름입니다다!> 그렇습니다. 질구에서 겨우 2~3밀리미터 정도의 위치에 있는...... 그것은 주름. (중략) 게다가 처녀막은 점액질로 신축성과 내구성이 있습니다. (중략) 이렇게 훌륭한 방법을 언니 어머니들만의 특권으로 해 둔다니-맞아요. 불평등입니다."

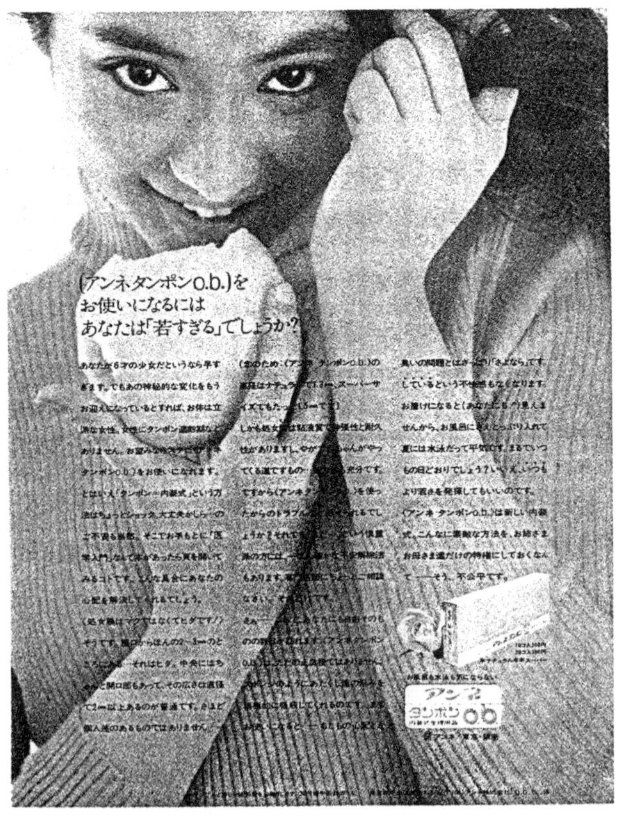

무엇이 안네에게 일어난 것일까
한 장의 신기한 시트가 안네를 크게 바꾸었습니다.

파워 안네 신발매

신개발의 '미크로 시트'를 채택.

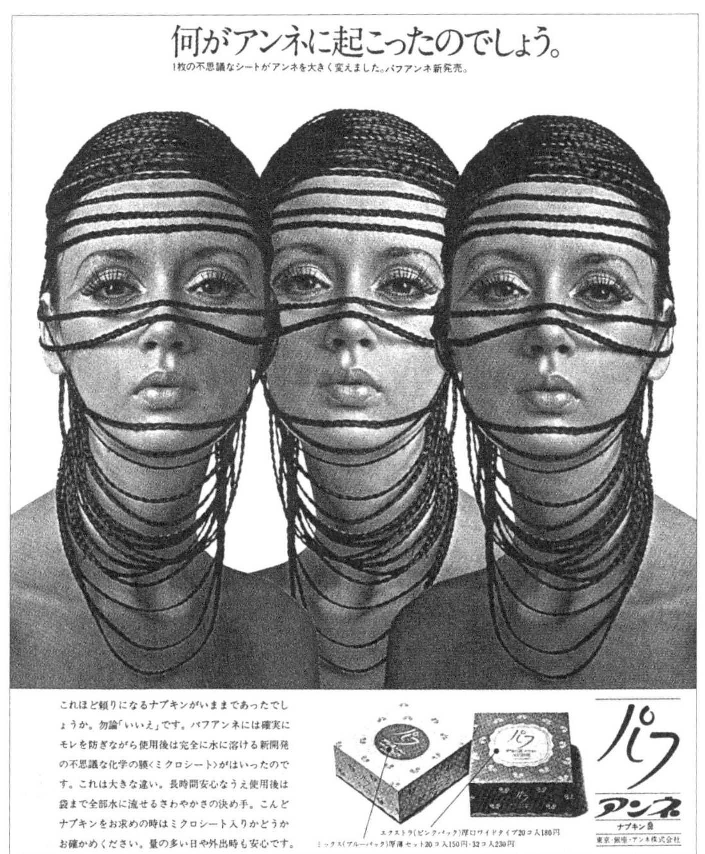

안네트 여자의 역사 시리즈

그 시절 무라사키 시키부 紫式部**는……**

더럽혀진 몸으로서 삼가지 않으면 안 되었던 헤이안 시대.

그로부터 956년. 지금의 당신은……

그 시절 마리 앙트와네트는……

처형 전날 월경이 시작된 앙트와네트가 간수의 딸로부터
몰래 넝마를 받았다는 이야기.

그로부터 177년. 지금의 당신은……

그 시절 야오야 오시치 八百屋お七 **는……**

"에도 중기 안네의 날을 '오우마 お馬', '테나시 手無し'라고 들었던 그녀는
붓글씨용 종이를 접어다가 엣츄 훈도시 모양의 정자대를 만들어,
부드러운 종이를 대고 있었다고 합니다."

그로부터 287년. 지금의 당신은……

그 시절 잔 다르크는……

"가랑이가 있는 요즘 말하는 올인원[피혁제]에 어머니로부터 받은 부드러운 천을 대고 있었다고 합니다. 그 위에 갑옷을 입은 모습. 신의 계시를 들은 날이 안네의 날이었다는 것은 우연이었을까요?"

그로부터 539년. 지금의 당신은……

1971년

제13회 일본잡지광고상 다색인쇄 부문 제2위

올바른 성 지식은 그 며칠을 '자유'롭게 하는 방법을 가르쳐 줍니다

"그 며칠에 걸려 있던 터부나 미신의 베일을 한 장,
또 한 장 벗겨 진실을 가르쳐 줍니다.
(중략)
더 이상 여성이니까...라는 이유의 핸디캡 따위 없습니다."

옮긴이 후기

번역서는 거울이다. 특히 일본의 저서들을 들여다보는 것은 우리를 비춰 볼 수 있는 좋은 타산지석이며 반면교사이기도 하다. 이 책이 다루고 있는 여성과 생리에 대한 이야기들은 사실은 너무도 일상적인 것들이라 [특히 여성들에게 있어서는 더욱더 일상적인 것들이라] 그것이 가지는 의의, 그 속에 숨겨진 억압과 이데올로기들을 제대로 객관화해서 생각해 보지 못하는 경우가 많다. 우리 사회 전반과 일상, 인식과 태도 등을 되돌아볼 필요가 있을 때, 우리는 현재의 스스로를 비춰 보고 대조할 비교군들이 많이 필요하다. 일본은 그 점에서 중요한 비교군이라는 점을 먼저 짚어 둘 필요가 있겠다. 세계경제포럼의 젠더갭 지수Gender-Gap Index가 120위로 G7 중 최하위. 성별 간 임금 격차가 OECD 국가 중 2위. 2021년 도쿄의 열차 내에서 여성에 대한 살인이 일어나 불거진 페미사이드 논쟁. 지금 거론한 이런 이슈들은 최근 일본을 달구고 있는 쟁점들이다. 그런데 이런 이슈들을 가만히 듣고 있노라면 우리가 알고 있는 한 나라가 떠오르지 않는가? 물론 한국 말이다. [참고로 OECD 국가 중 남녀 임금 격차 1위는 한국이다] 이 책이 다루고 있는 일본의 생리와 생리대의 역사를 짚어가면서, 그것을 출발점으로 하여 한국 사회의 여성과 여성을 둘러싼 여러 환경을 비춰 보는 것은 분명 우리들의 현재를 살펴보는 좋은 계기가 될 것이다.

일본은 흔히 기록의 나라라고 불린다. 가끔은 강박적으로 보일 만큼 지나온 것과 사라져가는 것에 대해서 다양한 형태로 자료를 남겨 두기도 한다. 이 책 또한 일본 생리대에 대한 사회사적 기록이다. 고대로부터 현대에 이르기까지의 일본에서 사용된 생리대의 흐름과 그 배경, 생리대라는 물품에 영향을 미친 역사적 배경, 이데올로기, 시장경제의 논리, 개인들의 노력과 갈등을 때로는 정사正史처럼 정교하게, 때로는 야사野史처럼 가볍고 경쾌하게 기록하고 있다. 그리고 생리대를 중심에 놓고 생리라는 현상, 생리혈, 생리를 하는 여성에 대한 관점과 태도에 대해서 폭넓게 다루고 있다. 특히 일본 고문헌과 근현대의 잡지 기사, 논문에서 소설에 이르기까지 다양한 자료를 풍부하게 인용하며 생리에 대한 인식의 패턴이 어떤 식으로 변화되어 왔는지를 다루는 부분에서는 저자의 자료 수집에 경탄하게 되고, 생리와 여성에 대한 뿌리 깊은 배척과 오해에 대하여 진지하게 곱씹어 보게 된다.

일본 고대 사회에서 생리는 신성함과 고귀함을 더럽히는 부정한 것이자 피해야 할 것이었다. 근대 이후에는 우수한 종자의 번식을 위하여[우수한 모체를 위하여] 관리되고 통제되어야 하는 것이었다. 한창 군국주의에 빠져 있을 시기 여성들과 생리는 다산을 위한 수단이 되었다. 현대 사회에 들어와서 생리는 여성성, 부가 가치, 환경 문제 등 다양한 이슈들을 동반하고 있다. 여성과 생리에 대한 일련의 시선과 사고방식의 변화들은 겹쳐지거나 페이드아웃되며 오늘날 일본의 생리관, 여성관을 만들고 있다. 생리대는 이러한 인식과 관점의 변화를 반영하는 대상이라고도 말할 수 있으리라. 과연 한국 사회는 어떠한 과정을 밟아 오늘날의 생리관과 여성관에 이르고 있을까? 오늘날 우리들은 생리와 생리를 하는 여성에 대하여 어떻게 생각하고 있을까? 생리대에 대해서 어떻게 생각하고 있을까? 그것은 어떠한 배경 위에서 형성되고 자리 잡은 것일까? 이 책은 그런 질문 또한 던져 주리라.

일본은 1938년에 사쿠라가오카연구소, 다나베겐시로상점 등의 업체들이 탐폰을 개발 판매하였다. 1951년에는 워딩지를 사용한 패드가 개발되었고, 그로부터 10년 뒤인 1961년에 설립된 안네라는 회사에서 일회용 생리대가 발매되었다. 1963년에는 유니참의 전신 다이세이카코가 생리대를 제조 판매하기 시작하였다. 일본은 일회용 생리대의 개발과 생산에 있어서는 아시아에서 가장 선두 주자였다.

한편 한국 일회용 생리대의 역사는 50년 정도이다. 1971년 유한양행이 미국의 킴벌리 클라크와 함께 출자한 합자회사 유한킴벌리에서 출시된 '코텍스'가 그 최초이다. 1980년대 후반에 날개형 접착식 일회용 생리대가 개발되었다. 그리고 이후 2006년에 일본 유니참의 한국법인 자회사인 LG유니참이 한국에 '소피'를 발매하게 된다. 소피는 당시 한국 생리대 시장에서 1~2위를 다투는 브랜드가 된다. 즉 한국의 일회용 생리대는 일본이 그러하였듯이 미국 생리대의 영향을 받아 처음 탄생하였고, 이후에는 일본 생리대의 영향을 받거나 일본 브랜드가 그대로 국내화되며 확산되어갔다. 당시 한국의 생리대 광고들도 이 책의 마지막에 첨부된 광고 자료들과 상당히 유사하여 실로 많은 영향을 받았다는 것을 미루어 짐작할 수 있다.

한국도 일회용 생리대에 관한 다양한 사회사적 자료들을 인터넷 등에서 어렵지 않게 찾아볼 수 있다[물론 일회용 생리대 탄생 이전의 생리 처리에 대해서도]. 단 그것을 체계적으로 정리하여 아카이브하거나 동시에 그에 대해서 지적인 견해를 제시하는 작업은 아직 생각보다 많지 않은 것 같다.

일본은 다양한 기초적인 자료들을 충실하게 정리하여 다양한 원천을 마련해 두는 데 언제나 강점을 보인다. 하지만 일본의 관심은 그 기초 자료들을 더더욱 예리하게 만들고 더욱 세밀하게 구체화해 나가는 것에 있는 것 같다. 그 때문일까? 방대한 원천으로부터 미래로의 새로운 관점이나 비전을 만들어 나가는 데는 아쉬움이 남는 느낌이 있다.

한편 한국은 다양한 장에서 건설적이고 진취적인 담론과 토론들이 이어지고 있지만, 그것들의 변증법적 진화를 위하여 필요한 기초적인 데이터와 자원들을 쌓고 정리하는 것은 그다지 진행되지 못하고 있는 듯하다. 현재 한국은 생리 빈곤 등을 비롯한 한국 나름의 다양한 논의들이 진행되고 있다. 이 번역서가 그러한 의미에서 참고 가능한 하나의 단서가 되었으면 한다.

역자는 경제학자의 입장에서 개인적인 연구를 진행하는 과정에서 이 책을 만났다. 좁게는 생리용품 시장에 대한 관심, 좀 더 자세히 말하자면 성에 대한 인식과 섹슈얼리티에 관한 태도가 시장에 어떤 식으로 반영되는가를 보는 연구, 일본이라는 사회가 가진 성과 섹슈얼리티에 대한 모순적 구조가 새로운 시장을 만들어 내고 있음을 보고자 하는 연구 속에서 발견한 것이다. 책을 번역하며 역자 또한 상당한 영감과 시사를 얻었기에 이 책과 만난 것에 대하여 우선 감사를 표하고 싶다.

하지만 역자 자신이 남성이기에 책에서 다루는 내용을 온전히 이해하고 그 무게감을 다루는 것에는 분명 한계가 있었다. 책 속에서 소개된 안네사의 와타리 부장은 직접 생리대를 착용하고 번화가를 걸어 보았고, 기업 유니참을 만든 다카하라는 생리대 원단을 물에 적셔서 직접 착용한 채 하룻밤을 보내기도 하였다. 이것은 남성이기에 필연적일 수밖에 없는 이해의 한계를 한 뼘이라도 벗어나 보고자 하는 노력이었다. 그들이 역지사지로 행한 노력을 높이 평가하고 싶다. 본 역자는 번역을 위하여 일본의 드럭스토어 관계자 및 조산사助産師들에게 상시 조언을 구하였지만 감히 와타리나 다카하라만큼 노력을 하였다고 말하기에는 그저 부끄러울 따름이다. 이런 맥락에서 번역 중에서 미흡한 부분이 여기저기 많으리라 생각된다. 하지만 이 책으로부터 영감을 얻어 한국에서의 생리용품과 젠더, 그리고 그것들과 연결된 역사, 사회, 문화, 정치와 정책 등이 보다 풍부히 연구된다면, 여기서 미처 전달하지 못한 것들이 한층 더 정교하게 보완되리라 생각한다. 역자의 작은 바람으로 『한국 생리용품의 사회사』도 꼭 세상에 나오기를 기대해 본다.

옮긴이 류영진

생리용품의 사회사 生理用品の社会史

© 2022, 다나카 히카루 田中ひかる

지은이	다나카 히카루
옮긴이	류영진
초판 1쇄	2022년 04월 07일
편집	임명선 책임편집, 박정오, 하은지, 허태준
디자인	전혜정 책임디자인, 박규비, 최효선
미디어	전유현, 최민영
마케팅	최문섭
종이	세종페이퍼
제작	영신사
펴낸이	장현정
펴낸곳	호밀밭
등록	2008년 11월 12일(제338-2008-6호)
주소	부산 수영구 연수로357번길 17-8 1층
전화, 팩스	051-751-8001, 0505-510-4675
전자우편	homilbooks.com@naver.com

Published in Korea by Homilbooks Publishing Co, Busan.
Registration No. 338-2008-6.
First press export edition April, 2022.

ISBN 979-11-6826-031-3 03330

※ 가격은 겉표지에 표시되어 있습니다.